Najem Wali

Reise in das Herz des Feindes

Ein Iraker in Israel

Aus dem Arabischen von
Imke Ahlf-Wien

Carl Hanser Verlag

Der arabische Originaltitel lautet:
rihla ila qalb al-aduw

Die Übersetzerin dankt Najem Wali und Hans-Eugen Wien für die
sorgfältige Durchsicht des Manuskripts.

1 2 3 4 5   13 12 11 10 09

ISBN 978-3-446-23302-7
© Najem Wali 2008
Alle Rechte der deutschen Ausgabe
© Carl Hanser Verlag München 2009
Satz: Fotosatz Reinhard Amann, Aichstetten
Karten: Peter Palm, Berlin
Druck und Bindung: CPI – Ebner & Spiegel, Ulm
Printed in Germany

In Erinnerung an
Dawud Gabbay

Lasst uns gemeinsam zu Gott beten, dass er die heutigen Anstrengungen mit Erfolg kröne und unsere Völker den fruchtbaren Umgang wieder aufnehmen, den sie in der Vergangenheit über lange Zeit pflegten. Denn zweifellos arbeiteten unsere Völker für Jahrhunderte zum beiderseitigen Vorteil zusammen – in der Antike, im Mittelalter und in der Neuzeit. Von Streit geprägte Tage waren selten und nur von kurzer Dauer. Heute indessen sind wir leider nur daran interessiert, die Augenblicke des Konflikts hundertmal höher einzuschätzen als Generationen der Freundschaft und Zusammenarbeit. Ich träume von einer Zeit, in der Eintracht und gemeinsame Ziele dieses von den Fackeln der Erkenntnis und den Gesetzen des erhabenen Himmels gesegnete Land zum Leuchten bringen.

Nagib Machfus

Inhalt

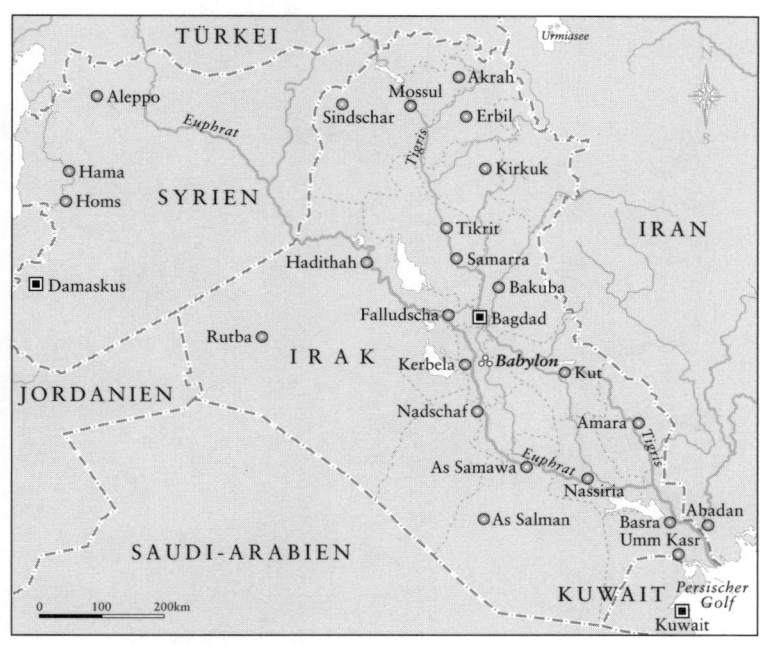

TÜRKEI

Urmiasee

Aleppo

Euphrat

Mossul
Sindschar
Akrah
Erbil

Hama
Homs
SYRIEN
Kirkuk

Tikrit
IRAN

Hadithah
Samarra

Damaskus
Bakuba

Rutba
Falludscha
Bagdad

IRAK
Kerbela
Babylon
Kut

JORDANIEN
Nadschaf
Amara

As Samawa
Euphrat
Tigris

Nassiria
Abadan

As Salman
Basra
Umm Kasr

SAUDI-ARABIEN

0   100   200km

KUWAIT
Persischer
Golf
Kuwait

Auf dem Weg ins Feindesland

I

»Du wirst das Feindesland besuchen?« Dies waren die ungläubigen Worte eines irakischen Freundes, als ich ihm von meinem Entschluss erzählte, nach Israel zu reisen. Ich dachte, es sei ironisch gemeint, da Israel für die meisten Iraker schon lange nicht mehr das »Feindesland« ist. Aber aus seinem Tonfall war noch ein Rest von jener ursprünglichen Angst herauszuhören. Wer ein Leben lang den Albtraum des arabisch-israelischen Konflikts erlebt hat, ersehnt nichts anderes, als sich von diesem alten, sein ganzes Dasein belastenden Erbe endlich zu befreien. Seit der Ausrufung des Staates Israel am 14. Mai 1948, vor sechzig Jahren, ist Israel für die arabischen Staaten – zumindest in der öffentlichen Meinung – das »Feindesland« Nummer eins geblieben. In den Medien wird der Name dieses Landes nie ohne das Attribut »Feind« erwähnt. Neutrale Beiworte werden nicht verwendet. Es kann alles Mögliche sein; es darf nur nicht mit dem Staat zu tun haben, der Mitglied der Vereinten Nationen ist und mal als »Kleinstaat Israel«, mal als »zionistische Entität« oder als »Staat der zionistischen Banden« oder als »angebliches Israel« bezeichnet wird. Das nationalistische arabische Vokabular führt eine Vielzahl von Begriffen auf, doch ist im Arabischen die Bezeichnung »Feindesland« für Israel die am weitesten verbreitete. Es gab vier arabisch-israelische Kriege: den Krieg von 1948, die Suezkrise 1956, den Sechstagekrieg im Juni 1967 und den Jom-Kippur-Krieg 1973. Hinzu kamen die Auseinandersetzungen im Libanon, zwei große und zahllose kleine, ganz zu schweigen von den ständigen Gefechten zwischen den Palästinensern und den israelischen Besatzern in der Westbank und im Gazastreifen. Dieser ununterbrochene Kriegszustand hat die Menschen in der Region erschöpft und den Tod zu einer bleibenden Erscheinung gemacht, ohne dass sich am Horizont ein Hoffnungsschimmer zeigt. Nach den Friedensverträgen mit Ägypten (1979) und Jordanien (1994) begannen zumindest in den Medien von Kairo und Amman die Auseinandersetzungen über den »Staat Israel«. Denn wer geglaubt hatte, dass sich der Frieden in der Region rasch festige und die Ausübung von politischem Druck die Beziehungen zwischen Israel und seinen Vertragspartnern maßgeblich verbessere, wurde enttäuscht. In Wahrheit ist bei den Politikern auf beiden Seiten der »Friedens-Tango« beliebt; sie tanzen ihn zu wechselnden Anlässen und pendeln zwischen Wollen und Nichtwollen. Es gibt Falken auf israelischer und auf arabischer Seite. Wann immer man – in den kurzen Friedenszeiten – optimistisch in die Zukunft blickt, wird einem bewusst, wie schnell man diesen Optimismus vergessen muss. Kaum hat man Luft geholt, spürt man auch schon den rauhen Wind eines heraufziehenden Krieges, in den sich die Falken beider Seiten stürzen wollen. Den Israelis, die nach der Aufnahme von diplomatischen Beziehungen endlich die Gelegenheit ergriffen hatten, arabische Länder zu bereisen und ihre Menschen kennenzulernen, wurde der Besuch zu einem Abenteuer. Wir stehen vor einer äußerst komplexen Problematik und sind nahe daran, einer völlig unverständlichen politischen Paranoia wegen zu verzweifeln. Dies gilt vor allem für jene, die diesen Konflikt seit vielen Jahren tagtäglich erleben.

Wenn in Israel oder im Nahen Osten jemand zur Welt kommt, dann saugt er die Geschichte des arabisch-israelischen Konflikts mit der Muttermilch auf. Israel wurde acht Jahre vor meiner Geburt gegründet. Stets musste ich mir die Worte anhören: »Du wurdest wenige Tage vor dem Suezkrieg geboren.« Niemand erklärte mir jedoch, was es mit diesem Suezkrieg auf sich hatte!

Im Lauf der Jahre beginnt man dann, ob man will oder nicht, zu begreifen, dass sich die Auseinandersetzungen immer um Israel drehen werden. Ein Kind, das ein bisschen aufgeweckt ist, wird erkennen, dass das vor ihm ablaufende Gespräch über den arabisch-israelischen Konflikt eigentlich einen inneren Konflikt zum Ausdruck bringt. Denn viel mehr als um einen Konflikt zwischen Nationen handelt es sich um einen Kampf um die richtige Weltanschauung: Die erste ist »links gerichtet« und bevorzugt derzeit die Anerkennung des Staates Israel in den Grenzen, wie sie 1947 von den Vereinten Nationen in dem bekannten Teilungsbeschluss vorgeschlagen wurden. Dieser Beschluss empfahl die Gründung zweier Staaten auf palästinensischem Boden: einen hebräischen und einen arabischen Staat. Die zweite ist die offiziell-nationalistische, die durch Medienmacht und politischen Dogmatismus einen Großteil der Bevölkerung beeinflusst: Israel sei ein ins Herz der arabischen Nationen eingepflanztes Krebsgeschwür, das man ausmerzen müsse – so die Propaganda der chauvinistischen Araber.

Nach dem Sechstagekrieg im Juni 1967, dem Debakel vom 5. Juni, oder – wie die Araber es mit dem nationalistischen Vokabular formulieren – der »vorläufigen Niederlage des Juni«, verschärften sich die Auseinandersetzungen und wurden immer aussichtsloser. Selbst für einen kleinen Jungen wie mich war Israel zu jeder Gelegenheit als der »Kleinstaat« Israel gegenwärtig, der offiziell »der von Amerika erschaffene Kleinstaat« hieß, um »die arabische Nation in Teilnahmslosigkeit verharren zu lassen«. Das Thema Palästina, das »von den Juden in Beschlag genommen« worden war, hemmte unsere eigene Entwicklung.

Es gab eine Frage, die mich schon früh beschäftigte und auf die ich damals keine Antwort fand: Wie konnte es diesem scheinbar unbesiegbaren Land gelingen, »die arabische Nation in Lethargie versinken zu lassen«, was die offiziellen Reden glauben machten? Wie konnte Israel die Araber mehr als einmal besiegen? Warum riefen die arabischen Herrscher stets dazu auf, »jeden Quadratzentimeter von Palästina zu befreien«? Warum glaubten diese Militärs, dass das Ende »des Kleinstaats der zionistischen Banden« unweigerlich bevorstünde und Israel »über kurz oder lang von der Landkarte verschwinden würde«? Und warum glaubten die Menschen den auf Versammlungen ständig wiederholten Worten dieser Militärs? Warum rief keiner: »Wir haben genug von euren Heucheleien, mit denen ihr uns seit Jahrzehnten in den Ohren liegt! Ist es nicht endlich an der Zeit, dass ihr aus eurer Teilnahmslosigkeit erwacht?«

Auf der Suche nach Antworten half mir das Buch *Zur Judenfrage* von Karl Marx, einen historischen Blick auf die jüdische Problematik zu werfen. Denn ich verstand damals nicht den Zusammenhang zwischen der Judenverfolgung und der Palästinafrage. Nicht einmal der Aufsatz des Philosophen Jean-Paul Sartre über diesen Gegenstand in einem bei uns »verbotenen« Buch, das ich von einem Nachbarn bekommen hatte, der als Soldat in Jordanien stationiert war, wo unzensierte Bücher aus Beirut leichter erhältlich waren, half mir, eine Antwort auf die einfache Frage zu finden, warum die Palästinenser zu Opfern von Opfern wurden, die der Hölle der Nazis entronnen waren. Vielleicht musste ich abwarten, bis der französische Philosoph 1967 Israel besuchte, um mir seinen existentialistischen Grundsatz zu eigen zu machen: Lerne erst den anderen kennen, bevor du dir eine Meinung über ihn bildest!

Ich glaube, dieser Besuch Sartres, der die Gründung Israels ausdrücklich unterstützt hatte, war für arabische Intellektuelle wie wir, die in ihm den Hauptvertreter des Existentialismus verehrten, eine Prüfung. Sollten wir den existentialistischen Weg weiterverfolgen oder ihn – wegen Sartres proisraelischer Haltung – aufgeben? Den Weg weiterzuverfolgen bedeutete, zu akzeptieren, dass die Juden neben den Arabern in Palästina lebten und beide Seiten verpflichtet waren, ohne Einmischung eines Dritten nach einer Lösung zu suchen, die beide Völker zufriedenstellte.

Am Beispiel des Existenzialismus wird deutlich, wie sehr das Palästinaproblem alle Bereiche des öffentlichen Lebens vereinnahmte. Es ist das zentrale Thema in den arabischen Gesellschaften, um das sich Legenden ranken, es ist der elend utopische »arabische« Traum, in Frieden zu leben. Die Heimaterde ist verloren, weil »zionistische Banden« sie an sich gerissen haben – so die offizielle Lesart in Schulbüchern wie auch in Presse und Rundfunk. Kein Leben ohne Palästina, kein Frieden, ohne jeden Quadratzentimeter zurückerobert zu haben, kein Frieden, ohne den Felsendom vom »zionistischen Abschaum« befreit zu haben – ganz gleich, wie viele Tote wir beklagen müssen, auch wenn ihre Zahl die der Vertriebenen übersteigt, die die israelische Armee aus ihren Dörfern gejagt hat. Wichtig ist für die Araber nur, den Traum zu verwirklichen. Die Menschen sterben freiwillig, sie sind zutiefst überzeugt, dass »Jerusalem und der Felsendom uns gehören«. Genauso haben sie verinnerlicht, dass »durch unsere Hände der Glanz Jerusalems zurückkehren« und »der Jordan von den Fußspuren der Wilden rein gewaschen werden« wird. Diese Worte stammen von den Brüdern Rahbani, die libanesische Christen sind, und wurden von der berühmten Sängerin Fairuz gesungen, die ebenfalls libanesische Christin und mit einem der Brüder verheiratet ist. Gegenüber den nationalistischen Parolen war selbst das im christlichen Glauben verankerte Prinzip von Vergebung machtlos.

Solche demagogischen Ausdrücke und pseudorevolutionären Reden, die die »Massen« anfeuern sollen, sich mit Waffengewalt für Palästina einzusetzen, sind uns von Kindheit an bekannt. Selbst wenn die Schüler einen Aufsatz über ihre Sommerferien schreiben sollten, mussten sie Palästina erwähnen. »Als ich mit meinem Großvater in einem Café saß«, erzählten sie beispielsweise, »trat auf einmal eine Bettlerin mit ihrer Tochter ein. Ich fragte meinen Großvater: ›Warum bettelt diese Frau?‹ Und er antwortete: ›Weil sie ein Flüchtling aus Palästina ist. Die zionistischen Feinde haben sie von ihrem Land vertrieben.‹« Und dann fuhr der Schüler in der obligaten Art und Weise fort: »Aber was Palästina betrifft, so ...« Alles geschah für Palästina. Der Machthaber, der während seiner Gewaltherrschaft Menschen ins Gefängnis warf und nach Lust und Laune tötete, tat dies im Namen der Befreiung Palästinas. Der Offizier, der die Soldaten seiner Einheit unterdrückte, tat dies im Namen Palästinas. Der Diktator, der zahlreiche Kriege vom Zaune brach, tat dies im Namen Palästinas. »Der Weg nach Jerusalem führt über Abadan« – dies war der Wahlspruch, den sich Saddam Hussein im iranisch-irakischen Krieg zu eigen machte. Erst später, als er Kuwait überfiel, ersetzte er die iranische Grenzstadt Abadan durch Kuwait. »Ich habe oft gesagt, dass Jerusalem zuerst befreit wird und dann der Golan«, so der frühere syrische Ministerpräsident Hafiz al-Assad in einer seiner »revolutionären« Reden. (Genauso wenig wie Saddam erklärte er uns, wie er Jerusalem befreien will, ohne den Golan zu überqueren. Aber das ist ein anderes Thema ... Die arabischen Generale bräuchten allesamt Geografieunterricht!) Alles im Namen Palästinas. Dies ging so weit, dass die Baath-Regierung in Syrien eines ihrer brutalen Geheimdienstgefängnisse »Palästina-Gefängnis« nannte. Solche pseudorevolutionären Reden schmücken die meisten Feuilletons unserer Tageszeitungen und Zeitschriften. Der Intellektuelle, der gegen die Selbstmordattentate Stellung bezieht und zum Frieden aufruft, wird der Kapitulation bezichtigt. Wenn er Israel besucht, wird er der Spionage verdächtigt. Wer wagte also überhaupt noch, einen Gedanken darauf zu verschwenden, in das »Feindesland« Israel zu reisen?

Wenn Jean-Paul Sartre die Friedenshorizonte im Nahen Osten »positiv« beeinflusste, liegen die Gründe hierfür in den Voraussetzungen zu seiner Israelreise. Bei seinem Besuch rief der französische Philosoph die arabischen und israelischen Intellektuellen auf, sich an einem Tisch zusammenzusetzen und miteinander zu sprechen. Ich fühlte mich seinerzeit trotz meines jungen Alters verpflichtet, dieser Aufforderung nachzukommen, weil kein anderer als er meine Neugier in die richtige Richtung lenkte: mit dem anderen, dem »Andersartigen« zu reden. Für jemand wie mich, der sein Bewusstsein schärfen wollte, indem er sich von der Konstruktion der Feinde, insbesondere der Erfindung »imaginärer« Feinde, abwandte, war es naheliegend, das »Feindesland« zu besuchen, den »Staat Israel«, wie er im respektvollen Umgang genannt wird, weil er die erste existentialistische Wahrheit anerkennt: Es gibt keinen Frieden, ohne unmittelbar mit dem anderen zu sprechen und seine Lebensweise kennenzulernen.

Über etwas nachzudenken und es in die Tat umzusetzen, sind aber zwei verschiedene Dinge. Der tatsächliche Besuch Israels war für mich bis zum Frühjahr 2007, als ich zu der von der Universität von Haifa organisierten Konferenz »Quo vadis, Irak?« eingeladen wurde, eine Phantasie. Wie sollte ein derartiger Besuch in die Tat umgesetzt werden, wo doch die Einreise eine so große Gefahr bedeutete? Bis 2003 stand in den irakischen Reisepässen und auf den Ausreisevisa: »Alle Länder der Welt außer Israel«. Es genügt sich vorzustellen, dass die Ein- und Ausreise nach Iran, einem Land, gegen das der Irak einen acht Jahre dauernden Krieg führte, dem nahezu eine Million Menschen zum Opfer fielen, keine solche Gefahr darstellte wie der Besuch Israels. Die Angst, das »Feindesland« Israel zu bereisen, schleppt man ein Leben lang mit sich herum. Bis auf den heutigen Tag, sechzig Jahre nach der Gründung des Staates Israel, ist die Reise in dieses Land immer noch ein Abenteuer mit ungewissem Ausgang. Sicher ist nur, dass dieser Besuch bei den israelischen »Gastgebern« Zweifel erregen wird, da sie in der Mehrzahl das Abenteuer, in das sich der Fremde stürzt, nicht nachvollziehen können. Und noch eins ist gewiss: Sollte ihm eine Verständigung mit den Israelis gelingen, dann wird es für ihn schwierig, wenn nicht unmöglich, in seinem Heimatland von seiner Reise nach Israel zu berichten, als handle es sich um irgendeine Urlaubstour. Es spielt dabei keine Rolle, ob er Angehöriger eines Volkes ist, das mit Israel ein Friedensabkommen geschlossen hat – wie Ägypten oder Jordanien oder die Palästinensische Autonomiebehörde – oder ob er wie ich eine ausländische Staatsangehörigkeit erworben hat. Im nationalistischen arabischen Verständnis bleibt der »Araber« Mitglied des »arabischen Stammes«, auch wenn dieser arabische »Stammesstaat« nie eine Bedeutung für ihn hatte oder er gar nichts von dessen Bestehen wusste, das ihm ohnehin nichts bedeutet hätte. Man erinnert sich nur in Zusammenhang mit Israel daran. Und Israel darf nicht besucht werden. Denn das ist ein Verbrechen, das irgendein Artikel des »Grundgesetzes« bestraft. Es empfiehlt »die Bestrafung all jener, die der Verführung erlegen sind, sich mit dem Feind einzulassen«. Die Anklage lautet: Hochverrat. Und die Strafe ist nicht minder deutlich: Hinrichtung. Der Besucher wird zum ersten Mal bemerken, dass sein Land ein »Grundgesetz« besitzt, aber diese Entdeckung kommt zu spät. Sollte er sich der Festnahme und dem Verhör auf Verdacht des Hochverrats entzogen haben, so wird man womöglich seine Familie verhaften und sie Verfolgung und Vertreibung aussetzen, ja die »verräterische« Familie in den Ruin treiben. Warum aber fürchten sich die arabischen Länder, sogar jene, die Friedensverträge mit Tel Aviv abgeschlossen haben, vor der Israelreise eines ihrer Staatsbürger? Haben sie Angst, dass der Landsmann sich mit eigenen Augen ein völlig anderes Bild machen könnte als das ihrer offiziellen Geschichtsschreibung? Dass er die einfache Wahrheit durchschaut, die besagt: Der Stillstand, der Verfall und die Verwüstung der arabischen Gesellschaften hängen nur in einer Hinsicht mit dem arabisch-israelischen Konflikt zusammen: Der Frieden mit Israel wäre das Ende des Opiumrausches, mit dem die arabischen Herrscher, diese Könige und Militärs, ihre Völker betäuben. Die Wirtschaftskrisen, die Verschlechterung des Bildungsniveaus, die Ausbreitung des Islamismus haben mit dem Fehlen von Demokratie und den korrupten Herrscherfamilien, ihrer Prunksucht und ihrer Geringschätzung für ihre Völker zu tun – und nicht mit dem arabisch-israelischen Konflikt. Die natürlichen Rohstoffquellen und die menschliche Arbeitskraft würden in den arabischen Ländern ausreichen, einen wirtschaftlichen Aufschwung in Gang zu setzen. Was aber sehen wir heute? Die Auflösung der Mittelschicht, weil die Politik die persönlichen Freiheiten beschneidet. Bestechung und Günstlingswirtschaft greifen um sich; die Tüchtigen und Gebildeten wandern aus. Es gibt mehr arabische Ärzte, Ingenieure und Professoren in jeder westeuropäischen Metropole als in den arabischen Hauptstädten. Was hat Israel damit zu tun? Und warum fürchten sich die arabischen Staaten davor, dass einer ihrer Landsleute nach Israel reist, wenn sie von ihrer eigenen Staatsführung überzeugt sind? Haben sie Angst, der Reisende könnte den sogenannten »Arabern von 48« begegnen, den Palästinensern, die die israelische Armee 1948 nicht aus ihren Dörfern und Städten zu vertreiben vermochte? Würde der Reisende diese Palästinenser sehen, die dieselben Rechte genießen wie die anderen israelischen Staatsbürger, frei ihre Meinung äußern und ihre Bräuche und Traditionen pflegen, ohne Furcht, im Gefängnis zu landen? Würde er Palästinenser treffen, die ihre Volksvertreter in Stadtverwaltung und Parlament wählen und ihre eigenen politischen Parteien gründen? Haben die arabischen Regierungen Angst, er könne die Lage dieser Leute mit der seinen vergleichen oder mit der Lage der Palästinenser, die in seinem Land leben? Könnte er das ihnen zugefügte Unrecht aufdecken, den Verrat, dem sie ein Leben lang im Namen »des besetzten Palästinas« ausgesetzt sind? Israel hat die Demokratie seiner Bürger unter dem Druck des Krieges gegen »den Feind« schließlich auch nicht aufgehoben – anders als die arabischen Länder, die auf ihre Bürger pfeifen!

2

Die israelische Fluggesellschaft El Al ist bekannt für ihre Sicherheitsmaßnahmen. Sie begannen mit der Durchsuchung der Koffer und des Handgepäcks und endeten vor Besteigen der Maschine mit der Leibesvisitation der Reisenden in einem kleinen Zimmer. Der Israeli, der für diesen Check zuständig war, meinte sich für das Abtasten bei mir entschuldigen zu müssen. Aber ich fühlte mich nicht im Geringsten gestört. Im Gegenteil: Die Bemühungen werden verständlich, wenn man bedenkt, dass es Zeiten gab, in denen Flugzeuge entführt und in die Luft gesprengt wurden. Dies äußerte ich auch gegenüber dem israelischen Angestellten. Der junge Mann war über meine lobenden Worte so erstaunt, dass er mir lächelnd die Hand schüttelte und eine gute Reise wünschte. Die sich auf seinem Gesicht abzeichnende Neugier konnte er nicht verbergen. Ich zweifelte natürlich keinen Augenblick daran, dass ihn das israelische Außenministerium im Voraus über meine Person unterrichtet hatte, um meiner Einreise den Weg zu ebnen. Dies hatte ich schon zuvor in der Schlange vor dem Check-in bemerkt und an den Sitzen, die Mitarbeiter der El-Al-Gesellschaft reserviert hatten. Ich war mir auch bewusst, dass meine Reise bei vielen Menschen Verwunderung auslösen würde. Gewiss würden sie mir zulächeln wie der Sicherheitsbeamte am Frankfurter Flughafen, oder sie würden den Kopf schütteln wie die Frau an der Passkontrolle am Flughafen Ben Gurion, als sie auf ihre Frage hin mein unbekümmertes Einverständnis erhielt, den israelischen Einreisestempel in meinen Pass zu setzen. Die meisten konnten ihre Verwunderung nicht verbergen, als sie plötzlich herausfanden, dass dieser »braune« Mann in ihren Reihen kein Jude war. Zum Beispiel der junge Mann, der im Flugzeug neben mir saß und ein Gespräch auf Hebräisch anknüpfen wollte. Da er gleichzeitig auf seine Uhr deutete, verstand ich, dass er sich über den verspäteten Abflug beklagen wollte. Oder die Flugbegleiterin, die mich auf Hebräisch fragte, welche Art von Essen sie mir geben sollte. Mein Nachbar verfiel in Schweigen, als ich ihm auf Englisch antwortete. Während der ganzen Reise richtete er kein Wort mehr an mich und blieb in seine hebräische Zeitung vertieft. Aber er hörte nicht auf, mir dann und wann wohlwollende Blicke zuzuwerfen, denen seine Frage abzulesen war: »Wer sind Sie?« Die Flugbegleiterin hielt meine Antwort auf Englisch für einen Scherz und sprach weiterhin Hebräisch mit mir, wann immer ich sie um einen Gefallen bat. Vielleicht beharrte sie auf meiner »jüdischen« Identität, weil sie seit Jahren keinem Araber unter ihren Fluggästen begegnet war. Dabei waren die Schilder im Flugzeug zweisprachig: Hebräisch und Arabisch, und man fand sie überall in der Kabine. Auch die Hinweistafeln am

Flughafen Ben Gurion waren zweisprachig, nicht zu vergessen die arabischen Untertitel des Films, den sie vor Abflug der Maschine über die Sicherheitsmaßnahmen an Bord zeigten. Vermutlich war dies alles aus den Zeiten übriggeblieben, als es noch ebenso selbstverständlich war, mit El Al zu fliegen, wie mit jeder anderen Luftfahrtgesellschaft auch. Aber dies war vor Beginn der brutalen Luftpiraterie.

So verlief meine Einreise, als ich das erste Mal Israel besuchte. Das zweite Mal reiste ich nur wenige Wochen später in Begleitung meiner Frau Inaam zur Konferenz »Quo vadis, Irak?«, zu der mich die Universität von Haifa eingeladen hatte. Bei unserer Ankunft am Flughafen wollte meine Frau keinen israelischen Einreisestempel in ihrem Pass bekommen und wurde deswegen von der Passbeamtin in ein Nebenzimmer geführt. Später befragte sie ein Sicherheitsbeamter. Der Beamte gab all ihre Antworten in den Computer ein, und als Inaam in meine Richtung deutete, stand er auf und winkte mir höflich zu, mich zu ihnen zu gesellen, weil ich ihr Ehemann sei. Es handelte sich um nicht mehr als eine Routinemaßnahme. »Gründe gibt es viele, weil Ihre Frau nicht offiziell eingeladen ist«, sagte er mir mit einer Geste auf Inaam. Aber ich glaubte ihm nicht. Er stellte seine Fragen eher aus Neugier, als dass sie zur Befragung gehörten. Alle Fragen hatten sich schon auf dem Formular befunden, das die Ehrengäste von der Reiseorganisation der Universität Haifa per E-Mail erhalten hatten. Diese Papiere lagen in seiner Reichweite. Ich musste lächeln, als er mir ein paar Fragen stellte, während er meinen Reisepass durchblätterte und die Ein- und Ausreisestempel der »feindlichen« arabischen Staaten sah. Er quittierte meine Antworten auch mit einem Lächeln. Was er von mir erfahren wollte, störte mich nicht im Geringsten, ich dankte ihm sogar und bemerkte, er habe mir als Schriftsteller durch seine Art der Befragung so manchen Stoff für literarische Betrachtungen geliefert. Zwischen uns ergab sich ein Mienenspiel, das seine Fragen vorwegnahm: »In Ihrem Reisepass befinden sich Ein- und Ausrei-

23

sestempel für Syrien aus dem Jahr 2002. Wie lange haben Sie sich dort aufgehalten?« Antwort: »Ich habe mich dort für zwei Wochen mit meiner Familie getroffen.« Seine Erwiderung: ein Lächeln. Meine Erwiderung: »Mein Reisepass ist voll von Stempeln. Wenn Sie nachschauen, werden Sie feststellen, dass ich auch in den Jemen gereist bin, das Land Osama bin Ladens. Und anschließend war ich in New York.« Sein Kommentar: ein Lächeln. Dann blätterte er wirklich den Pass durch. Aber nein, ich dankte ihm dafür, weil er mir mit seinem Mienenspiel Einblicke in die Gefühle eines Sicherheitsbeamten gewährte. Ich beobachtete ihn und konnte seine Neugier wie auch sein Erstaunen bemerken, es mit einem Mann zu tun zu haben, der so ungewöhnliche Reisen unternommen hatte. Zwei ursprüngliche Iraker mit deutschem Pass also, die während ihres freiwilligen Besuches im »Feindesland« eine »kulturell-gesellschaftliche« Reise unternehmen wollten, um Menschen und Gesellschaft kennenzulernen – wie sie selber angaben? Allein der Anblick eines Irakers, der der Einladung zu einem Israelbesuch nachkommt, grenzte an ein Wunder. Ein Journalist, der mich später interviewte, fragte mich, aus welchen Gründen ich der Teilnahme an einer Veranstaltung in Israel zugestimmt hätte. »Warum?«, fragte ich zurück. Ob ich keine Angst hätte. »Warum Angst?« »Dort, in euren Ländern«, erwiderte er, »könnte man doch alles Mögliche mit Ihnen anstellen!« Als ich ihm antwortete, das sei mir egal, rief er ganz unverblümt: »Sie sind ein merkwürdiger Mann!« Auch er hatte recht, wie jetzt der Sicherheitsbeamte am Flughafen. Es war widersinnig, dass dieser Mann, der da vor ihm saß und mit ihm redete, aus dem Irak stammen sollte, dem Staat, der seit Jahren nur durch negative Schlagzeilen auffällt. In der Vergangenheit mit den Raketen, die Saddam Hussein auf Israel abfeuerte, in der Gegenwart mit Leichen und Begräbnissen, da der Tod den Menschen überall im Lande auflauert. Wie sollte man es also für vernünftig halten, einen Iraker durch die Straßen von Jerusalem streifen zu sehen? Wie gern hätte ich dem Beamten von der Verwunderung erzählt, mit der ich immer wieder in Israel aufgenommen wurde. Vielleicht hätte es uns geholfen, einander zu verstehen. Stattdessen überraschte ich mich selbst, als ich ihm ruhig, aber etwas genervt zu verstehen gab, er solle nicht denken, dass ich mich durch die Befragung belästigt fühle, was Inaam, wie ich an ihrem Gesicht ablesen konnte, etwas nervös machte – immerhin befanden wir uns an einem israelischen Flughafen, nicht an einem arabischen. Das Problem war, dass wir wegen der Ankunft unseres Flugzeugs um halb zwölf in der Nacht sehr müde waren. Jetzt war es ungefähr halb zwei, in der Halle wartete ein Fahrer, und wir hatten noch hundertzwanzig Kilometer vom Ben-Gurion-Flughafen in Tel Aviv nach Haifa vor uns, eine Fahrt, die mindestens zwei Stunden dauern würde. Meine Bemerkung stürzte den Beamten in noch tiefere Verwunderung. Jetzt wollte er noch mehr über diesen seltsamen Vogel aus dem Irak wissen. Diesmal erkundigte er sich nach meiner Rolle auf der Tagung, wie viele Bücher ich geschrieben habe, wovon sie handelten, was mein nächstes Projekt sei und bei welchen Menschen ich zu Gast sein würde. Vielleicht wollte er herausfinden, ob er zu den Personen gehören würde, die ich in meinem Buch der Erwähnung für würdig hielt – noch bevor er uns der hübschen, schlanken Beamtin übergab, die uns ihrerseits ausfragte, bis zu unserer Freigabe nach nur zehn Minuten und die ganze Zeit lächelnd.

3

Der Sicherheitsbeamte am Flughafen war nicht der Einzige, der Eingang in das Buch des Gastes finden sollte. Auch der Fahrer Ezra Haskiel hinterließ einen starken Eindruck: wie ein dunkler Schatten, gleich den Figuren in Schwarzweißfilmen, die plötzlich auftauchen und wieder verschwinden. Er war ein kleiner Mann und einfach, wenn nicht schäbig gekleidet. Mit seinen kurzen krausen Haaren unterschied sich sein Aussehen in nichts von dem eines Ägypters oder Irakers seines Alters. Er war Ezra mit den gelben

Raucherzähnen, die in dieser Nacht noch gelber wurden, weil er während des Wartens in der Ankunftshalle des Flughafens nur im Kettenrauchen Trost fand. Wie er mir erklärte, war er nämlich schon um elf Uhr abends, eine halbe Stunde vor der Landung, am Flughafen eingetroffen, um dem Verkehr zu entgehen. Er sprach mit dem Akzent der Bewohner von Mossul im Irak, die das »r« nicht rollen, sondern es wie die Franzosen aussprechen. Ezra konnte nicht vorhersehen, dass die Warterei sich bis halb drei in der Früh hinziehen würde, denn wir besuchten ja Israel auf offizielle Einladung der Universität Haifa hin. Während er wartete, versuchte ein neben ihm sitzender Taxifahrer, der, wie sich im Gespräch herausstellte, ein aus Russland stammender Jude war, ihn dazu zu bewegen, nach Haifa zurückzukehren, und erklärte ihm, dass er uns in seinem Taxi mitnehmen würde. Aber Ezra wusste, die Sorge galt nicht ihm, sondern dem Fahrgeld. Deswegen freute sich der Taxifahrer auch nicht, als er uns auf einmal auftauchen sah. Er meinte, wir könnten uns glücklich schätzen; es gäbe keinen Zusammenhang zwischen den Sicherheitsmaßnahmen und der Nationalität der Besucher. Es gäbe einige Amerikaner, deren Befragung fünf oder sechs Stunden gedauert habe. Doch Ezra hätte auch darauf bestanden zu warten, wenn er nicht gewusst hätte, dass wir irakischer Herkunft waren.

Ezra war mit seinen nach Israel auswandernden Angehörigen in »das Land« gekommen – so nannten die aus dem Irak stammenden Juden Israel. Seine Familie war klein, es gab außer ihm nur noch einen Bruder. Vor ihrer Übersiedlung lebten sie in Mossul, im Norden des Irak. Ezras Vater besaß einen kleinen Handel, wodurch er ein gewisses Vermögen angehäuft hatte. Das stellte für die kleine Familie eine Art Bürgschaft in Israel dar. Allerdings musste Ezras Vater wie alle Auswanderer wieder bei null anfangen. Ezra erinnerte sich an seine Kindheit, in der er bis zu seinem siebten Lebensjahr ohne Armut aufwuchs. Der Vater ließ es an nichts fehlen, auch nicht an der Kleidung. Sie war zwar nicht protzig oder teuer wie die der Söhne aus wohlhabenden jüdischen Familien, aber anständig. Bis in den Sommer 1958, bis zum 14. Juli, um genau zu sein, lief alles wunderbar, wie es der Vater geplant hatte. An diesem Tag putschte das Militär in Bagdad und riss unter der Führung eines törichten Offiziers namens Abd al-Karim Qasim die Macht an sich. Wenige Wochen nach der »Revolution«, wie das Militär den Putsch nannte, änderte der »einzigartige« Führer, wie der Revolutionsführer sich selbst nannte, die irakische Währung. Er erklärte die alten Dinarscheine für nichtig und führte neue ein. Durch diese Währungsreform hätte Ezras Vater sein ganzes, im Irak verdientes Vermögen verloren, wenn er nicht in den Irak gefahren wäre und die alten gegen neue Dinare eingetauscht hätte. Aber wie sollte ein Jude, der den Irak 1951 verlassen und schriftlich auf seine irakische Staatsbürgerschaft verzichtet hatte, dorthin zurückkehren? Wie sollte er mit israelischem Pass, einem Reisepass des »Feindes«, in den Irak einreisen? Der irakische Führer prahlte ja damit, Israel mit »Würde und Ruhm« bekämpfen zu wollen, und die Palästinenser nannten sogar eines ihrer Dörfer »Kafr Qasim«. Nicht nur die Fahrt in den Irak war für Ezras Vater unmöglich, sondern auch die Rückkehr. Wie hätte er nach Israel wieder einreisen, was hätte er den Sicherheitsbeamten erzählen sollen? Der Vater, der mit diesen »revolutionären« politischen Entwicklungen nichts zu tun hatte, fand sich auf einmal in eine Lage versetzt, um die ihn niemand beneidete. Ein Fieber packte ihn, er war ans Bett gefesselt und faselte Tag und Nacht dummes Zeug. Er träumte von einem Besuch im Irak. Jeden Morgen versuchte er, aufzustehen und ein Bündel Kleider zusammenzusuchen, weil er sich sicher war, nach Mossul zurückzukehren. Doch Ezras Mutter musste ihn nicht einmal zurückhalten, denn entkräftet sank er zurück in die Kissen. Und dann kam der Tag, an dem Ezras Vater vor dem Ruin stand, den er die ganze Zeit befürchtet hatte. Er war total bankrott. Die von der irakischen Regierung gesetzte Frist für den Tausch der Währungen war verstrichen. Ezras Schätzung zufolge würde sich das verlorene Vermögen seines Vaters heute auf etwa eine »halbe Million Dollar« belaufen. An jenem Tag starb der Vater

an einem Herzstillstand, und die kleine Familie musste erneut bei
null beginnen. Zum Glück für Ezra gab sich seine Mutter, im Gegensatz zu ihrem Ehemann, keiner Hoffnungslosigkeit hin. Sie
übte verschiedene Tätigkeiten aus und beschloss, trotz ihres jungen Alters nicht wieder zu heiraten, um ihr Leben ganz der Erziehung ihrer Söhne zu widmen. Ezra erzählte, dass seine Ausbildung
preisgegeben werden musste, weil die Ausgaben dafür uner-
schwinglich waren. Nur für den zwei Jahre älteren Bruder gab es
Mittel. Nach Abschluss der Grundschule schickte seine Mutter
Ezra arbeiten. Erst war er in Handelsgeschäften irakischer Juden
beschäftigt; als Halbwüchsiger begann er Taxifahrern zu helfen,
bis er zum Militärdienst eingezogen wurde. Nach dem Militärdienst fand er eine Anstellung in demselben Taxiunternehmen, in
dem er heute, nach fast fünfunddreißig Jahren, immer noch arbeitet. Natürlich übte er auch andere Tätigkeiten aus. Er half seinem
Bruder beim Verkauf von Bohrmaschinen. Aber er musste seinen
Verdienst, der bei all seinen Tätigkeiten heraussprang, für Dinge
ausgeben, an die er zuvor keinen Gedanken verschwendet hatte:
seine Hochzeit zum Beispiel. Eine Hochzeit an sich kostete nicht
viel. Aber er musste sich auch an den Kosten für die Ausreise seiner
Frau und ihrer Angehörigen beteiligen, die in Syrien lebten. Es gab
viele Juden aus Aleppo, die mit Juden aus Mossul verwandt waren.
Zwischen den Familien von Ezra und seiner Frau gab es Verbin-
dungen über Verwandte in Italien. Ezra lernte seine Frau in einem
Touristenhotel in Scharm al-Schaich kennen. Nach dem Friedensabkommen zwischen Ägypten und Israel kam seine Frau wie
durch ein Wunder dorthin. Sie hatte einen syrischen Pass. Falls sie
sich entschließen sollte, mit ihm nach Israel einzuwandern, würden die ägyptischen Behörden ihr jedoch die Überquerung der
Grenzen verweigern. Da eine Rückkehr nach Syrien für sie unmöglich geworden war, beschloss sie, so lange in Ägypten auszuharren,
bis sie eine Lösung gefunden hätten. Sie hatten sich auf den ersten
Blick ineinanderverliebt und wollten heiraten, wie auch immer es
die Umstände erlaubten. Ezra reiste mehrmals aus und wieder ein

und kehrte schließlich nach Haifa zurück, weil der israelische Tourismus in Scharm al-Schaich aus verständlichen Gründen abnahm. Israelische Urlauber wurden auf den Straßen belästigt und aufgewiegelt. Wenn er seine Frau, für die er eine kleine Wohnung in Kairo gemietet hatte, besuchen wollte, musste er in die Identität eines Händlers aus Aleppo schlüpfen. Dieser Wechsel seiner Person war ungeheuer gefährlich, denn er konnte zum Spionagevorwurf führen. Aber die Umstände verlangten es so. Er ging also mehr oder weniger unbewusst ein waghalsiges Abenteuer ein. Ezras Frau wollte nicht nach Syrien zurückkehren, da sich für die Juden die Situation ständig verschlimmerte. Die damalige Regierung unter Hafiz al-Assad schuf nicht die wirtschaftlichen Voraussetzungen, die es den Juden erlaubt hätten, selbst über ihre politische Zukunft zu entscheiden. Die in Syrien verbliebenen Juden waren der Skrupellosigkeit der syrischen Händler ausgeliefert. Sie waren die ärmsten Juden der Welt. Wer heute Damaskus besucht, kann noch die Ruinen und Lehmhäuser sehen, in denen sie hausten. Einige verlegten sich auf das Züchten von Eseln, auf den einzigen Beruf, den die Händler von Damaskus ihnen nicht streitig machten. Hafiz al-Assad war lediglich am Druck auf die Vereinigten Staaten von Amerika gelegen, den er durch die Verarmung der Juden verursachte. Auf diese Weise wollte er Washington dazu bringen, ihre Auswanderung nachdrücklich zu fordern. Auch Russland und andere Länder Osteuropas hatten bei der Behandlung ihrer jüdischen Bevölkerung das gleiche Ziel im Auge. Hafiz al-Assad, einer der hinterlistigsten arabischen Gewaltherrscher, war sich bewusst, dass es nur eine Frage der Zeit war, bis die Vereinigten Staaten von Amerika einen utopischen Betrag für die ausreisewilligen jüdischen Familien bezahlen würden. Ein Aufschrei gegen die fünfte Kolonne der »Agenten Israels« würde genügen; es würde genügen, wenn die bestochene Presse in ihren Artikeln vor den »Juden im Innern« warnte – dann würde Israel schon selbst Druck auf Amerika ausüben und so die beschleunigte Ausreise der Juden aus Syrien erzwingen. Ezra wusste auch, dass

Assad die ersehnte Beute in den eigenen Taschen hatte verschwinden lassen. Er begnügte sich nicht mit den Geldbeträgen, die die USA ihm zukommen ließen, sondern beraubte die jüdischen Familien ihrer Besitztümer. Und nicht nur das. Er verlangte auch weitere gewaltige Beträge als Entgelt für ihre Freiheit. In keinem anderen Land war die jüdische Gemeinschaft solchen Beraubungen ausgesetzt. Dennoch war die Freude Ezras Erzählung zufolge groß, als die Familie endlich zusammenfand. Damals hatte seine Frau ein Visum für die USA bekommen, mit dem sie ihre Familie besuchen konnte, die bereits zuvor dorthin ausgereist war. Anschließend traf sie in Israel ein. Ezra bestand darauf, die Hochzeit in Ägypten zu feiern, in Scharm al-Schaich, in dem Hotel, in dem er seine Frau kennengelernt hatte. Wie liebte er dieses Hotel! Jetzt haben sie zwei Kinder; sie sind noch klein, aber jedes Mal erzählt er ihnen die Geschichte, wenn er mit ihnen spielt. Auch seine Mutter liebte dieses Hotel. Die Reise zur Hochzeitsfeier war für sie die einzige Reise ihres Lebens außerhalb von Israel. Und bis zu ihrem Tod im vergangenen Jahr fragte sie immer wieder, wann sie wieder einen Urlaub in Ägypten verbringen würden. Es fiel Ezra schwer, ihr zu erklären, dass eine Reise nach Ägypten für israelische Touristen zu einem Abenteuer geworden war. Auch er wäre gern wieder dorthin gereist, weil er das Hotel immer noch liebte. Und wie traurig machte ihn vor zwei Jahren die Nachricht, dass Selbstmordattentäter es in die Luft gesprengt hatten.

Seltsam – bis zu diesem Teil der Erzählung hatte ich keine Schwankungen in Ezras Stimme bemerkt. Vielleicht drückte sie ein wenig Bedauern aus, aber sonst nichts. Mit allem, was Ezra berichtete, erinnerte er sich seines Lebens eher unbeteiligt, als handle es sich um das eines anderen. Nur manchmal, wenn ich ihm meine ganze Aufmerksamkeit zuwandte, merkte ich, dass seine Stimme nicht mehr unbeteiligt klang. In seiner Stimme schwang dann der unsichtbare Faden einer Klage, aber einer stummen Klage, die sich zu verstecken suchte und in die sich ein wenig Erregung mischte. Dies ließ ihn zuweilen vergessen, dass er ein Taxi auf einer Schnellstraße steuerte. Immer häufiger setzte er Hände und Kopf in Bewegung und vernachlässigte darüber das Lenkrad. Er merkte es erst, als ich ihn behutsam darauf hinwies, der Wagen weiche ein wenig von der Straße ab und er müsse aufpassen, nicht an die Leitplanke zu prallen. Aber um die Wahrheit zu sagen: Selbst in diesem Klagelied erschien Ezra mir wie einer dieser Menschen, die man in einem unbedeutenden Café in irgendeiner irakischen Stadt trifft, einer dieser Menschen, denen man nie zuvor begegnet ist, die man nicht kennt, die aber, sobald man sich zu ihnen setzt, sofort und in allen Einzelheiten ihre Lebensgeschichte zum Besten geben, ohne zu fragen, mit wem sie es zu tun haben und welche Sprache ihr Zuhörer spricht. Und auch wenn sie wissen, dass ihr Gegenüber ein Landsmann ist, machen sie sich nicht die Mühe, sich zu erkundigen, ob er diese Unterhaltung wünscht oder nicht. Wer seine Zunge nicht in Zaum halten kann, will nur der eigenen Geschichte freien Lauf lassen. Ezra begann zu erzählen, und er erzählte vom Verlassen des Ben-Gurion-Flughafens bis zur Ankunft am Dan-Panorama-Hotel in Haifa. Er hielt keine Sekunde inne, bis er uns die Hand schüttelte. Kurz blieben wir im Regen stehen, der in Haifa zu strömen begonnen hatte. Ezra erklärte uns, dass es der für Haifa typische Märzregen sei, der am Karmelgebirge falle, auf dessen Gipfel unser Hotel lag. In diesem Augenblick offenbarte er uns, das Gespräch mit uns habe ihn wach gehalten. Es wäre jetzt kurz vor vier Uhr früh und zwecklos, noch schlafen zu gehen. Die Kinder gingen morgens zur Schule, und bei einem Regenwetter wie diesem müsse er sie dorthin bringen. Die verbleibende Zeit wolle er ausnutzen, um in den Straßen von Haifa seiner Arbeit nachzugehen. Wir verabschiedeten uns, und er bestieg sein Auto. Bevor sein Taxi in der nächsten Kurve, wo der Busbahnhof von Haifa lag, verschwand, sagte ich zu mir selbst: Leider hat Ezra mir nicht genug Zeit gelassen, um ihm zu sagen, dass er sich glücklich schätzen kann. Die Klagen, die er in dieser Nacht auf der Schnellstraße über sich selbst ausgestoßen hat, sind bedeutungslos. Sein Gejammer über die »große Sünde« des Taxiunternehmers, der beim

Ein- und Ausfahren der Taxis am Flughafen eine Vermittlungs-
gebühr erhebt, ist bedeutungslos. Seine Klage über die Reichen aus
Netania und Herzlia ist bedeutungslos. Und dies auch angesichts
seines Versuchs, »journalistische« Zurückhaltung zu bewahren,
als er uns von den Raketenangriffen der Hisbollah berichtete, die
Haifa tatsächlich getroffen hatten. Ein noch viel größeres Unglück
aber hätten die Raketen verursacht, wenn sie in das größte israelische Elektrizitätswerk in der Nähe der Stadt Qaisiria eingeschlagen wären. Trotz all dieser und weiterer bitterer Geschichten, für
die in jener Nacht nicht genug Zeit war und die er uns vielleicht
gern bei anderer Gelegenheit erzählt hätte – er schrieb uns mit
der Schrift eines Grundschülers seine Telefonnummer auf ein
kleines Blatt Papier, damit wir ihn in den kommenden Tagen bei
Bedarf anrufen könnten –, trotz all dem, was er erzählt hatte und
erzählen würde, hätte ich ihm gern bewusst gemacht, dass er am
Ende ein glücklicher Mann ist. Er war noch am Leben, nachdem
seiner Familie in seiner Kindheit die Flucht aus dem Irak gelungen war. Durch die Auswanderung nach Israel hatte er seine Haut
retten können. Wie gern hätte ich ihn nach dem Glück gefragt,
welches ich meinte: das Glück, das ihn bis in die frühen Mor-
genstunden wach bleiben und das Taxi eiernd zum Berg Karmel
fahren ließ. Wenn er zukünftig wieder das Bedürfnis hatte, all die
Geschichten zu erzählen, die er uns erzählt hatte, dann sollte er
sie lieber nicht sofort erzählen. In dem ersten Taxi, das er in seinem
Leben gekauft hatte und dessen Lieferung er für die kommende
Woche erwartete, wie er uns mitteilte, solle er sich bei seinen
weiteren Fahrten vielmehr damit begnügen, die eine Geschichte
zu erzählen, die auch ich von ihm gehört hatte, die Geschichte, auf
die er wirklich stolz sein kann: die Geschichte von Ezra Haskiel,
geboren im Jahr 1949 in der Stadt Mossul im Irak. Denn im Gegensatz zu seinen im Irak geborenen Jahrgangsgenossen, denen
das Glück nicht vergönnt war, das Land ihrer Herkunft zu verlassen, war er als einer der wenigen am Leben geblieben. Vielleicht
hatten sich einige unversehens retten können. Amtliche Verlaut-

barungen im Irak jedoch klären uns darüber auf, dass die 1949 Geborenen nicht mehr am Leben sind: Die eine Hälfte ging im nicht enden wollenden Krieg im Norden zugrunde, die andere in den sich anschließenden Kriegen der Diktatur.

»Haifa fährt anders«:
Ein Modell für das Zusammenleben

I

Vom Zimmerfenster des siebten Stockwerks aus erschien uns Haifa wie ein bunter, sich über die Erde ausbreitender Teppich. Das Hotel »Dan Panorama Haifa«, das die Universität für unseren Aufenthalt ausgewählt hatte, macht seinem Namen Ehre. Mit seinen zwanzig Stockwerken erhebt es sich über den Berg Karmel und wird nur von einem Hochhaus übertroffen, dem dreißiggeschossigen Eschkol-Turm der Universität. Die Hochschule war es denn auch, die uns nötigte, den hochragenden Turm bis ganz nach oben zu steigen, der an bedeckten Tagen sogar durch die Wolken stieß.

An sonnigen Tagen – und deren waren es viele während unserer siebentägigen Teilnahme an der Konferenz »Quo vadis, Irak?« – konnten wir uns in unserem Hotelzimmer kaum vom Fenster trennen – so sehr genossen wir den Ausblick, der sich uns auf die gesamte Stadt mit all ihrem Leben bot. Es genügte, an einem der Tage ein paar Minuten am Fenster zu stehen, um eine Sehenswürdigkeit auszuwählen, die wir besuchen wollten. Wir konnten den Hafen mit den vor Anker liegenden Schiffen ausmachen und den 1955 erbauten Silo mit Namen »Dagon-Turm«, der meinem Prospekt zufolge hunderttausend Tonnen Getreide fasst. Linkerhand lag das nationale Schifffahrtsmuseum, ein gewaltiger alter Bau, mit dessen Pracht es nur das in der Nähe befindliche historische Kloster Stella Maris aufnehmen kann. Haifas Nordseite, auf der auch unser Hotel war, ist auch als »das Haifa der Museen« bekannt: Am Fuße des Karmelberges gab es nämlich einige Museen in unmittelbarer

Nachbarschaft zueinander. Zwischen diesen alten Gebäuden erstreckten sich rund um den Berg paradiesische Parks und Gärten wie grüne Inseln. Unmittelbar unterhalb des Hotels wölbte sich die Kuppel des Schreins der Baha'i-Religion in ihrer malvenfarbenen Pracht, umgeben von Bäumen und dem großen Park »Gan Haem« (Park der Mütter), der den Besucher mit seinen schönen Anlagen auf ansteigenden Hängen reizt. Er bietet tagsüber vollkommene Ausblicke auf das Häusermeer und in der Nacht ist er für Liebespaare ein sicheres Versteck, vor allem für die desselben Geschlechts. Wer jedoch die Geschichte der Stadt kennenlernen möchte, der muss vom Turm des Hotels herabsteigen.

Im Osten der Stadt, unterhalb der modernen Gebäude, erheben sich die Ruinen des phönizischen Zalmona; im Westen liegen unter der Wasseroberfläche vor der Küste die uralten Reste der jüdischen Stadt Sycaminos. Dem Touristenprospekt zufolge fiel später das einst blühende Leben auf den Plätzen der Stadt »der arabisch-islamischen Eroberung und Zerstörung« zum Opfer, und Haifa »blieb bis zur Mitte des achtzehnten Jahrhunderts ein kleines Fischerdorf«. Haifa erwachte gleichzeitig mit der Nachbarstadt Akko; beide unterwarfen sich der Herrschaft Ahmad al-Dschazars (1775–1804), der »neben Tapferkeit und Blutrünstigkeit auch für seine Liebe zu Bauwerken berühmt war«. Die Historiker sind sich einig, dass der wirkliche Aufschwung der Stadt im Jahr 1868 einsetzte – dem Jahr, in dem die »Siedlung« der aus Deutschland stammenden christlich-protestantischen Gemeinde der Templergesellschaft entstand. Noch ein Jahrzehnt später, 1878, begann die zionistische Einwanderung, der nach etwa einem weiteren Jahrzehnt der Baubeginn der Eisenbahnlinie folgte, die Haifa mit Damaskus verbinden sollte. 1905 fuhren dann die ersten Züge zwischen Haifa und Syrien, und damit stieg der Stern Haifas weiter empor. Seine Einwohnerzahl kletterte von zweitausendfünfhundert 1854 auf achttausend 1891, dann auf fünfzehntausend 1913. Von 1921 bis 1931 erweiterten die Briten den Hafen der Stadt, um sich ihren langen Küstenstreifen industriell zu erschließen. »Mit der Gründung des Staates Israel«, so der deutsche Prospekt, »wohnten in Haifa hunderttausend Menschen.« Seltsamerweise ist in diesem Faltblatt nichts über die Anzahl der vor sechzig Jahren in Haifa ansässigen Araber zu finden, bevor sie während des Kriegs von 1948 vertrieben wurden (so die palästinensische Geschichtsschreibung) oder freiwillig die Stadt verließen (so die israelische Geschichtsschreibung). Dies war in der Geschichte der erste offizielle Krieg zwischen den Söhnen Sems und den Söhnen Jakobs und Ismaels. Aber im Gegensatz zu ihren Stammesbrüdern in anderen Städten – vielleicht mit Ausnahme des in der Nähe gelegenen Nazareth – beschlossen viele Araber, in Haifa zu bleiben. Dies erklärt auch den heute noch verhältnismäßig hohen Anteil an arabischer Bevölkerung, der amtlichen Angaben nach bei zwanzig Prozent liegen soll. Dies trug zu einer Vielfalt bei, die Haifa von den anderen Städten Israels unterscheidet.

Hat der Hafen in der wirtschaftlichen Entwicklung Haifas eine bedeutende Rolle gespielt, so war es der Berg Karmel – vom Propheten der Tora Jesaja »Weinberg Gottes« genannt –, der auf die verschiedenen Religionen eine besondere Anziehungskraft ausübte. Die Gläubigen wollten in seiner Nähe siedeln in der Hoffnung, es möge ihnen dort kein Unrecht geschehen. In der Beziehung des Menschen als »Diener« zum »Schöpfer« Gott, die eine religiöse Grundfeste ist, nimmt der Berg Karmel den Platz Gottes ein. Die Gläubigen aller Religionen pilgern nach Jerusalem, um dem Gotteshaus ihres Bekenntnisses und damit ihrem Herrn nahe zu sein, während sich andere »Diener« des Glaubens nach Haifa begeben, um dem sich über alle Horizonte öffnenden Heiligen Berg – dem »Berg Karmel« – und damit seinem Herrn nahe zu sein. Die Gotteshäuser in Jerusalem trennen die Menschen voneinander und drohen sie zu ersticken, nicht nur aufgrund der Glaubensregeln, die Schriftgelehrte aus alten, verstaubten Büchern ableiten, sondern auch wegen der Enge der Kirchen und dem Gedränge der Besucher verschiedener Konfessionen. Der Berg Karmel dagegen ist ein Ort, an dem die Menschen zusammenfinden, ohne sich voneinander abzusondern. Sie suchen in Haifa Zuflucht bei ihrem Herrn in »der Natur«. Schließlich ist der Berg Karmel allen Religionsgemeinschaften heilig: den Juden, die ihn »Kerem-El« nennen, da sich dort nach der Legende die Höhle des Propheten Elias befand, die »Höhle Gottes«; den Muslimen, die den Berg in Liedern und Gedichten besingen; den christlichen »Karmelitern«, die 1115 ein großes Kloster am Fuß des Berges gründeten und dort Wein zu keltern und andere Getränke zu brauen begannen; den Drusen, die den Plan fassten, sich an einem einzigen Ort – am »Daliat al-Karmel« – in der Nähe des Mausoleums des Schu'ib, eines ihrer vier Propheten, niederzulassen; den Baha'is, die den Niedergang des Osmanischen Reiches abwarteten, um ihren lang gehegten Traum verwirklichen zu können, ein für sie bestimmtes Gotteshaus auf dem Heiligen Berg zu errichten und davor einen dem Paradies nachempfundenen Garten anzulegen; den Templern, die Mitte des neunzehnten Jahrhunderts nach Haifa kamen und die ersten Gebäude am Fuß des Berges errichteten.

Einige Menschen sprechen von zwei Städten, wenn sie Haifa beschreiben: die eine ist der Berg mit der Universität, den Museen, den Parks, den Gotteshäusern, den Hotels und den Villen der Reichen. Die andere ist die Unterstadt mit der Küste, dem Hafen und der Luft des Mittelmeers – als seien gleichzeitig zwei Städte entstanden und hätten sich getrennt voneinander entwickelt. Haifa ist auch als »der Hafen zum gelobten Land« bekannt. Aber nicht mit der religiösen Bedeutung, die die ersten illegalen jüdischen Einwanderer der Stadt verleihen wollten, sondern mit einer utopischen Bedeutung: der ideale Stadtstaat im Sinne Platons, der in unserem kürzlich verabschiedeten Jahrhundert trotz all seiner Zerstörungen, seines Rassismus, seiner Kriege und Morde, trotz aller Auswanderungswellen, Vertreibungen und Deportationen überleben konnte.

Heute sprechen die Menschen in Israel voller Begeisterung über Haifa als Modell für das Zusammenleben der verschiedenen Bevölkerungsgruppen – seien es jene, die es allgemein auf israelischem Boden einführen wollen, seien es jene, die das Scheitern dieses Modells befürchten. Nicht nur die öffentliche Meinung in Israel wird dazu gebracht, sich mit Haifas Modell auseinanderzusetzen, sondern auch die fremden Besucher. Überall sind in Haifa Schilder in Arabisch und Hebräisch zu sehen, auf denen in großen Lettern geschrieben steht: »Haifa fährt anders«. Es geht dabei nicht nur um Verkehrssicherheit – das Schild hebt auch das von der Stadtverwaltung seit ihrer Gründung angestrebte Ziel hervor: die Realisierung eines für Haifa eigenen Modells, das alle gesellschaftlichen, politischen und demographischen Bereiche umfasst. Wer sich mit der Geschichte der Stadt beschäftigt, wird feststellen, dass Haifa hierin stets führend war. Es wurde beispielsweise als normal empfunden, wenn sich an der Spitze der Stadtverwaltung zeitweise ein arabischer Bürgermeister befand. Zwar ist es der Stadtverwaltung nicht gänzlich gelungen, die »Trennung« der Bevölkerungsgruppen durch ausschließlich gemischt bewohnte Siedlungen aufzuheben – was übrigens nicht einmal in Europa erreicht wurde –, doch hat sie es geschafft, den Geist des »Heiligen Berges« in den verschiedenen Stadtvierteln zu bewahren. Das gilt weniger für die »historischen« Viertel und Dörfer mit ihren besonderen Prägungen, als vielmehr für die neuen Stadtteile, die für alle Bevölkerungsgruppen gebaut wurden: Dort gibt es gemeinsame Märkte, die den Kontakt der Menschen – ohne Rücksicht auf religiöse und ethnische Zugehörigkeit – begünstigen.

»Wadi Nasnas«, wo traditionell die christliche arabische Minderheit lebt, verwandelt sich am Samstag, dem offiziellen israelischen Feiertag, in ein Einkaufs- und Ausflugszentrum für den nichtreligiösen Teil der jüdischen Bevölkerung von Haifa. Ebenso verhält es sich mit den modernen Märkten am Sonntag, wenn die Läden in Wadi Nasnas schließen und die Bewohner dieses Viertels sich in andere Einkaufszentren begeben. Aber es ist nicht nur das. Heute trifft man in Wadi Nasnas auch auf eine jüdische Minderheit – zumeist junge Leute, vor allem Studenten sowie Einwanderer aus Russland –, weil dort die Mieten niedrig sind. Wer das Buch *Trompete im Wadi* von Sami Michael, einem israelischen Autor irakischer Herkunft, gelesen hat, gewinnt eine Vorstellung vom dortigen Leben – ob es sich jetzt um die Beziehungen zwischen Juden und Arabern oder um den Alltag der Araber von 1948 und ihrer jüdischen Mitbürger handelt. In dem Buch wird die heftige Liebe zwischen einem christlich-arabischen Mädchen und einem aus Russland eingewanderten jüdischen Trompetenspieler geschildert, der in ein Zimmer auf dem Dach des Hauses der Familie des Mädchens einzieht. Es gibt in Haifa keinen anderen so bekannten Schriftsteller wie den fast achtzig Jahre alten Sami Michael, der noch immer in seinem Haus auf dem Gipfel des Berges Karmel wohnt. *Trompete im Wadi* schrieb er etwa ein halbes Jahrhundert nach seiner Ankunft in Haifa, nachdem er als Jude und Kommunist vor der Unterdrückung und Verfolgung durch die irakischen Machthaber geflüchtet war. So hatte er genügend Zeit, mit eigenen Augen zu verfolgen, wie sich die Stadt gewandelt hat.

2

Die radikalen historischen Veränderungen in der Demographie der Stadt kann man am ehesten an der »Deutschen Siedlung« erkennen. In dieser Siedlung, die einst ein Ort für fromme protestantische Einwanderer aus Deutschland war, haben sich die Eigentumsverhältnisse innerhalb der letzten Jahrzehnte gewandelt: Arabische Eigentümer kauften den Boden den während des Zweiten Weltkriegs verfolgten Deutschen ab oder später, als die ersten deutschen Einwanderer gestorben und ihre Nachkommen nach Deutschland zurückgekehrt waren. Die Bewohner des eleganten Viertels, das manche für das schönste der Stadt halten, sind heute bunt durchmischt. Araber und Juden arbeiten Seite an Seite, mal ist der eine der Chef, mal der andere. Eine ähnliche Situation findet sich in anderen Vierteln der Stadt, die bis vor kurzem rein jüdisch

waren. In manchen Gebäuden tauschen arabische Familien Gruß-
worte mit israelischen Familien aus. »Durchmischung« ist auch
das von der Stadtverwaltung verkündete Motto, das man überall
zu verbreiten versucht. Man beschränkt sich nicht auf Schilder in
Gaststätten und Hotels, wo man mehrheitlich Arabisch spricht,
sondern setzt dieses Motto auch in Bibliotheken und Firmen durch.
Die ständige Einwanderung, die sich daraus ergebende Vielfalt der
Kulturen und das Ansehen der Universität als die offenste ihrer Art
in Israel spielen in der Stadtpolitik eine zentrale Rolle. Besonders
beachtenswert sind die Mischehen zwischen arabischen Christen
und russischen Juden, die von den örtlichen Parteien aktiv geför-
dert werden. Denn sie können ein paar Sitze im Stadtrat erringen,
wenn sie religiöse und ethnische Diskussionen anstoßen. Sonst
führen sie ein klägliches Schattendasein. Nur die Partei, die zu gegenseitiger Rücksichtnahme und friedlichem Zusammenleben aufruft, kann die Forderungen der Gesellschaft verwirklichen. Die
Gesellschaft kann die Lebensweisen nur dann gutheißen, wenn der
Frieden aller und die Rechte der einzelnen Gruppen respektiert
werden. Dies gilt besonders für die jüdische Mehrheit: Sie kann
nur in Frieden leben, wenn sie die Rechte der anderen Minderheiten schützt und einfordert. Demokratie bedeutet in Haifa nicht
die Macht der Mehrheit, sondern die Garantie der Minderheiten-
rechte. Diesen einfachen demokratischen Grundsatz haben in
Wirklichkeit nur wenige Politiker in der Welt verstanden.
    Einer von ihnen ist der Rechtsanwalt Yona Yahav, derzeitiger
Bürgermeister von Haifa, vor dem man nur hochachtungsvoll den
Hut ziehen kann. Ich erinnere mich noch, wie ich im ersten Moment kaum glauben konnte, dass dieser »einfache« Mann, der einen Monat vorher auf der Buchmesse von Jerusalem am Stand des
Verlags »Kull Schai'« mich und den Verleger Salih 'Abbasi begrüßte, niemand anders war als der Bürgermeister von Haifa. Ich
erinnere mich auch, dass ich mich noch vor der Begrüßung, beim
ersten Anblick, als er sich dem Stand näherte, fragte: Wo habe ich
diesen Mann schon mal gesehen? Ich konnte den gewandten, ein-

fach gekleideten Herrn mit den vollen grauen Haaren und dem üppigen weißen Schnurrbart, diese schlanke Erscheinung mit der tiefen ruhigen Stimme, die dort über die Witze von Salih 'Abbasi lächelnd vor mir stand, nicht mit demselben Mann in Verbindung bringen, der nach dem 20. Juli 2006 täglich im Fernsehen gezeigt worden war, zusammen mit BBC- und CNN-Korrespondenten, nachdem die Hisbollah ihre Bomben auf Haifa abgeworfen hatte. Glücklicherweise flüsterte Salih 'Abbasi mir vor seinem Verschwinden ins Ohr, dass es sich um den Bürgermeister von Haifa handle. Ich gab ihm erneut die Hand und erzählte ihm, dass ich ihn damals gesehen hätte. Da lächelte er und erwiderte mit einer Geste, als verscheuche er eine Fliege von seiner Nase: »Ach, damals«, als wolle er mir zu verstehen geben, dass ich diese Nebensächlichkeit vergessen sollte. Als er gegangen war, berichtete mir Salih 'Abbasi von der guten Beziehung des Bürgermeisters zu Haifas Bevölkerung. Er sagte, er arbeite sechzehn Stunden am Tag. Um mich zu provozieren, fragte er ironisch nach: »Sag mir, bei deinem Herrn, erlauben euch Arabern eure wunderbaren Demokratien auch solche guten Beziehungen zu euren Politikern?« Und auch ich vollführte eine Handbewegung, als verscheuche ich eine Fliege von meiner Nase. Als Erstes wollte wohl auch ich sagen: »Vergiss es!« Aber es war nicht diese Bemerkung allein, die meine Aufmerksamkeit auf die »Demokratie« lenkte, auf die der israelische Araber zu Recht stolz sein konnte. Mir imponierte auch, dass das Stadtoberhaupt ohne Leibwächter über die Buchmesse streifte. Während ich dem Bürgermeister mit den Augen folgte, wurde mir klar, warum dieser Mann zur Zeit der Raketenangriffe der Hisbollah bei allen Fernsehauftritten seine Fassung bewahrt hatte und seine Sätze weiterhin fast weise waren. Er sprach eher über die Menschen als über die Politik. Bei mir dachte ich: Der Bürgermeister einer Stadt wie Haifa muss besser als jeder andere wissen, dass man den Raketen der Hisbollah nicht mit Vergeltungsaktionen, Patriot-Raketen etwa, begegnen kann, so wie es auch nichts bringt, Truppen in den Südlibanon zu schicken oder Stadtviertel Beiruts in

Schutt und Asche zu legen. Die einzig sinnvolle Gegenwehr ist es, dem Programm treu zu bleiben, das ihm auch den Sieg in den Stadtratswahlen eingetragen hat, nämlich auf dem Modell Haifa zu bestehen: in einem Miteinander der verschiedenen Bevölkerungsgruppen und mit gegenseitiger Rücksichtnahme zu leben, damit die Schilder an den Wänden Haifas hängen bleiben, wo sie sind, und das Motto weiterhin gilt: »Haifa fährt anders.«

3

An Tagen mit kräftigem Sonnenschein und klarer Luft reichte die Sicht bis Ra's al-Naqura und zu dem gewundenen, weißsandigen Küstenstreifen, der sich in der Ferne abzeichnete. »Dies ist die libanesisch-israelische Grenze.« Gewiss haben die Bewohner Haifas diesem Streifen keine besondere Aufmerksamkeit geschenkt. Das sollte sich am 20. Juli 2006 ändern, einem Datum, das in die Geschichte der Stadt einging. An diesem Tag machte die Hisbollah Haifa, das seiner Schönheit wegen von den ersten illegal eingewanderten Juden »Der Hafen zum gelobten Land« genannt wurde, zu ihrem Angriffsziel. An jenem Tag, als die ersten Raketen deutscher Herstellung einschlugen, die ursprünglich in iranischen Waffenarsenalen gelagert worden waren, wurde den Bewohnern von Haifa bewusst, wie nahe die libanesische Grenze lag – diese »Sicherheitszone«, über die israelische Politiker und Generäle in schwammigen Ausdrücken sprachen, die in keinerlei Bezug zu dem standen, was später vor ihren Augen geschah. Heute sprechen die Menschen in Haifa von Ra's al-Naqura, wie sie von al-Asfiya, Daliat al-Karmel, Alal-Afula, Nazareth und Umm al-Fahm sprechen, den arabischen Städten in ihrer Nähe, die in die Richtung Ra's al-Naqura weisen, wo der weißsandige Küstenstreifen liegt. So erklären sie es dem Besucher, ohne hinzuzufügen, dass »dort die libanesische Grenze verläuft«. Das muss ohnehin jeder wissen. Für die Bewohner von Haifa, vor allem für die Befürworter des Miteinanderlebens, war es schockierend, dass die Raketen der Hisbollah so plötzlich wie der Regen der Sintflut auf sie herniedergingen. Erst dann verbreiteten sich Angst und Schrecken in der Stadt und in den nahe gelegenen Dörfern (der Stadt Nazareth beispielsweise oder dem Kibbuz Mazra' und anderen Orten). Für Haifa brach eine schwere Zeit an. Es stöhnte noch unter dem Schmerz der tiefen Wunde durch das Selbstmordattentat eines jungen palästinensischen Mädchens, das sich an einem Samstag in einem am Meer gelegenen Restaurant christlicher und jüdischer Eigentümer in die Luft gesprengt hatte. Noch heute erzählen die Menschen, wie das Mädchen das Restaurant betrat, wie es um sich blickte. Gäste feierten gerade eine Hochzeit, Kinder spielten, Lieder erklangen. Die meisten Anwesenden waren Juden, aber es gehörten auch einige Araber zur Hochzeitsgesellschaft, nicht zu vergessen die Bedienung, die jungen Männer und Frauen, die sich geschickt und leichtfüßig um die Tische herumbewegten und den Gästen aufwarteten: unter ihnen vor allem Araber. Die Menschen fragen sich, ob sie wirklich die Kinder übersehen habe? Es war ein sonniger Tag, ein Tag, der zu allem passte, außer zu einem solchen Blutbad. Keiner weiß, ob das jungfräuliche Mädchen es mit seinem Auftrag eilig hatte, weil es an die siebenundsiebzig männlichen »Huris« dachte, die auf die Vereinigung mit ihr im Paradies warteten – wie ja auch ihre Kumpane, die männlichen Selbstmordattentäter, vor ihren Blutbädern an eine gewaltige Orgie denken mit siebenundsiebzig weiblichen »Huris«. Keiner weiß es. Aber die Menschen berichten noch, wie das Mädchen mit einer Stimme wie vor dem Orgasmus »Allahu akbar« (»Gott ist groß«) schrie und den Sprengstoffgürtel zündete, der seinen Körper zerfetzte, bis dessen Gliedmaßen sich mit den Gliedmaßen von nahezu siebenundsiebzig Anwesenden vermischten – einen Körper für jeden seiner Hengste im Paradies. Haifa, ausnahmslos die ganze Stadt, spricht noch immer in allen Einzelheiten von diesem Schrecknis, als sei die ganze Stadt zugegen, als seien alle Menschen betroffen gewesen. Es gibt niemanden, der die Botschaft nicht versteht, die die Fundamentalisten mit ihren Selbstmordattentaten verbreiteten. Aber niemand will diese Botschaft der Stadt Haifa aufbürden, niemand stellt sich hinter den Lebensentwurf der Fundamentalisten. Das Modell Haifa erweist sich als ein großes Hindernis für die Extremisten auf beiden Seiten. Sie verbreiten die gleiche Botschaft, die die Hisbollah im Südlibanon aussendet. Ra's al-Naqura ist nicht einfach nur der Grenzposten, den man vom Gipfel des Berges Karmel aus sieht. Der Ort ist ein Fanal, das die Menschen in Haifa an die Bürde erinnert, die seit dem Tag des Angriffs auf ihren Schultern lastet. Die von der Hisbollah auf die Stadt abgefeuerten Raketen unterschieden nicht zwischen Juden und muslimischen oder christlichen Arabern. Sie waren Todesengel für Menschen. Man hört, es sei das Schicksal Haifas, auf dem Weiterleben zu beharren und sich den Erhalt der feinen Unterschiede zwischen seinen Einwohnern zu wünschen. Ihre Gemeinschaft sei ihr Schicksal. Vielleicht hatten die Terroristen zunächst Erfolg, als sie eine schroffe Gegenwehr provozierten und den Zorn der einfachen Menschen und einiger Extremisten anfachten. Mit der Zeit aber lief alles auf etwas ganz anderes hinaus als das, was man mit der Selbstmörderin der Jerusalemer Qassam-Brigaden oder der Hamas oder mit dem Krieg der Hisbollah erreichen wollte. Wenn es einen Erfolg gab, dann den, die Stimmen der Extremisten auf beiden Seiten – der jüdischen wie der arabischen – zum Schweigen gebracht zu haben. Der Besucher Haifas hört, dass die Granaten die arabische Jugend nicht davon abhalten können, miteinander Hebräisch zu sprechen. Sie hindern die jüdischen Familien in Haifa und Umgebung auch nicht daran, gegen die von der Regierung aus finanziellen Gründen geplante Verkürzung des Studiums der arabischen Sprache in jüdischen Schulen Einspruch zu erheben. Denn miteinander zu leben bedeutet, die Sprache des anderen zu lernen. Das betont die Landesregierung und das wissen die Menschen, das bringt sie einander näher. Für den Besucher von Haifa ist es schwierig, zwischen jüdischen und muslimischen oder christlichen arabischen Jugendlichen zu unterscheiden. Verschleierte Frauen, lange Bärte, die jüdische Kopfbedeckung, die schwarze

Kleidung, die schwarzen Hüte, die Schläfenlocken, das priesterliche Gewand – all das sieht man nur selten auf den Straßen. Stattdessen ist das Stadtbild von Frauen und Männern in moderner Kleidung geprägt, die zumeist Hebräisch sprechen, selbst in den Gaststätten, deren Besitzer Araber sind.

In dem für seine Fischgerichte berühmten Hafenrestaurant von Abu Zaid brachte uns die Kellnerin zunächst die hebräische Speisekarte. Zaid, der arabische Chef des Restaurants, hieß uns persönlich willkommen, als er erfuhr, dass wir aus dem Irak stammten. Er verbarg seinen Kummer über den Schaden, den muslimische Selbstmordattentäter den Arabern trotz langjährigem Zusammenleben mit den Israelis zugefügt hatten, keineswegs. Aber er übergab mir auch eine Botschaft, die ich an die Araber weiterleiten sollte. Er erzählte mir, wie die Islamisten alles daransetzten, ihnen das Leben schwerzumachen: »Wir arbeiten hart und geben uns die größte Mühe mit dem Erwerb unseres Lebensunterhalts. Und dann schleichen sie über die Grenze, um uns das Herrschaftsmodell aufzudrücken, das sie sich wünschen.« Sein Restaurant liegt in Haifa, aber er kommt jeden Tag aus dem nahe gelegenen Nazareth. Eine halbe Stunde, erzählt er, dauert die Autofahrt. Und er beklagt sich offen über seine sogenannten Brüder in Ramallah, denen ihre Vorteile als israelische Staatsbürger mit ähnlichen Rechten wie ihre jüdischen Landsleute nicht begreiflich zu machen sind. »Frag die Araber von 48«, erklärt er. »Sie werden alle dasselbe sagen.« Das bedarf keiner Bestätigung. Ich habe schon zuvor ähnliche Worte von Salih 'Abbasi auf der Buchmesse von Jerusalem vernommen. Bevor wir den Bürgermeister von Haifa trafen, bedeutete er mir, dass er über den Verlust seiner palästinensischen Nationalität nicht betrübt wäre. Er könne daherreden, was er wolle. Würde er in der Westbank oder im Gazastreifen leben, könnte er nicht so unverblümt sprechen. Er könne nach Belieben jede israelische Regierung kritisieren – in der Westbank wäre das unmöglich. Oder könne er dort etwa den Regierenden vorwerfen: »Ihr seid heuchlerisch und bestechlich«? Er erzählte, dass die Palästinensische Autonomiebe-

45

hörde, die die Araber von 48 als Verräter bezeichnet, ihn gebeten habe, im April 2006 die Buchmesse von Tunis zu besuchen, um die Palästinenser dort zu vertreten. Er sollte die palästinensische Flagge aufstellen und behaupten, er verträte Palästina. Als er fragte, wer die Reisekosten übernähme, antwortete man ihm, er solle auf eigene Kosten reisen; die ihm zuteil werdende Ehre sei genug. »So sind sie«, meinte er. »Nichts sprach für sie dagegen, einschließlich dem Antritt zur Reise alles mir zu überlassen, selbst wenn ich den Namen der Stadt Haifa verwendete und davon absah, ihre Flagge zu hissen.« Ihnen kam es allein darauf an, »das Geld, das die tunesische Regierung ihnen zur Kostendeckung für die Teilnahme an der Buchmesse überwiesen hatte, in die eigene Tasche zu stecken. Sollte ich da mit meinen Mitteln reisen und mich in ihrem Namen an der Ausstellung beteiligen?«

Kein Araber in Haifa wird die Vorteile übersehen, die er in dieser Stadt genießt. Der Lebensstandard lässt sich vielleicht mit dem in den Golfstaaten oder dem Königreich Saudi-Arabien vergleichen. Was jedoch das Niveau an Freiheit und Rechten betrifft, das die Araber von 48 (und insbesondere die von Haifa) erreicht haben, so übertrifft es das der meisten Länder der arabischsprachigen Welt! Am ungünstigsten fällt der Vergleich von Lebensstandard und Rechten zwischen den Arabern von 48 und denen unter der Palästinensischen Autonomiebehörde auf. Die beiden »Brüder« unterscheiden sich nicht durch sechzig Jahre der Trennung voneinander. Sie scheinen Lichtjahre voneinander entfernt zu sein.

4

Die Palästinenser kann man in drei Gruppen einteilen. Die erste Gruppe ist die der Araber von 48, die nach dem israelisch-palästinensischen Krieg von 1948 in dem gerade gegründeten Staat Israel blieben. Den Statistiken zufolge machen sie heute zwanzig Prozent der israelischen Staatsbürger aus. Laut Verfassung genießen sie dieselben Rechte wie die Juden; es wird kein Unterschied gemacht mit Ausnahme des Militärdienstes. Araber dienen nur selten in der Armee. Die zweite Gruppe sind die Araber von 67 – die Palästinenser, die in den Gebieten leben, die die Israelis nach dem Sechstagekrieg vom Juni 1967 besetzten: Westjordanland oder Westbank, wie der internationale Journalismus es nennt, und Gazastreifen. Neben dem ehrwürdigen Jerusalem umfasst die Westbank berühmte Städte wie Bethlehem, die Stadt Chalil (Hebron), Tulkarem und Ramallah, gegenwärtig der Sitz der Palästinensischen Autonomiebehörde, wo ihr Anführer, Jassir Arafat, bis zu seinem Tod residierte. Bis zum 5. Juni 1967 unterstand die Westbank dem haschemitischen Königreich Jordanien als Teil dieses Staates. Ähnlich verhielt es sich mit dem Gazastreifen, der bis zu jenem Datum zu Ägypten gehörte. Dem Völkerrecht nach hätten Jordanien und Ägypten die Rückgabe der im Juni 1967 von Israel besetzten Gebiete verlangen können. Aber die beiden Staaten sahen davon ab, sich für die dort lebenden Palästinenser einzusetzen, und überließen es der Palästinensischen Befreiungsorganisation (PLO), als offizieller Sprecher des palästinensischen Volkes in der Westbank und im Gazastreifen aufzutreten. Ein Paradox, das hier Beachtung verdient, ist die Tatsache, dass König Hussein von Jordanien seine Hand nicht vom Felsendom und der Al-Aqsa-Moschee abzog – bis heute unterstehen die beiden Moscheen der Leitung frommer jordanischer Stiftungen. Die dritte Gruppe sind die in der Diaspora lebenden Palästinenser, die sich über zahlreiche Länder der Welt verteilen. Der größte Teil lebt in Jordanien, Syrien und dem Libanon in Siedlungen, die man nach wie vor »Flüchtlingslager« nennt. Tatsächlich waren sie früher nichts als von der »Flüchtlingshilfe« verwaltete Baracken auf freiem Feld und keine Wohnhäuser wie heute. Ein nicht unbeträchtlicher Teil von versprengten Palästinensern lebte und arbeitete in Kuwait – bis ins Frühjahr 1991, als Saddam Hussein das Land überfiel und sich viele Palästinenser auf die Seite des irakischen Eroberers schlugen.

Ziel dieses kurzen Abrisses soll nicht sein, die Aufenthalts- und

Arbeitsorte der Palästinenser zu vermessen (die palästinensischen Auswanderungswellen ebben bis auf den heutigen Tag nicht ab; sie verstärkten sich sogar, seit die islamistische Hamas an die Macht gekommen ist; insbesondere die Mittelschicht zieht es in die reichen Länder – nach Saudi-Arabien, in die USA und nach Europa). Vielmehr geht es um eine übersichtliche Darstellung des verwickelten palästinensischen Falles. Wer gedacht hatte, die Anerkennung der PLO als Sprachrohr des palästinensischen Volkes – seien es die arabischen Staaten oder die Vereinten Nationen – würde dessen Lage verbessern oder es dazu bringen, mit einer Stimme zu sprechen, der sah sich schnell getäuscht. Arafat trat mit dem Revolver im Gürtel und einem Ölzweig in der Hand vor die Vereinten Nationen. Zunächst gewann dieses Bild weltweit Millionen begeisterte Fürsprecher, die für die Sache der Palästinenser eintraten und angesichts dieser Versöhnungsgeste in Jubel ausbrachen. Sogar für die Palästinenser von 48 war dieser Stimmungswandel ein gutes Vorzeichen. Endlich jemand, der die Verständigung mit friedlichen Mitteln auf den Weg brachte, der das Schicksal selbst in die Hand nahm – nicht durch Flugzeugentführungen und Sprengungen, nicht durch bewaffneten Kampf, nicht mit den mörderischen Parolen der Fatah-Bewegung, Arafats Organisation, die die absolute Mehrheit im nationalen Rat der Palästinenser und in den Exekutivorganen der PLO innehatte. Ein Blick auf die Gebiete der Araber von 48 zeigt, dass sich der im Jahr 1936 begonnene Kampf der Palästinenser gegen die Besatzung zu im Voraus verlorenen Kriegen entwickelte, zu Mordoperationen, die den Palästinensern nichts als Katastrophen und Vernichtung einbrachten. Wer aber glaubte, dass Arafat und die Palästinensische Befreiungsorganisation die Sichtweise der Araber von 48 übernehmen oder wenigstens ihre »rechtliche« Lage innerhalb Israels in ihre Erwägungen einbeziehen würden, wer glaubte, dass Arafat weiterhin den Ölzweig in der Hand behalten würde – der wurde enttäuscht. Jassir Arafat warf nicht nur den Ölzweig nach seinem Auftritt vor den Vereinten Nationen in den Abfall, sondern er begann sich auch wie der Herrscher eines jeglichen arabischen Staates zu gebärden. Er erhob den Schlachtruf »die Befreiung Palästinas« nur, um mit ihm die Unterdrückung seines Volkes zu rechtfertigen. Tatsächlich verwandelte sich die PLO als ursprünglicher Repräsentant des palästinensischen Volkes in etwas ganz anderes. Erstens in das Sprachrohr der Fatah-Bewegung. Zweitens in eine korrupte Clique, die nichts als die Lobhudelei des Präsidenten betreibt. Drittens in das offizielle Sprachrohr einer einzigen Person, des alleinigen Diktators, Jassir Arafat, genannt »Abu Omar«. Der angebliche Revolutionsführer Arafat bändigte seinen Zorn keineswegs, als ihm eine Journalistin von CNN eine nicht maßgeschneiderte Frage stellte, wie es die Schmeichler unter den Journalisten zu tun pflegten. Vielmehr warf er sie kurzerhand hinaus und schrie: »Wie können Sie es wagen, so mit mir zu sprechen? Ich bin Staatspräsident!«

Arafats Selbstverliebtheit und das damit einhergehende Geprotze beeinflussten das Bild, das man sich von Palästina machte, und verwandelten die »Revolution« in politische Phrasendrescherei – beherrscht von Milizenchefs, die dem »einzigartigen« Führer Abu Omar nahestanden. Es war also nicht verwunderlich, dass der Aufstieg Arafats und der Einfluss der PLO den Rechthabern Aufwind gab, was schließlich auch zu Vorwürfen unter den Palästinensern führte. Die meisten Beschuldigungen lauteten etwa so: »Ihr habt das Land verlassen und seid geflüchtet, weil euch die Angst aus lauter Feigheit niederdrückte. Wir haben trotz Mord, Totschlag und Verfolgung standgehalten. Die Soldaten der israelischen Besatzungsarmee sind in unsere Dörfer eingedrungen und haben unsere Häuser durchsucht. Die jungen Burschen, auch die halbwüchsigen, haben sie eingesammelt – Hauptsache, es waren Männer. Sie dachten, diese Kerle würden wachsen und später auf sie schießen... Trotzdem haben wir standgehalten, haben Hunger und Erniedrigung ertragen. Aber wir haben unsere Erde behalten. Wir sind Männer. Nicht ihr, die ihr die eigene Haut gerettet, aber einen Großteil eurer Familien im Stich gelassen habt.« So redeten die Palästinenser von 48. Die Palästinenser in der Diaspora aber antworteten: »Ihr seid hiergeblieben, ihr seid am Leben geblieben, weil ihr euch auf ein Techtelmechtel mit den Besatzern eingelassen habt. Für uns gab es keinen anderen Ausweg als Flucht. Wir mussten unserem Land den Rücken kehren, um unsere Kräfte wieder zu sammeln, uns auf den Befreiungskampf vorzubereiten und die Besatzer von jedem Quadratzentimeter palästinensischer Erde zu vertreiben. Statt mit uns zusammenzuhalten und mit uns zu kämpfen, habt ihr wie Memmen in euren Häusern gehockt und den Feind gegen uns aufgehetzt. Ihr habt uns verleumdet, mit dem Feind gemeinsame Sache gemacht und euch als seine Spione verdingt. Eure Töchter schlafen mit Juden. Ihr seid eine Schande für uns!«

Das größte Paradox ist aber, dass auch die Palästinenser der Diaspora in zwei Gruppen gespalten sind. Eine Gruppe haust weiterhin in Flüchtlingslagern in den an Israel grenzenden Staaten. »Sie leisten Widerstand, indem sie auf die Gelegenheit warten, da ihre Söhne als Fedayin gegen den zionistischen Feind kämpfen werden.« Sie werfen der anderen Gruppe vor, sich für ein behagliches Dasein entschieden zu haben. »Ihr seid in die USA, nach Europa oder in die Golfstaaten ausgewandert, nur um Geld anzuhäufen, nichts als Geld, dafür aber eure Ehre und ›unsere Sache‹ zu verhökern – wie die Verräter von 48.« Je weiter sich jemand von seiner Heimat Palästina entfernte, desto stärker prägte sich jene Sichtweise aus. Am besten veranschaulicht dieses Phänomen der Konflikt, der zwischen dem amerikanischen Kulturtheoretiker palästinensischer Herkunft Edward Said und Jassir Arafat ausgetragen wurde. Said hatte Arafat angegriffen, weil dieser seiner Meinung nach das palästinensische Volk verkauft hatte, als er den Friedensvertrag von Oslo unterschrieb. Sofort musste sich Said den Vorwurf gefallen lassen, er provoziere Arafat nur, weil dieser ihn nicht in die palästinensische Delegation berufen habe, die in Oslo die Verhandlungen mit Israel führte. Warum? Die Antwort der Arafat-Vertrauten: Weil der palästinensische Präsident es ablehne, mit jemanden am Verhandlungstisch zu sitzen, der zugunsten der amerikanischen Staatsbürgerschaft auf seine Identität verzichtet habe. Ein bekannter Standpunkt. Für die Palästinenser der Flüchtlingslager gibt es keinen größeren Verrat, als freiwillig eine andere Staatsbürgerschaft als die palästinensische anzunehmen. Als Said ein Buch über seine Kindheit in Jerusalem veröffentlichte, verspotteten ihn die Hofschranzen des »Herrn Präsidenten« und bezichtigten ihn der Lüge. Ihrer Meinung nach war er weder in Jerusalem geboren noch dort aufgewachsen. Mit seinen »gefälschten« Erinnerungen wolle er sich über die Palästinenser, sogar über Abu Omar, setzen. Saids Buch wurde später in der Westbank und im Gazastreifen verboten. Weil uns die Literatur die besten Einblicke in das Ausmaß des gegenseitigen »Verrats« gewährt, wenden wir uns auch noch dem Fall des palästinensischen Dichters Mahmud Darwisch zu.

In seinem *Tagebuch der alltäglichen Traurigkeit* beschreibt Darwisch die Zerrissenheit zwischen seiner Zugehörigkeit zu den Palästinensern – er wurde 1942 in dem heute zerstörten Dorf Barwa geboren – und der Teilnahme an den internationalen Festspielen der kommunistischen Jugend als Teil der israelischen Delegation. Die Blicke der anderen, seiner »Brüder«, waren für ihn nur schwer zu ertragen. Er wusste, dass sie ihm Verrat vorwarfen, weil er sich in seinem kommunistisch geprägten Lebensabschnitt der von der israelischen kommunistischen Partei »Maki« (später wurde der Name in »Rakah« umgewandelt) zusammengestellten Delegation angeschlossen hatte. Dabei marschierte er unter israelischer Flagge, der Flagge des Staates, in dem er damals lebte, »der Besatzungsmacht« in den Augen seiner »Brüder«. Er musste viel erdulden, bis er sich endgültig entschied, zu welchem Lager er gehörte. Darwisch setzte seinem bisherigen Schwanken ein Ende und beschloss, sich den Palästinensern in der Diaspora anzuschließen. Er gab die israelische Staatsbürgerschaft auf und suchte seinen Wohnsitz in Kairo, bevor er nach Beirut, Aden, Tunis, Damaskus und schließlich nach Amman weiterzog. Doch sein Gesinnungswandel bewahrte ihn nicht vor Angriffen. Der Erste, der ihn aufs Korn nahm,

51

war sein Kollege, der »kommunistische« Dichter Samih al-Qasim in Israel. Obwohl Samih al-Qasim Druse ist, obwohl die Drusen eine schwache Partei in Palästina sind, obwohl ihre Söhne den Wehrdienst in der israelischen Armee abgeleistet hatten, obwohl man sie in jedem Fall als »Verräter« abstempeln würde, gleichgültig wie viele »revolutionäre« Gedichte ein »drusischer« Dichter wie Samih al-Qasim schreibt. Ein Vorwurf gegen Darwisch von einem wie Samih, der selber unter den Israelis in der Armee gedient hatte, konnte nicht überzeugen, bis er ein Jahr vor dem Irakkrieg ankündigte, Bagdad besuchen und den »Führer der arabischen Nation«, Saddam Hussein, treffen zu wollen.

Um das Ausmaß dieses Verratsvorwurfs zu ermessen, genügt es, in einem Interview Darwischs von 2007 – siebenunddreißig Jahre nachdem er beschlossen hatte, sein Land zu verlassen – seine Klage zu lesen, er sei einem regelrechten Feldzug ausgesetzt gewesen, in dem ihn »die meisten palästinensischen Dichter des Verrats bezichtigten«. Aber nicht nur das. Zwei Tage nach Veröfflichung des Interviews stand in der in Nazareth erscheinenden Zeitung *Hadith al-Nas*, dass das arabische Mitglied der israelischen Knesset »Azmi Bischara nicht mit Mahmud Darwisch verwechselt werden dürfe«. Es sei nicht die Absicht der Zeitung, einen arabischen Abgeordneten herabzuwürdigen, sondern sie wolle vielmehr zum Ausdruck bringen, dass Azmi Bischara – obwohl man ihm in Israel die Zusammenarbeit mit »dem Feind« zum Vorwurf mache, weil er sich gegen die Enteignung von arabischem Landbesitz engagiere – sich nicht wie Mahmud Darwisch verhalten und sein Land verlassen würde. Bischara habe ja selbst erklärt, er wolle nicht einfach auswandern. Und dann meldete sich sogar einer der Intellektuellen von 48, denen es schwerfiel, mit Bischaras Sache zu sympathisieren, der trotzdem seine Spottlust gegenüber Darwischs Erklärungen, die nur seinen »Narzissmus« zum Ausdruck brächten, nicht verhehlen konnte. Seiner Meinung nach könne Darwisch niemand anderem zugestehen, zum Symbol für das palästinensische Volk zu werden, da er selbst als Einziger auf dem Thron das

»Zepter des Opfers« fest in der Hand behalten wolle. Um die palästinensische Groteske auf den Höhepunkt zu treiben, lesen wir, dass auch Azmi Bischara dem Verratsvorwurf nicht entrinnen konnte. In den Augen der arabischen Nationalisten – seien es die Araber von 48 oder die aus den arabischen Staaten – war er das Symbol für ihren Kampf. Man scheute sich nicht einmal, ihn als den »Herzl des palästinensischen Volkes« zu bezeichnen (ein seltsamer Vergleich und dazu von Arabern!). Viele Palästinenser in der Diaspora stimmen dem Verratsvorwurf zu. Ihrem Verständnis nach ist Azmi Bischara ein Verräter, seit er seinen Sitz in der israelischen Knesset eingenommen hat. Weil »Azmi Bischara als Mitglied der Knesset einen Treueid auf das leisten muss, was man Israel nennt«. Er selbst hat sich um den Posten des Ministerpräsidenten in Israel beworben. Er ist ein Araber, der Werbung für das Zusammenleben mit dem Feind macht und die Märtyrer mehrere Male verurteilt hat. Er befürwortet die Zwei-Staaten-Lösung in Palästina. Aber das ist unvereinbar mit den arabischen Palästinensern und widerspricht völlig dem palästinensischen Vaterlandsverständnis. Oder weil »der Abgeordnete Bischara die grundsätzliche Rechtfertigung für den zionistischen Zuchtmeister in Palästina verkörpert. Er glaubt, das nationale Judentum habe das Recht, das politische Schicksal zu lenken und die Öffentlichkeit zu täuschen, indem es die ursprünglichen Schwierigkeiten mit dem Zionismus in Palästina vom Tisch wische – das Ganze sei reiner Rassismus und keinesfalls durch die Besetzung begründet.« Solche Vorwürfe reichten bis zur Gewaltanwendung. Den anderen, den »Feind« zu zerreißen, ein Feuergefecht zwischen den verschiedenen palästinensischen Gruppen zu führen – das geschah ständig und zu verschiedenen Gelegenheiten. Der letzte Putsch, den die Hamas in Gaza gegen die Regierung angezettelt hatte (oder, wenn wir wollen, die Hinrichtungen, die sie gegen das Personal der Fatah-Autorität in Gaza betrieb, indem sie einige ihrer Mitglieder aus dem zehnten Stockwerk stürzte), bildet den Höhepunkt dieses Kampfes. Vor allem ist es auch ein Beweis für die Überhitzung des Bruderkriegs der Palästinenser in der Diaspora. Es ist nicht das erste Mal, dass Palästinenser Zuflucht in einem Putsch suchen. Seither ist auch deutlich geworden, dass der Griff zu den Waffen und die gewaltsame Machtübernahme die einzigen Mittel sind, derer die palästinensischen Splittergruppen sich zur Beilegung eines Streites bedienen. Am entferntesten von friedlichen Lösungen ist eine fünfte, sich neu bildende Gruppe der Palästinenser, die sich als »islamische Gruppe« definiert. Wer sich der Idee eines Gottesstaates auf jedem Quadratzentimeter palästinensischen Bodens widersetzt, der verdient laut dieser Gruppe den Tod – gleich welchem Volk er angehört: nicht nur als Jude oder israelischer Staatsbürger, sondern auch als Palästinenser!

Brüder im Leid:
Die jüdische Passion für den Irak

I

Vor Beginn der Konferenz »Quo vadis, Irak?« erhielt ich von Professor Amatzia Baram eine humorvolle E-Mail, in der er mir mitteilte, diese Konferenz sei die letzte, die er für die Universität von Haifa organisiere, da er unmittelbar danach mit seiner Frau Bonnie auf eine Insel im Stillen Ozean reise; dort wolle er wenigstens drei Monate lang den Ruhestand genießen; dessen Beginn fiele nämlich mit dem Ende der Konferenz zusammen. Er fügte hinzu, dass er sich von dem Thema Irak eine Ruhepause gönnen wolle, weil Saddam Hussein, der ihn all die Jahre hindurch begleitet habe, sich zu früh von der Welt verabschiedet und ihn allein gelassen habe. Wer Professor Baram kennt, wird nicht einen Augenblick glauben, dass dieser Mann, der seine Liebe für den Irak nie verbirgt, von seiner krankhaften Leidenschaft für alles, was mit dem Zweistromland zusammenhängt, geheilt werden könnte. Einer seiner Studenten vertraute mir scherzend an, dies läge auch an Muqtadda al-Sadr, der im Irak als neuer Führer in die Fußstapfen Saddam Husseins treten wolle. Ein Mensch wie dieser müsse ja den Appetit Professor Barams anregen, seine Irakforschungen noch einige Jahre fortzusetzen. »Haben Sie denn nicht gesehen«, sagte der Student, »mit welchem Vortrag die Konferenz eröffnet wird: ›Zwischen 'Ali al-Sistani und Muqtadda al-Sadr – der Kampf um die Bestimmung des Machthabers im Islam‹?«

Amatzia Baram wurde am 14. März 1938 – demselben Monat und Jahr, in denen Saddam Hussein zur Welt kam – im Kibbuz Kfar Menachem geboren. In diesem Kibbuz verbrachte er seine Kindheit und wuchs dort bis zum Abitur heran. Nach seiner Militärzeit kehrte er in den Kibbuz zurück und arbeitete einige Jahre in dessen Landwirtschaft, bis er ein Studium am Lehrerkolleg aufnahm, um nach seiner Rückkehr an der Oberschule des Kibbuz unterrichten zu können. Nach dem Sechstagekrieg beschloss er, seinen beruflichen Werdegang zu ändern, und begann, Geschichte, Gesellschaft, Politik und Kultur der arabischen und islamischen Länder zu studieren. Von 1976 bis 1980 unterrichtete Professor Baram an der Hebräischen Universität von Jerusalem, bevor er von 1981 bis zu seiner Pensionierung im Institut für Geschichte des Nahen Ostens an der Universität Haifa lehrte. Sein Ruf in den USA brachte das Brookings Institute in Washington dazu, ihn vor der Operation *Iraqi Freedom* für einige Wochen als *senior fellow* einzustellen, um die Verantwortlichen der amerikanischen Regierung über Risiken und Gefahren einer Besetzung des Irak aufzuklären. Heute kann man weder in Israel noch sonst irgendwo in der Welt über die Politik im Nahen Osten sprechen, ohne den Rat von Professor Amatzia Baram einzuholen.

Es gab einmal einen muslimischen Sprachwissenschaftler persischer Abstammung, der sich auf die Grammatik der arabischen Sprache spezialisiert hatte: Sibawaih. Sein Ruhm verbreitete sich unter seinen Kollegen, die in demselben Feld tätig waren. Man erzählt, dass er ein Kümmernis vor seinem Tod nicht verbergen konnte. Er drückte es in einem einzigen Satz aus, den er zu jenen, die im Moment seines Dahinscheidens an seiner Seite waren, sprach: »Ich bin gestorben, und in mir ist etwas von *hattâ*.« Damit meinte er die arabische Präposition »hattâ«, die »bis« bedeutet und die er in seinen Studien mehr als alle anderen erforscht hatte. Ich weiß nicht, warum Amatzia Baram mich an Sibawaih erinnert. Vielleicht wegen der Hartnäckigkeit seiner Vorliebe und weil sein

Name, wie der von Sibawaih, sein Leben überdauern und dies seiner Forschung, also dem Irak, keinen Abbruch tun wird. Seine historischen Forschungen gelten der Geschichte, Kultur und Gesellschaft des Nahen Ostens. Aber der Irak von seiner Staatsgründung im Jahr 1921 bis in die Gegenwart ist der Schwerpunkt seiner wissenschaftlichen Tätigkeit geblieben, insbesondere die Zeit der baathistischen Herrschaft von 1968 bis 2003 und die jüngsten Entwicklungen sowie die arabische Schia. Spricht man mit Professor Baram über den Irak, gewinnt man den Eindruck, die Beschäftigung mit diesem Land habe seine Wissbegierde immer weiter angestachelt, obwohl er das Land nicht besucht hat. Die Persönlichkeit von Amatzia Baram hat mich während der Konferenz »Quo vadis, Irak?« und danach beschäftigt. Hätte ich nicht gewusst, dass er ein in Israel geborener israelischer Staatsbürger ist, hätte ich ihn für einen Iraker oder zumindest den Sohn einer aus dem Irak stammenden Familie halten können.

Ronen Zeidel, einer seiner Studenten, der die Leidenschaft für den Irak von ihm übernommen und bei ihm seine Doktorarbeit geschrieben hat (über den Irak, versteht sich), erzählte mir eine Anekdote aus dem Leben von Professor Baram. Als er in der Schule im Kibbuz Geschichte unterrichtete, bemerkten seine Kollegen und die Kibbuzaufseher, dass er jede noch so unpassende Gelegenheit nutzte, um über den Irak zu sprechen. Schließlich sahen seine Kollegen keine andere Lösung, als ihn zum Psychiater des Kibbuz zu schicken. Der Arzt schlug vor, dass er sich zu seiner Heilung mit dem Leben der Schmetterlinge auseinandersetzen solle. Nach einigen Wochen Unterricht in der Schmetterlingskunde wollte der Arzt sehen, ob seine Behandlungsmethode gefruchtet habe und bat Amatzia Baram, sich auf die Couch in seiner Praxis zu legen und die Augen zu schließen. Nach einigen Minuten fragte er ihn, was er sehe. Amatzia Baram zögerte ein wenig, dann antwortete er: »Irakische Schmetterlinge.«

Doktor Ronen Zeidel ist ein äußerst sanfter und höflicher Mensch, der mit kaum hörbarer Stimme spricht und alle Viertel

Bagdads und seine Straßen bis in die Einzelheiten kennt, als hätte er die Stadt viele Male besucht. Es gibt auch keinen irakischen Roman, keine Erzählungssammlung, die er nicht gelesen hätte. Als er mich zu einem Streifzug durch die Bibliothek der Universität Haifa mitnahm, brachte er mich sofort zu den Regalen mit auf irakische Literatur spezialisierten Büchern. Am meisten erstaunte mich, wie viel er im Gedächtnis behalten hatte. Er konnte ganze Abschnitte aus irakischen Romanen, die er vor langer Zeit gelesen hatte, auswendig aufsagen! Und nicht nur das. Er konnte auch wiederholen, was dieser oder jener irakische Intellektuelle in einem Interview geäußert hatte. Sein Ruf und seine Genauigkeit ließen ihn auf der Irak-Konferenz eine glänzende Studie über »Die sunnitischen Opfer des Systems von Saddam Hussein« vorstellen. Dazu gehörte eine Liste irakisch-sunnitischer Schriftsteller, die entweder umgekommen oder ins Exil gegangen waren. Dabei irrte er sich zum ersten Mal, als er meinen Namen den sunnitischen Schriftstellern zuordnete. Als wir später darüber sprachen, musste ich ihm zugestehen, dass mein Name keinerlei Hinweis auf die konfessionelle Zugehörigkeit erkennen lasse. Als er meinte, dies müsse ich meiner Familie anlasten, erläuterte ich ihm, dass es in meiner Familie noch nie einen Namen mit Hinweis auf die konfessionelle Zugehörigkeit gegeben hätte. Nachdem er jedoch darauf bestand, diese zu erfahren, antwortete ich: »Schunnitisch«, eine Wortschöpfung aus schiitisch und sunnitisch!

Kurioserweise kennt Professor Baram alle von der irakischen Liebeskrankheit Befallenen in Israel und im Ausland. So hatte er auch Doktor Orit Bashkin eingeladen, die in Tel Aviv studiert hat und jetzt an der University of Chicago lehrt. Auf der Konferenz verteidigte sie den Irak voller Zanksucht gegen alle Vorurteile, die einige der Teilnehmer, insbesondere die Amerikaner, hegten. Sobald die Rede auf die Schiiten kam, die als »Turbanträger« und homogene Gruppe ohne individuelle Unterschiede dargestellt wurden, erhob sie Einspruch und erklärte, dass die meisten schiitischen Intellektuellen nicht dem Klerus zuzurechnen seien. In ihrem Vortrag ebenso wie in Gesprächen und Erläuterungen bestand sie darauf, den Säkularismus der »schiitischen« Kultur des Irak herauszustreichen. »Der Irak, meine Herren«, sagte sie, »besteht nicht nur aus religiösen Gruppierungen.« Mit diesem Satz wendete sie sich an viele Anwesende, vor allem an die Nichtisraelis, die über die Iraker sprachen, als könne man sie über einen Kamm scheren und einer einzigen konfessionellen Gruppierung zuordnen. Nicht nur die Iraker selbst, auch die Wissenschaftler gelangten zu diesem Urteil. Als wir einmal im Restaurant der Universität zu Mittag aßen, fragte mich Dr. Bashkin, warum ich diesen Herren nicht eine Unterrichtsstunde in neuerer Geschichte des Irak erteilen würde. Dann würden sie sich schon erinnern, welche Rolle die »schiitischen« Nichtkleriker als Intellektuelle gespielt und wie sie das Bild des Irak in wissenschaftlichen, literarischen und pädagogischen Zeitschriften beeinflusst hätten.

In seinen Studien zur Gesellschaft des Irak hat Professor Amatzia Baram die wichtigste Epoche ausgewählt, die das Land in seiner neueren geschichtlichen Entwicklung geprägt hat: die Zeit der Baath-Regierung unter der Führung von Saddam Hussein. Nach dem Putsch der baathistischen Offiziere am 17. Juli 1968 und ihrer darauffolgenden Machtergreifung begann die Baath-Partei innerhalb weniger Monate faschistische Züge auszubilden. Diese Partei war ursprünglich die radikalste Bewegung der arabischen Nationalisten und hatte das Ziel, die arabische Nation zu einigen. Die neue »baathistische« Führung des Irak wollte darüber hinaus von Anfang an den Entwicklungsstand des modernen Landes überbieten, das sich wegen seiner alten – vorislamischen und vorarabischen – Geschichte für »überlegen« hielt. Professor Barams Studien zufolge ergab sich diese neue Richtung aus einer engen Verbindung der schwer durchschaubaren »nationalistisch«-irakischen Tendenzen und einer geeinten imperialistisch-arabischen Clique, deren Zentrum im Irak lag. Die Baathisten hielten in den ersten Jahren ihrer Herrschaft nicht den offenkundig politischen Feldzug, sondern die Verbreitung der

»reinen« Kultur für das wirksamste Mittel, um ihre Ziele zu erreichen.

Drei Schritte markierten den Anfang dieser »reinen« Kultur. Der
erste Schritt war die Förderung der irakischen Volkskunst auf allen
Gebieten: der Musik, der Erzählkunst, des Tanzes, der Dialekt-
dichtung, der bildenden Künste und der Graphik. Damit sollte die
alte Geschichte wiederentdeckt und neu geschrieben werden, selbst
wenn man manchmal etwas erfinden oder den baathistischen Re-
gierungsstellen vorflunkern musste.

Der zweite Schritt war die Einrichtung eines vielmaschigen
Netzes archäologischer Museen in allen Provinzen des Landes.
Das seltsamste Beispiel stellte der Bau der modernen Stadt Babylon in den Jahren 1987 und 1988 dar, die zu einem Hauptsymbol
für das nationale Selbstverständnis der Iraker werden sollte. Hundert Millionen Dollar wurden dafür ausgegeben, obwohl der Krieg
gegen den Iran dem Land gerade ungeheure Kosten aufgebürdet
hatte.

Der dritte Schritt ging in Richtung Kulturpolitik: Durch ein
Frühlingsfest wollte man ein neues Bild des gegenwärtigen Zweistromlandes präsentieren. Um in der Vergangenheit den irakischen
Geist zu erfinden, »in der Gegenwart aber die Einheit zwischen
den Arabern und Kurden, den Sunniten und Schiiten, den Muslimen und Christen zu stärken«, rief die Baath-Regierung im Jahre
1969 erstmals das »Festival des bunten Frühlings« in der Stadt
Mossul ins Leben und unterstützte danach zahlreiche Aktionen an
anderen Orten im Irak. Babylon sollte »in Übereinstimmung mit
seiner bedeutungsschweren historischen Verpflichtung« zur Stadt
des jährlichen Babylon-Festivals, der prachtvollsten Beweihräu-
cherung des Herrschers, werden, zu der Theatergruppen wie auch
Künstler und Künstlerinnen aus aller Welt eingeladen wurden.
Geschickt legten die Baathisten dieses Festival jedes Jahr auf den
Geburtstag von Saddam Hussein.

Etliche Jahre mussten ins Land gehen, um die Ziele dieses ideologischen Kulturkampfes offensichtlich werden zu lassen. Die Idee

des alten Zweistromlandes sollte wiederbelebt werden; hinzu kam die Wiedereinführung islamischer Namen aus dem Mittelalter auf der Landkarte der irakischen Verwaltung, der verschiedenen staatlichen Institutionen und der Streitkräfte. So tauchten gegen Ende der siebziger Jahre auf einmal völlig vergessene Namen wieder auf: Babylon, Ninive, Temmuz, Ischtar, Gilgamesch, Nebukadnezar, Hammurabi, Sumer, Qadisija, al-Anbar. Sie alle erlangten im baathistischen Irak plötzlich einen hohen Grad an Bekanntheit. Gleichzeitig förderte die Regierung all jene Künstler, Dichter, Schriftsteller und Theaterautoren, die die Inspiration für ihre Werke aus dem Geist der Zivilisationen zogen, die einst im Zweistromland geblüht hatten. Mit ungeheurem Geschick begann die kulturelle Ideologie von der Existenz eines »Zweistromlandes« zu sprechen, das seit den fünfziger Jahren in den Arbeiten großer irakischer Maler und Schriftsteller, Theaterautoren und bildender Künstler wie Dschawad Salim, Muhammad Ghani Hikmet, Khalid al-Rahhal sowie Dichtern wie Abdelwahhab al-Bijati und Badr Schakir al-Sijab verkörpert wurde. Saddam Hussein tat alles in seiner Macht stehende, die Arbeiten von internationalen »Gästen« wie Vanessa Redgrave und Oliver Reed oder dem Theater an der Ruhr zu seinem propagandistischen Vorteil und zu dem der Baath-Partei auszunutzen. Zeitgenössische Künstler und Schriftsteller sollten durch ihr Schaffen für seine Herrschaft werben und zugleich die Menschen spüren lassen, dass sie die kulturellen Erben und ethnischen Nachkommen der großen alten Kulturen des Zweistromlandes waren. Natürlich wirkten sich diese Maßnahmen vorteilhaft aus, soweit man es mit ihrer geschichtlichen Richtigkeit nicht so genau nimmt (die heutigen Iraker sind zum überwiegenden Teil die Nachkommen früherer lokaler Zivilisationen). Wenn diese Politik die Gleichberechtigung der im Irak ansässigen Völker und ihrer Religionen begleiten sollte, konnte sie helfen, alle Iraker zu einen. Den Beobachtungen Professor Barams zufolge übte die Vorstellung von gemeinsamen historischen Wurzeln auf die Mehrheit der Bevölkerungsgruppen eine wichtige einigende Stoßkraft aus.

Aber Saddam Hussein und seine Anhänger hatten mit ihrer Kulturpolitik ein anderes Ziel im Auge, das in Wirklichkeit zerstörerisch war: Das »große« irakische Volk sollte das einzige unter den Arabern sein, das zur Führung der gesamtarabischen Nation qualifiziert war. Diese Propaganda lief den ideologischen Prämissen der »nationalistischen« Baath-Partei völlig zuwider. Nach deren Selbstverständnis waren die Araber einander ebenbürtig, es gab keinen Führer und keine Untertanen. Von Anfang an forderte die baathistische Ideologie – die chauvinistischste und rassistischste Nationalbewegung in der modernen arabischen Geschichte – die Verschmelzung der Völker in einem großen Schmelztiegel. Erst unter der strengen Führung Saddam Husseins wandelte sich die irakische Baath-Partei von einer Bewegung, die die irakische Eingliederung in den als gleichwertig angesehenen arabischen Nationalismus unterstützte, in eine Bewegung, die eine zentralisierte (oder imperialistische) Herrschaft des Irak über die anderen Länder der arabischen Nation verlangte. Saddam Hussein zufolge wurden Sumer, Akkad, Babylon und Assur nicht wiederentdeckt, um allein die Iraker zu einigen, sondern die Araber insgesamt. Die Schwierigkeit, derer sich Saddam und die Baathisten nicht bewusst waren (oder die sie in Kauf nahmen), bestand in der Wiederbelebung der Sumerer, Akkader und Assyrer, um die Iraker nach ihrem Verständnis davon zu überzeugen, dass sie die besseren Araber seien – allesamt Auserwählte und in der Mehrheit Genies mit Führungsanspruch.

Professor Baram berichtet, wie die regionale Führung in den ersten Tagen des Golfkriegs 1991 die Iraker nach vielen Jahren des neuen baathistischen Ideologiefeldzugs in einer Rede in Bagdad ansprach: »Oh großes irakisches Volk – ihr seid die Perle in der Krone der Araber«. Eine solche Überlegenheitsbekundung rechtfertigt letztlich den Angriff auf die anderen Araber und widerspricht der Doktrin der Baath-Partei: die Mission, die Araber in einem großen, wohlhabenden und fortgeschrittenen Reich vom Atlantik bis zum Golf zu einen.

Saddam Hussein und seine Entourage brachten es fertig, von den Irakern als den semitischen Ureinwohnern des alten Zweistromlandes zu sprechen, was allerdings mit dem Bild des »arabischen«, nachislamischen Irak – oder genauer: mit dem Irak nach der arabischen Eroberung – nicht zusammenpassen wollte. Dies führte die Baath-Regierung dazu, die Geschichte der Arabisierung, wie es nur ging, zu fälschen. Unter Saddams Herrschaft bemühten sich seit Ende der siebziger Jahre Politiker, Soziologen und Historiker, zu beweisen, dass die Araber ursprünglich im Zweistromland als Semiten sesshaft waren. Und so wiederholten baathistische Intellektuelle und Politiker passend zur »Arabisierungs«-Bewegung die Parole von der Überlegenheit des irakischen Volkes über seine arabischen Brüder – aufgrund ihrer einheitlichen »arabischen« Herkunft. Auf diese Weise verbanden Saddam und seine Gefolgschaft Geschichtsklitterung mit einem skrupellosen Nationalismus. Eine weitere Ursache für den Misserfolg dieser Idee vom Zweistromland lag darin, dass sie von der Verehrung einer einzigen Person abhing, die da zufällig Saddam Hussein hieß. Die Iraker, die Saddam Hussein zur Seite standen, sahen darin kein Hindernis. Aber diejenigen Iraker, die Vorbehalte hatten oder sich ihm widersetzten, wollten die Umsetzung dieser Grundsätze vereiteln. Sie fanden den Vergleich mit Hammurabi heikel – zumal sich Saddam Hussein selbst gern als den Schöpfer des großen Gesetzes von Babylon oder als großen babylonischen König darstellte.

Saddam erntete auch Spott, weil er »irakisch«-baathistische Ideale erfand, die den ursprünglichen Prinzipien der Baath-Partei dreimal Hohn sprachen: Zum einen auf dem Gebiet der Trennung von Religion und Staat. Im Rahmen einer Glaubensinitiative, bei der auch die Bars geschlossen wurden, verband man die Moschee mit der Politik. Die Säkularen innerhalb der sozialistischen arabischen Baath-Partei waren denn auch dagegen.

Zum Zweiten erregte der Aufruf Spott, alle Iraker (und Araber) in einem einzigen Volk (einer einzigen Nation, *Umma*) zu einen – bei gleichzeitiger Abschaffung aller trennenden Unterschiede durch Sippen, Stämme, konfessionelle Gruppierungen und ethnische Minderheiten.

Zum Dritten stieß der Aufruf zum Sozialismus auf Widerspruch – in einer Zeit, da die Verdorbenheit Saddams, seiner Söhne und seines Gefolges im Irak offenkundig wurde. Eine Reihe prominenter Regierungsmitglieder und ihre Günstlinge waren im Handumdrehen reich geworden, während die Mehrheit der Iraker in bitterer Armut versank. Dies war sicherlich nicht der Sozialismus, von dem der Gründer der Baath-Partei, der christliche Syrer Michel Aflaq, geträumt hatte.

Professor Barams Schriften sind besonders wichtig für alle, die sich mit der Geschichte des modernen Irak beschäftigen wollen. Dies gilt insbesondere für die Ära der Baath-Regierung. Meiner Ansicht nach wiegen die Geschehnisse im Zeitraum vom 17. Juli 1968 (dem Jahr, in dem die Baath-Partei in Bagdad an die Macht kam) bis zum 9. April 2003 (dem Tag des Falls von Saddam Hussein und der Baath-Partei) und zum Beginn der amerikanischen Besetzung alle Zerstörungen auf, die dem Land Jahrhunderte lang zugefügt wurden. Was heute geschieht, ist das Ergebnis dieser drei Jahrzehnte. Die Besetzung deckt die Zerstörungen nur auf, denen der Irak ausgesetzt war. Die kulturellen Zerstörungen sind unübersehbar. Die Ruinen des antiken Babylon wurden zerstört, um sie wiederaufzubauen und den Namen Saddam Hussein in jeden Stein zu meißeln. Für Saddam bedeutete Geschichte nicht Nostalgie, eine Epoche, die zu Ende ist und jetzt sehnsuchtsvoll besungen wird. Für ihn musste diese Epoche buchstäblich wieder aufgebaut werden: ein Wiederaufbau im Zeichen des Bösen und des politischen Missbrauchs.

Saddam Hussein verfälschte die Geschichte, um neue Kriege zu rechtfertigen, die den verflossenen Ruhm wieder aufleben lassen sollten. Aber selbst Kriege reichten nicht aus. Die Menschen mussten durch eine buchstäbliche Rückbesinnung auf die Geschichte auf Trab gebracht werden. Und deshalb mussten – auf Befehl Saddam Husseins – die alten Paläste auf den Ruinen wieder aufgebaut werden. Die Prozessionsstraße in Babylon musste mit aller Pracht und allem Pomp wieder errichtet und mit Asphalt bedeckt werden, damit man sich des einstigen Ruhmes des Irak erinnerte. Da gab es die Gefangenen des Großkönigs Nebukadnezar, die jüdischen »Angreifer«, und da wurden die persischen »Magier« und ihre Verbündeten, die »Zionisten«, gefangengenommen. Eine kulturelle Zerstörung durch Praktiken, denen sich auch die Gelehrten der verschiedenen Fachbereiche nicht entzogen: Die Archäologen suchten nicht nach Ruinen unter der Erde, sondern waren angewiesen, alles in ihrer Macht Stehende aufzustöbern, um es in den Dienst der Propaganda zu stellen. Die Historiker erforschten nicht die Geschichte, indem sie Ereignisse, Geschehnisse und Informationen nach ihrem Ermessen auswerteten; vielmehr hatten sie bestimmte Auflagen zu erfüllen. Ihr Leitbild war nicht der »Historiker im Dienste der Geschichte«, sondern sein Gegenteil: »Geschichte im Dienste der Historiker«. Die Einflussnahme auf Geschichte und Kultur war Teil des Kampfes, des »schicksalhaften Kampfes für die Nation« um der »Verwirklichung der erstrebten Prinzipien« willen. So machte es Saddam deutlich, und so plapperten es die Intellektuellen wie Papageien nach.

In Haifa und auch später, während unseres Briefwechsels und Meinungsaustauschs, fragte ich mich oft, woher Baram so viel Ausdauer und Eifer nimmt, trotz seines fortgeschrittenen Alters unermüdlich von einem Ort zum anderen zu reisen, stundenlang zu arbeiten, ohne je das Lächeln auf seinem Gesicht zu verlieren. Die mir bekannten arabischen Intellektuellen – Leute mit Vorurteilen – werden sofort sagen: »Warum sollte er nicht lachen? Er kann sich glücklich schätzen, zum Lager der Siegreichen zu gehören!« Unsere Intellektuellen wissen nicht, dass diesem Lager sonst nicht so sehr zum Lachen zumute ist, wie sie meinen. Das Land, in dem er lebt und in dem seine Kinder geboren wurden, kann jeden Tag von der Landkarte getilgt werden! Ein Mensch wie Professor Baram muss das wissen. Aber er lacht, erzählt Witze und ist charmant. Folgende E-Mail erhielt ich kurze Zeit nach der Konferenz:

Lieber Najem,

es ist wunderbar, mit Dir in Kontakt zu bleiben. [...] Ich bin im tiefsten Innern davon überzeugt, dass Du und Menschen wie Du die *Mahdis*, die Heilsbringer der Hoffnung und Liebe sind, die Araber und Juden einmal auf den Weg der Versöhnung und der Bruderschaft führen werden. Jeder, der Dich und Deine Frau getroffen hat, Najem, hat das gefühlt. Du gibst mir Hoffnung. Ich persönlich habe meinen einzigen Bruder Gabriel im Krieg von 1973 verloren. Er war nicht einmal neunzehn Jahre alt, als er am 6. Oktober in einem brennenden Panzer am Suez-Kanal fiel. Meine Mutter starb an gebrochenem Herzen. Viele Jahre später starb mein Vater als alter, trauriger Mann. Auch in mir hat all dies viel Traurigkeit hinterlassen. Und wie haben die Mütter und Väter der tapferen ägyptischen Soldaten gefühlt, die in demselben Krieg umgekommen sind? Genauso. Dich getroffen zu haben, Najem, gibt mir Hoffnung.

Dein Amatzia

2

Später erfuhr ich, dass sich Liora Lukitz' Leben aus einer Folge von unangenehmen, gar schwierigen Zufällen zusammensetzte. Bei unserer allerersten Begegnung, noch bevor wir uns vorgestellt hatten, ergab sich im Aufzug des Hotels ein Geplänkel: Sie warf uns, zwei arabisch aussehenden Gästen, vor, ihr nicht die korrekte Richtung des Fahrstuhls angegeben zu haben, und reagierte pikiert. Für mich war diese Reaktion symptomatisch. Iraker und Juden teilen ein ähnliches Schicksal, haben eine ähnlich komplizierte, wechselseitige Identität, die sie anfällig für Angriffe, Verdächtigungen und Zweifel gegeneinander und bisweilen auch untereinander macht.

Ich erinnere mich, dass ich der Frau gegenüber lächelnd mit der Antwort ansetzte: »Ja, der Fahrstuhl fährt nach oben.« Sie gesellte sich zu uns, ohne das Ende meines Hinweises abzuwarten. Das »Ja« auf ihre Frage dürfte ihr aber nicht entgangen sein. Als sie merkte, dass der Fahrstuhl nach oben fuhr, verfinsterte sich ihre Miene mit jedem Stockwerk, und sie schaute mich an, als wolle sie mich zerreißen. »Warum haben Sie behauptet, der Fahrstuhl fährt nach unten?«, fuhr sie mich tadelnd und leicht zornig an. »Das habe ich nicht!«, erklärte ich. »Im Gegenteil: Ich habe gesagt, er fährt nach oben.« Aber meine Antwort überzeugte sie nicht. Sie fuchtelte mit der Hand herum und warf mir einen geringschätzigen, fast verachtenden Blick zu. Als der Fahrstuhl den dreizehnten Stock erreichte und sich die Tür öffnete, machte sie eine Gebärde wie jemand, der etwas oder jemanden Unerwünschtes vertreiben und »Bitte!« sagen wollte. Ihre Geste äußerte Hohn und noch mehr Verachtung. Es war eine Geste, von der ich glaubte, dass sie sie ihr ganzes Leben bereuen werde ... War es diese Geste, die sie später – als wir an unserem zweiten Tag in den Bus zur Universität von Haifa stiegen – dazu brachte, unbedingt Freundschaft mit uns schließen zu wollen – um ihres guten Rufes willen und als Wiedergutmachung für ihre unfreundliche Reaktion? Am Ende wusste sie, dass niemand anderes als wir sie zur Teilnahme an der Konferenz veranlasst hatten. Sie steckte damals bis über beide Ohren in Schwierigkeiten, bereitete gerade einen Umzug von Jerusalem nach Tel Aviv vor und hatte eigentlich überhaupt keine Zeit. Als sie jedoch unsere Namen las und erfuhr, dass nichtjüdische Iraker an der Konferenz teilnehmen würden, beschloss sie kurzerhand, alles andere stehen und liegen zu lassen und doch nach Haifa zu kommen. Was für ein Paradox! Es wird ihr schwerfallen, dies später zu vergessen!

Liora Lukitz, Wissenschaftlerin, Historikerin und Pädagogin, die später eine sehr enge Freundin von Inaam und mir wurde, hat zwei Bücher über den Irak verfasst, ein drittes ist in Arbeit. Ihre erste Studie, in der sie den Begriff der »irakischen Identität« untersucht, stellt auch eine Verbindung zum Themenkomplex der »israelischen Identität« her. Die Komplexität der irakischen Identität hat geschichtliche Gründe: Nachdem die Briten eine religiöse und konfessionelle Minderheit von sunnitischen Muslimen auf die Spitze der Pyramide des von ihnen gegründeten neuen irakischen Staates gesetzt hatten, versuchten diese im neuen Staat die Kultur, die Denk- und Lebensweise der »irakischen« Gesellschaft zu prägen. Dabei ließen sie aber außer Acht, dass es eine schiitisch-muslimisch-arabische Mehrheit und obendrein noch eine weitere »Minderheit« – die Kurden – gibt. Diese kurdische »Minderheit« ist zwar auch sunnitisch, steht aber einer anderen sunnitischen Schule nahe, die sich eher am Sufismus orientiert. Im Vergleich zu den »arabischen« Sunniten würden sie eine Mehrheit ausmachen. Die schiitischen Araber und die sunnitischen Kurden waren bekannt für ihre Kultur der Rebellion gegen die Zentralregierung und die Zentralkultur der sunnitischen Araber. Wer die politisch-kulturelle Identität des Irak nach 1921 untersucht, trifft auf einen »irakischen« Staat, dessen offizielle Leitkultur der sunnitische Islam ist. An den Rändern und in den Provinzen wird er auf Ungehorsam stoßen, dessen kulturelles Fundament die Auslegung der islamischen Religion auf sunnitisch-kurdische und schiitisch-arabische Art und Weise ist.

Auf diesem religiös geprägten kulturellen Fundament baut die irakische Identität auf. Obwohl Lioras Buch unverzichtbar ist, lässt es viele Fragen zu dieser Identität offen – vor allem da die Juden einen wichtigen Teil der irakischen Bevölkerung stellten, bis sie den Irak 1951 »freiwillig« oder »gezwungenermaßen« verließen. Die Juden lebten nahezu zweitausend Jahre im Zweistromland. Kann man also behaupten, ihre Kultur sei im Wesentlichen vom »Islam« beeinflusst worden? Was wäre, wenn man es wagte, das Gegenteil zu erklären, nämlich dass die irakische Identität zu einem Großteil auch auf der jüdischen Religion basiert? Wer könnte leugnen, dass der Ursprung der modernen Kunst im Irak, vor allem der Musik und des Gesangs, bei den Juden zu suchen ist? Aber hier soll nicht die ausgezeichnete Arbeit von Liora Lukitz besprochen werden.

Während unserer Gespräche in Haifa und Jerusalem einigten wir uns darauf, dass man auf verschiedene Art und Weise Iraker sein kann. In theoretischer Hinsicht sind die Unterschiede gut, aber nur wenn sie die Iraker veranlassen, sich wechselseitig zu respektieren und die »irakische« Besonderheit eines jeden einzelnen schätzen zu lernen. Als Anlass, zwischen den gesellschaftlichen Gruppen Krieg zu führen mit dem Ziel, der jeweils anderen Gruppe die eigene »kulturelle« Besonderheit aufzuzwingen, haben diese Unterschiede keinen Wert. Nach mehr als achtzig Jahren kann man das britische Experiment, den Irak zu formen, für gescheitert erklären. Die Briten und Gertrude Bell wollten dem Land und seinen verschiedenen Gemeinschaften die Kultur einer Minderheit aufdrücken, die sunnitisch-arabisch-beduinisch war und aus dem Nordwesten des Irak stammte, aus Tikrit, um genau zu sein. Auch wenn der Preis darin bestand, der arabischen Mehrheit, die eine andere Auslegung des Islam pflegt, etwas abzuverlangen oder das Wohl einer anderen Minderheit (die zahlenmäßig immer noch größer war als die Minderheit der »sunnitischen« Araber) zu opfern. Das »Kulturmodell«, das die Briten dem Land mit verschiedenen Mitteln – mit Zuckerbrot und Peitsche – oktroyierten, führte im Ergebnis zu der Katastrophe, die das Land unter der Herrschaft von Saddam Hussein erlebte. Das neue amerikanische Modell entdeckt auf einmal einen anderen Islam, einen »gemäßigten« Islam, wie ihn die Befehlshaber und ihre Beobachter im Pentagon nennen. Ihre »katastrophalen« Ergebnisse können wir jetzt nach sechs Jahren Besatzung auf irakischem Boden sehen. Es herrscht dort nur Anarchie – eine Anarchie, die alle Landesteile erfasst und Leichen hinterlässt, die gleichmäßig aus allen Bevölkerungsgruppen stammen. Die Mittelschicht ist ausgewandert, weil es für sie im Irak nach amerikanischem Modell keinen Platz gab. Nur im Morden und Zerstören ist der Irak eine Einheit. Die Amerikaner glaubten, die Stützen der demokratischen Kultur im Irak festigen und selber ein Leuchtturm für den gesamten Nahen Osten sein zu können, indem sie eine Mehrheitskultur durchzusetzen versuchten und die neue Gesellschaft auf ihre Weise beherrschten. Sie übersahen (vorsätzlich oder versehentlich), dass man die anderen, zweitrangigen Bevölkerungsgruppen, die »Minderheiten« im Irak und im Nahen Osten, schützen muss, wenn man eine neue demokratische Kultur festigen will. Das gilt besonders, weil die im Irak und im Nahen Osten aufeinander wirkenden diktatorischen Regierungssysteme das hässliche Gesicht einer Einheitskultur zeigen, die behauptet, die Identität des gesamten Landes zu repräsentieren, um von keiner anderen Kultur herausgefordert zu werden. So sieht es im »alewitischen« Syrien und im »wahabitischen« Saudi-Arabien aus, um nur zwei Beispiele zu nennen. Die Demokratie, die wir brauchen, darf keine Mehrheitsregierung sein, wie sie die im Irak regierende schiitische Koalition versteht, die sich fälschlicherweise »irakische Einheitskoalition« nennt. Vielmehr benötigen wir an erster Stelle ein Grundgesetz, das die Rechte der Minderheiten garantiert und schützt.

Warum aber arbeitet Liora ausgerechnet über die »irakische« Identität, sie, deren akademische Laufbahn ursprünglich an einem Ort ihren Anfang nahm, der sich grundlegend von ihrem späteren Fachgebiet unterschied? Wurde auch sie von der irakischen Krankheit befallen, wie zuvor schon ihr Kollege und Freund Amatzia Baram, mit dem sie oft genug Meinungsverschiedenheiten über den Irak auszufechten hatte? Was hat ihr Interesse auf den Irak gelenkt, nachdem sie an einem völlig anderen Ort geboren wurde: in Brasilien, in Rio de Janeiro?

Wie tausende Juden, die nach dem Zweiten Weltkrieg aus Osteuropa flüchteten, kam Lioras Vater auf seltsame Art und Weise nach Brasilien. Während des Krieges hatten ihre Angehörigen ein tragisches Schicksal erlitten, aber nicht nur weil sie Juden waren. Glücklicherweise konnten sie noch vor dem Überfall der Nazis aus ihrem Heimatland Polen nach Russland fliehen und so überleben. Im damals sowjetischen Russland mussten sie sich mit dem Ort zufrieden geben, den ihnen der Staat zuwies: Sibirien. Dort übte Lioras Vater in einer kleinen Stadt weiterhin seinen Beruf als Tischler aus. Als Deutschland in Russland einfiel, beauftragten ihn die russischen Behörden, Panzermodelle aus Holz für die russische Armee anzufertigen; sein Ruf als geschickter Tischler drang bis zu den höchsten Stellen vor. Die Holzpanzer dienten der russischen Armee dazu, bestimmte Gefechtslagen in den Wäldern darzustellen. Die deutschen Piloten, die mit ihren Aufklärungsflugzeugen über die Wälder flogen, zweifelten keinen Augenblick daran, dass es sich um echte Panzer handelte, und berichteten ihrer Führung von der ungeheuren Stärke der russischen Armee. Sie musste über ein Depot, voll mit bisher nicht eingesetzten Präventivwaffen, verfügen. Diese Meldungen veranlassten die Deutschen, ihren Vormarsch an der Nordfront abzubrechen. Wegen der den Russen erwiesenen Dienste erhielt Lioras Vater den Titel »Stakhanov«, was »herausragender Arbeiter« bedeutet. Diese Ehrung erlaubte es ihm, mit seiner Familie in eine der weniger kalten Regionen der Sowjetunion zu ziehen, wo sie bis zum Ende des Krieges blieben. Dann beschloss die Familie, nach Polen zurückzukehren. Als ihre Familie in Warschau eintraf, fand Lioras Mutter heraus, dass ihre Mutter und alle ihre elf Geschwister mit ihren Angehörigen von den Deutschen umgebracht worden waren. Auch die Kinder, für die Lioras Mutter zusammen mit dem berühmten polnischen Pädagogen Janusz Korzcak im Warschauer Waisenhaus gesorgt hatte, waren ins Konzentrationslager geschickt worden. Keiner ihrer Freunde war am Leben geblieben. Dies versetzte Lioras Mutter einen so schweren Schlag, dass sie nicht die Kraft aufbrachte, auch nur einen weiteren Tag in Polen zu bleiben.

Es war nicht leicht für die Familie, einen neuen Zufluchtsort zu finden. Zunächst weigerten sich die Länder, in die sie reisen wollten, sie als Kriegsflüchtlinge aufzunehmen, bis ihnen zu guter Letzt Brasilien Asyl gewährte. Lioras Eltern und ihre Großmutter ließen sich dort nieder; ihr Großvater war noch in Sibirien gestorben und begraben worden. Nach wenigen Jahren erwarb die Familie die brasilianische Staatsbürgerschaft. Lioras Vater war Brasilien bis zu seinem Tod 1988 zu großem Dank verpflichtet, da dieses Land es ihm ermöglicht hatte, seine beiden Kinder nach seinen Vorstellungen zu erziehen. Lioras Mutter lebte noch viele Jahre über den Tod ihres Mannes hinaus. Sie starb 2003 in Israel, wohin sie einige Jahrzehnte zuvor mit ihren Kindern – Liora und ihrem Bruder – ausgewandert war.

Liora selbst kam 1965 nach Israel und zog in einen Kibbuz in der Nähe der libanesischen Grenze. Dort arbeitete sie als Landschaftsarchitektin, pflanzte Bäume und legte Furten und Quellen an, die eine positive Wirkung auf die Seele haben. (Sie hatte sich in Brasilien unter Anleitung des berühmten Architekten Burle Marx spezialisiert.) Über diesen Lebensabschnitt sprach sie voller Sehnsucht. Sie konnte nicht vergessen, wie verwundert sie war, als sie die Kibbuzbewohner bei Ausbruch des Sechstagekrieges Gräben um den Kibbuz herum ausheben sah. Da begriff sie, dass es in der Region Probleme gab, die tiefer lagen als jene, die sich bei der Gestaltung der Natur ergeben. Dies gab den Anstoß, sich für arabische Sprache und Geschichte des Nahen Ostens am Institut für Politische Wissenschaften in Paris einzuschreiben, wo ihr Mann an seiner Doktorarbeit saß.

Als Liora mit ihrem Mann aus Frankreich zurückgekehrt war, setzte sie ihr Studium an der Hebräischen Universität von Jerusalem fort, promovierte später in London, arbeitete dann an der Universität von Harvard und schrieb wichtige Arbeiten über den Irak. Nach drei Büchern ist Liora immer noch nicht von ihrer irakischen Leidenschaft geheilt. Sie hat in den letzten Jahren auch pädagogische Programme für Kinder und Jugendliche im Nahen Osten entwickelt. Dabei hat sie sich in erster Linie auf die Iraker verlassen. Diese Programme beziehen ihren Geist aus dem zunehmenden Interesse am Schicksal von Kindern und Jugendlichen in der Region und ihren Problemen, die man nicht über einen langen Zeitraum hin untersuchen kann, ohne die Erfahrung der Iraker mit einzubeziehen. Sie hat ihre Programme rund um Treffen mit arabischen Jugendlichen in Israel entwickelt, als sie zwei Jahre lang an einem Studienkolleg für arabische Sprache im Norden Israels beteilig war, nahe einer »das Dreieck« genannten Gegend, in der eine arabische Mehrheit lebt.

Aber der Nahe Osten umfasst mehr als Israel und Palästina. Liora übertreibt nicht mit ihrer Feststellung, dass die Menschen bisher gemeint hätten, die Lösung der Palästinafrage sei der Schlüssel zur Lösung aller anderen Probleme der Region, heute aber eher davon ausgingen, dass das die Lösung des Irakproblems sei. Und werden ihre Worte nicht von den dreiunddreißig anderen Teilnehmern der Konferenz »Quo vadis, Irak?« bestätigt, die während der sechs Tage in Haifa fünfundzwanzig Studien vorstellten, die sich mit dem Irak in all seinen Facetten beschäftigten? Es ging um Geschichte und um Staat und Gesellschaft; es ging um den Irak unter der Herrschaft der Baath-Partei und um Saddam Hussein im Besonderen; um die Wirtschaft und ihren Verfall seit den neunziger Jahren oder der Zeit des Handelsembargos; um die Struktur des Militärs und der Armee, um das Gefüge der Nation; es ging um die religiösen Hochburgen, insbesondere um die des schiitischen Irak; um die Kurden und ihre Beziehungen zum Zentralstaat und zur irakischen Gesellschaft, um die Nachbarn des Irak, vor allem um die nicht arabischen, den Iran und die Türkei. Wie sehr sich diese Forschungen unterscheiden mochten, sie stimmten mit der von Liora Lukitz vertretenen Grundaussage überein: In der Lösung des Irakproblems liegt der Schlüssel zur Lösung aller anderen Probleme im Nahen Osten. Der Aufbau eines freien, demokratischen Irak wird gewiss einen entscheidenden Anteil an einem dauerhaften und wirksamen Frieden haben. Wenn man weiterhin das Chaos im Irak herrschen lässt und den Irakern nicht beim Aufbau einer neuen Gesellschaft hilft, wird sich der Terrorismus weiter ausbreiten und die Länder des Nahen Ostens mit Krieg überziehen.

Und danach? Anders als die meisten anderen Israelis unterfütterte Liora ihre Gespräche oft mit einem Funken Heiterkeit und schwarzem Humor. Was die Verwirklichung des Friedens betrifft, ist Liora Lukitz nicht pessimistisch. Jeder von uns könne daran teilhaben. »Weist eure Reise hierher nicht genau darauf hin?«, fragte sie mich, als wir in einem Restaurant im armenischen Viertel von Jerusalem aßen. Sie ist überzeugt, dass der Frieden mit einem bestimmten Rezept erreicht werden kann: dem der Erziehung. Von Kindheit an müssen die Menschen den Frieden erlernen, damit er zum täglichen Brot ihres Handelns wird. Ein besseres Verständnis für den anderen kann der jungen Generation auf beiden Seiten ein besseres Leben schenken.

Verständnis für den anderen? Wie denn nicht? War es nicht das Verständnis zwischen uns, das alle früheren Missverständnisse im Fahrstuhl des Hotels in Haifa beseitigte? Hatten unsere Begegnungen und Gespräche nicht eine Nähe entstehen lassen? Weil wir uns darum bemühten und weil unsere Identitäten, die wir gemeinsam ertragen mussten, miteinander verflochten waren: sie, die Jüdin, deren Vater durch höchsten Einsatz der sicheren Todeshölle der Nazis entging und dabei bis nach Brasilien gelangte; sie, die im Land des Sambas, des Fußballs und der Straßenkinder, in der Stadt Rio de Janeiro geboren wurde; sie, die viele Sprachen spricht. Und wir: Inaam und ich, zwei Iraker, die unter größten Mühen von einem Exil ins andere gezogen und dabei der Hölle der »Baathisten« und der Zerstörung der unzählbaren aufeinanderfolgenden Kriege entgangen waren; zwei Kosmopoliten irakischen Ursprungs, die – wie Liora – viele Sprachen beherrschen, eine davon Deutsch, die Sprache des Landes, das uns Zuflucht bot und ein neues Leben ermöglichte. Aber, und das ist das Paradox, eben auch das Land, das Lioras Familie vertrieb und all ihre Verwandten und Freunde vernichtete. Zwei Iraker, die aus dem einen oder anderen Grund nicht wissen, wo ihre Identitäten beginnen und enden, und denen auch sie, Liora, nicht helfen konnte, es zu verstehen; zwei Iraker, die aus dem einen oder anderen Grund alles in ihrer Macht Stehende unternahmen, den anderen Menschen zu verstehen, selbst wenn die Beziehung zu ihm mit einem Missverständnis begann.

Irakische Juden zwischen zwei Ländern

Es ist ein seltsames Paradox, dass ich während meiner langen Exil-
zeit in Deutschland – sechsundzwanzig Jahre – nie mit irgendje-
mandem in dem Maß über den Alltag im Irak gesprochen habe,
wie ich es während meines Besuchs in Israel tat. Wandert ein Iraker
heute nach Deutschland ein – sei es ein Bekannter oder ein Ver-
wandter –, bringen ihn die Gespräche rasch dazu, den in seiner
Heimat zurückgebliebenen Schmerz, die Sorgen und das Unglück
zu vergessen. Man lässt nichts von der Wehmut erkennen, die in
meinen in Israel geführten Gesprächen zu spüren war.

In Israel kann man natürlich auch von positiven Erfahrungen
im Irak hören. Der palästinensische Taxifahrer beispielsweise, der
mich von meinem Hotel zum Stadttor des alten Jerusalem brachte,
berichtete mir voller Leidenschaft über seine Jugendzeit vor dreißig Jahren, als er in Bagdad arbeitete. Ostjerusalem stand damals
noch formell unter der »Verwaltung« des haschemitischen Königreichs Jordanien, was die Einreise in den Irak mit jordanischen
Papieren erlaubte. Als sich die Politik in unser Gespräch einzu-
schleichen begann, merkte er auf und wechselte das Thema. Er
wollte nur über Basra und Bagdad, über die Iraker reden. Es tue
ihm unendlich leid, dass Menschen dort heute so sinnlos sterben
müssten. Als ich aus dem Taxi stieg, erklärte er mir, wenn man es
gut bedenke, sei das Palästinaproblem gegenüber den Geschehnissen im Zweistromland unbedeutend. Dann lehnte er es ab, das
Geld für die Fahrt anzunehmen. Solche »positiven« Gespräche, in

denen sich die Menschen an das Gute im Irak erinnern, erlebt man auch bei Taxifahrten in Kairo, da Ende der siebziger, Anfang der achtziger Jahre der Irak mehr als drei Millionen Arbeitskräfte aus Ägypten aufnahm.

Doch möchte ich mich hier auf die Gespräche mit irakischen Juden über die »verlorene Zeit« beschränken, um es mit Proust zu sagen. In ihrem Gedächtnis schlummern Details, die von sprachlichen Wendungen bis hin zu vergessenen Speisen und alten Liedern reichen. Begegnet man Juden, die freiwillig (oder gezwungenermaßen) nach Israel geflüchtet sind und dort eine neue Identität angenommen haben, könnte man meinen, dass sie in die Fußstapfen ihrer semitischen Vorfahren von vor zweitausend Jahren treten möchten. Sobald sie sich jedoch akklimatisiert und von ihrer Kindheit gelöst haben, merken sie, dass die alte, verdrängte Identität hin und wieder wie ein weit entfernter Leuchtturm immer noch in der »Dunkelheit« ihres Lebens aufblitzt. Es ist dieses ihr neues Leben berührende Licht, das sie in zwei Ländern leben lässt: in Israel und im Irak. Es ist, als wandelten sie die Wörter der Lieder ihrer Ahnen von vor zweitausend Jahren ab: »An den Flüssen von Babel, da saßen wir ... und gedachten deiner, Zion.« Diesmal besingen sie nostalgisch die Luft der Kindheit: »An den Flüssen von Zion, da sitzen wir ... und gedenken deiner, Babylon.« Diesen Eindruck vermittelten mir zumindest die aus dem Irak nach Israel geflüchteten Juden, mit denen ich zusammentraf. Einige waren vor etwa einem halben Jahrhundert geflohen. Durch ihre Geschichten kehrte bei mir die Erinnerung an ein Land zurück, von dem ich mir gewünscht hatte, es sei anders – ein Land, das alles sein konnte außer dem Bild, das sich heute bot. Diese Wahrheit kennen heutzutage weder die Iraker selbst noch jene, die sich für Experten irakischer Angelegenheiten halten. Die irakischen Juden haben den Irak die ganze Zeit über und auch während der Flucht wie einen seltenen Schatz bewahrt. Dieser Irak, an den die Alten sich erinnern und dessen Bild sie an ihre Kinder weitergeben, als seien sie erst gestern ausgereist, taucht wie ein ferner Traum in ihren Ge-

sprächen auf. Es ist, als wollten sie in die Fußstapfen Moses' treten, der vom gelobten Land träumte, bis er ihm nahe war und auf
dem Gipfel des Berges stand, während sich im Tal zu seinen Füßen
das weite Land ausbreitete. »Siehst du die Erde dort, unter dir?«,
fragte Gott. »Dort ist das Paradies, Moses, aber du wirst es nicht
sehen, du wirst hier auf diesem Gipfel sterben.« Welch eine Strafe
wurde Moses da zuteil! Später pflegte man über seine Gefolgsleute
zu schreiben, dass sie, wohin auch immer sie gingen, stets zwei
Schicksale mit sich trügen: das Schicksal Moses', der außerhalb
des gelobten Landes gestorben und begraben war; und das Schicksal ihrer Vorfahren, die das gelobte Land betreten hatten. Die Geschichten der irakischen Juden handeln oft vom »verlorenen« Paradies, von der zunehmenden Säkularisierung der Gesellschaft im
Irak – ein Prozess, der keine konfessionelle Gruppierung aus-
schloss. Ein Beweis dafür sind die Fotos, die dem Besucher vorge-
legt werden, alte Schwarzweißfotos, die zu den verschiedensten
Gelegenheiten aufgenommen wurden: in der Oberschule oder in
Behörden, bei Familienfesten oder Hochzeiten, auf Spaziergängen
in den Parks oder an der Corniche, beim Picknick im Garten, beim
Schwimmen im Euphrat oder Tigris, beim Sport. Die Kleider, die
Farben, die Frisuren – alles deutet auf eine andere Zeit hin, die der
Phantasie näher ist als der Wirklichkeit. Wer die zwischen den
dreißiger und den fünfziger Jahren aufgenommenen Bilder im Vergleich mit den heutigen für »Science-Fiction« hält, der muss nur
den Gesprächen dieser Menschen lauschen. Sie sind ein lebendes
Irak-Museum, das irgendwann nach Israel umgezogen ist! Und
doch war der Irak damals offener als heute, weshalb sie nostalgisch darüber sprechen, als wollten sie sagen: ›Der Irak wurde mit
unserem Weggang zerstört.‹ Das geschieht nicht aus Schaden-
freude. Ich habe diese Worte früher auch von Nichtjuden oft gehört, beispielsweise von meinem Großvater, der Inspektor in einer
Dattelgroßhandlung war: »Der Irak ist zerstört, seit die Juden fort
sind.« Damit niemand diese Worte falsch versteht, füge ich noch
einen anderen Satz hinzu, der die gegenwärtige Zerstörung be-

klagt: »Der Irak verdient dieses Unheil nicht«, meinte einer der alten irakischen Juden, die Domino spielend in einem Café in Petachtikva, einem kleinen Vorort der Hauptstadt Tel Aviv, saßen. Das Café hätte sich genauso gut im alten Bagdad befinden können. Als der Alte erfuhr, dass ich aus dem Irak stamme, redete er im Bagdader Dialekt weiter, den heutzutage niemand mehr spricht, den ich aber auch von einer sechzig Jahre alten Restaurantbesitzerin im Tel Aviver Schankan-Viertel hörte. Sie war erst vier Jahre alt, als ihre Familie nach Palästina auswanderte. »Wir hatten keine Probleme mit den Muslimen im Irak«, sagte sie. »Das Problem bestand zwischen den Juden selbst.« Diese Klage hörte ich wiederum auch von den Alten im Café, sogar von denjenigen, die erst spät auswanderten, Anfang der siebziger Jahre, in der Zeit, als immer wieder Juden hingerichtet wurden. Auch sie wiederholten diese Klage, gleich wie sehr einige oder alle von ihnen unterdrückt und verfolgt worden waren. Alle sprachen voller Leidenschaft über die Einzelheiten ihrer Vergangenheit. Wie kann sich ein Mensch nach so vielen Jahren, nach so viel Zerstörung, Krieg und Flucht mit einer solchen Genauigkeit an Details erinnern?

Die Anzahl der Juden im Irak belief sich auf etwa hundertfünfzigtausend. Einer alten britischen Statistik zufolge sah die Verteilung folgendermaßen aus: Fünf Prozent von ihnen waren reich, dreißig Prozent gehörten der Mittelschicht an, sechzig Prozent waren arm, und fünf Prozent waren Bettler. Die Juden betrachteten sich selbst als Teil des Iraks und seiner Geschichte. Ja, sie waren stolz darauf, die Erben einer großartigen, in kultureller und geistiger Hinsicht einzigartigen Vergangenheit zu sein. Man denke dabei nur an den babylonischen Talmud oder an Sa'dijda Dscha'un, den Rabbiner »Said al-Faiumi« beispielsweise, der zu Beginn des zehnten Jahrhunderts nach Bagdad kam, wo er seine wichtigsten literarischen und gesellschaftlichen Abhandlungen schrieb. In den letzten Generationen kannte Bagdad andere jüdische Gelehrte, bedeutende Erneuerer, wie etwa die Rabbiner aus dem neunzehnten Jahrhundert Abdallah Somekh und Jussif Haim. Worauf die Juden des Irak besonders stolz sein können, ist ihr Beitrag für die Modernisierung des Landes. Gegen Ende des neunzehnten Jahrhunderts entstand ein Netzwerk besonders fortschrittlicher Schulen, in denen europäische Sprachen, vor allem Englisch und Französisch, sowie die neuen Wissenschaften unterrichtet wurden. Eine wichtige Rolle spielte auch der aufgeklärte jüdisch-englische Intellektuelle Emile Marmorstein bei der Leitung der höheren »Schamas«-Schule. Es ist also nicht verwunderlich, wenn die irakischen Juden sich für den »modernen« irakischen Staat interessierten, der im Jahre 1921 gegründet wurde. Ihre Lage unterschied sich in keiner Weise von der Lage der anderen Landsleute: Muslime, Christen, Mandäer oder welcher religiösen Gruppierung auch immer – es gab viele im Irak. Wir dürfen nicht vergessen, dass die Juden sich vor zweitausend Jahren im Zweistromland ansiedelten – mehrere Jahrhunderte vor der Islamisierung und Arabisierung des Iraks in der zweiten Hälfte des siebten Jahrhunderts nach Christus. Die Juden blieben trotz aller geschichtlichen Wirrnisse Iraker. Sie sahen keinen Schaden darin, das Aramäische, die damalige Alltagssprache, aufzugeben und das Arabische zu übernehmen, erst als gesprochene, dann allmählich auch als geschriebene Sprache, wenngleich mit hebräischen Buchstaben. Der Enthusiasmus, am Aufbau eines modernen Irak mitzuwirken, ließ sie dann auch auf die arabische Schrift zurückgreifen. Einige Bagdader Juden, vor allem die jungen, machten sich das moderne Hocharabisch so sehr zu eigen, dass sie in den dreißiger Jahren des vergangenen Jahrhunderts die Anfänge der literarischen Renaissance im Irak stark beeinflussten. Jüdische Literaten wie Ezra Haddad, Murad Michail, Schalom Darwisch und Anwar Schauul spielten eine wichtige Rolle. Sie schrieben *perpendicular poetry* und Theaterstücke, Kurzgeschichten und Artikel. Bis zu ihrer Auswanderung betrachteten sie sich als wesentlicher Bestandteil des neuen arabischsprachigen literarischen Lebens im Irak. Einige entwickelten besonders originelle Ausdrucksformen, wobei zweifellos auch ihre Beherrschung anderer Sprachen und ihre Fähigkeit, Weltliteratur im Original zu lesen, eine große Bedeutung hatte. Schalom Darwisch beispielsweise, der im Jahr 1997 in Haifa starb, wurde von der Kritik für seine 1947 erschienene Erzählsammlung *Einige Menschen* als der erste wirklich irakische Erzähler gefeiert. Seine Geschichten waren in »reicher, moderner, aber ungeschmückter Sprache geschrieben«, was die damalige Bagdader Gesellschaft aufnahm, ohne einen Unterschied zwischen Muslim, Jude und Christ zu machen. Er wurde nicht als ein einer bestimmten konfessionellen Gruppierung zugehöriger Autor wahrgenommen, sondern als Autor aller Iraker. Jüdische Literatur in arabischer Schrift war ohnehin ein neues Phänomen, das eigentlich erst nach dem Ersten Weltkrieg in Erscheinung trat. In der Vergangenheit hatten sich die Juden darauf beschränkt, Arabisch mit hebräischen Buchstaben zu schreiben, was den Dialog mit den muslimischen Literaten bremste. Nach dem Fall des Osmanischen Reichs und der britischen Besetzung wurde das Hocharabische die offizielle Sprache des modernen Staates. Verständlicherweise bediente sich die jüdische Elite, die sensible Stellungen im irakischen Staat und in der Verwaltung innehatte, dieser Sprache. Dawud Samarra etwa, ein ausgezeichneter jüdischer Jurist, der als Vizepräsident des Hohen Gerichts und des Revisionsgerichts in Bagdad tätig war, schrieb die erste wichtige juristische Abhandlung auf Arabisch. In jener Zeit veränderte sich das Zusammenleben der konfessionellen Gruppen. Für ein jüdisches Kind war es nicht mehr problematisch, eine nichtjüdische Schule zu besuchen. Ebenso konnten die Lehrer und Erzieher der jüdischen Schulen anderen Konfessionen angehören. Sasson Somekh, der irakische Jude und Experte für arabische Literatur, dem ich viele dieser Informationen verdanke, erzählte mir, dass seine Grundschule eine private Institution war, deren Direktorin »Madame 'Adil« hieß und eine Christin libanesischer Herkunft war. Sie hatte die Schule gegründet und dafür gesorgt, dass sie in einem modernen Viertel Bagdads gebaut wurde, deren Bewohner hauptsächlich Juden der Mittelschicht, aber auch Muslime und Christen waren. Selbst in den konfessionsgebundenen

oder halb privaten Schulen der jüdischen Kolonie in Bagdad, deren
berühmtesten die Mitte des neunzehnten Jahrhunderts gegründeten Schulen der »Allianz«-Gesellschaft waren, arbeiteten Lehrer
anderer Konfessionen.

Diese Juden, die ich so wehmütig über ihr Leben sprechen hörte,
wurden ebenso entwurzelt wie ihre Vorfahren vor zweitausend
Jahren, die man aus dem Lande Kanaan nach Babel verschleppte.
Wer Sasson Somekh trifft, seine Geschichten hört und einige Tage
mit ihm verbringt, der kann nicht anders, als daran zu denken!

2

Zum ersten Mal begegnete ich Professor Sasson Somekh während
der Irak-Konferenz in Haifa. Als der kleine, schlanke ältere Herr
mit der Arztbrille den Saal betrat und sich in meine Nähe setzte,
war mir nicht sofort klar, dass es sich um Somekh handelte, der
ebenso einen kurzen Vortrag auf der Konferenz halten sollte. Während meines achtzehnminütigen Referats bemerkte ich, dass er
mich von seinem Platz aus wie festgenagelt anstarrte. Aus den Be-
merkungen, mit denen er meine Aussagen vervollständigte, hörte
ich Erstaunen heraus. Erst in diesem Moment wurde mir bewusst,
dass es sich um ihn handeln musste – Professor Sasson Somekh,
berühmt durch seine Freundschaft mit dem ägyptischen Nobelpreisträger Nagib Machfus. Er war mir durch etliche Bücher von
ihm und über ihn bekannt sowie aus Interviews. Dem arabischen
Leser bietet sich leider kaum Gelegenheit, sich mit seinem Werk,
das in den wichtigsten akademischen Organen erscheint, vertraut
zu machen. Der überwiegende Teil erforscht die sprachliche Krea-
tivität in Erzählungen, Dichtungen und Dramen von ägyptischen,
libanesischen, irakischen, palästinensischen und maghrebinischen
Schriftstellern. Besonders bekannt sind seine Untersuchungen über
zwei ägyptische Autoren – Nagib Machfus und Jussif Idriss. Trotz
seiner weltweiten Anerkennung und der Übersetzung seiner Texte

ins Arabische setzen die offiziellen Kreise arabischer Kultur alles daran, ihn totzuschweigen. Dies hat dazu geführt, dass er in der arabischen Welt – vor allem unter jungen Wissenschaftlern – nahezu unbekannt ist. Wenn die offiziellen Kulturseiten in Ägypten und Syrien über ihn berichten, dann nur über den »ehemaligen General der israelischen Armee« (syrische Presse) oder über den »berühmten Geheimagenten für den israelischen Geheimdienst Mossad« (ägyptische Presse). Davon abgesehen, dass Professor Somekh niemals in der Armee gedient hat – selbst wenn ein neugieriger Leser in einem arabischen Land sich auf die Suche nach einem seiner Bücher machen würde, müsste er sich in ein Abenteuer stürzen. Es ist im Allgemeinen schwierig, Bücher in der arabischen Welt zu vertreiben, umso mehr Bücher aus Israel infolge des Boykotts der arabischen Liga gegen alles Israelische. Mehr noch: Selbst wer ein israelisches Buch besitzt oder in Umlauf bringt, macht sich des »Verrats« verdächtig. Dies ist äußerst gefährlich und kann unter Umständen mit der Hinrichtung enden – selbst dann, wenn die Bücher wie die von Professor Somekh aus dem arabischen Verlag »Kull Schai'« stammen, der jedoch als israelischer Verlag gilt, weil er seinen Sitz in Haifa hat und sein Besitzer Salih 'Abbasi ein Araber von 48 ist. So sind die arabische Literatur und besonders die arabische Kritik von den Studien Professor Somekhs ausgeschlossen.

Sasson Somekh, der 1933 in Bagdad in einer jüdischen Familie der Mittelschicht geboren wurde und 1951 mit der Auswanderungswelle der irakischen Juden nach Israel kam, wird heute »als einer der wichtigsten Wissenschaftler der arabischen Literatur« betrachtet – so die Begründung bei der Verleihung des Staatspreises für Literaturkritik, den der israelische Staat ihm 2005 verlieh. Außerdem übernahm er die Vorreiterrolle, die arabische Literatur in Israel bekannt zu machen. Er hat dem hebräischen Publikum in Israel die arabische Literatur und Dichtung nahegebracht, selbst etliche Bücher ins Hebräische übersetzt und viele Sammlungen moderner arabischer Lyrik herausgegeben. Darüber hinaus ist er auch der Gründer der Abteilung für arabische Sprache und Literatur an der Universität Tel Aviv. Er begeistert sich so sehr für die arabische Literatur, dass er in seiner zweiten Heimat, in der er seit siebenundfünfzig Jahren lebt, an der Verbesserung der Beziehungen zwischen jüdischen und arabischen – vor allem ägyptischen – Akademikern und Schriftstellern beharrlich arbeitet. Er ermuntert seine Studenten ständig, sich Forschungsthemen rund um die arabische Literatur zuzuwenden und ihre universitäre Laufbahn an Hochschulen im In- und Ausland fortzuführen.

Wenn man ihn fragt, woher seine Begeisterung für die arabische Literatur stammt, erzählt er die Geschichte des »jungen Mannes« Sasson Somekh in der dritten Person: 1951, bevor dieser junge Mann Bagdad in Richtung Israel verließ, besuchte er einige Freunde, von denen die meisten junge Intellektuelle in Bagdad waren und verschiedenen Bevölkerungsgruppen angehörten. Der junge Mann Sasson hatte nicht den geringsten Zweifel, dass seine Freunde von der gerade amtlich gemachten Aberkennung seiner Staatsbürgerschaft wussten und er auf den Moment seiner Abreise wartete. Als er zum letzten Mal mit ihnen im Café beisammensaß, drehten sich die Gespräche auch um dieses Thema. Sie äußerten ihr Bedauern, respektierten aber seinen Entschluss. Nachdem sich an diesem letzten Abend die meisten von ihm getrennt hatten und ihrer Wege gegangen waren, blieben noch zwei seiner engen Freunde bei ihm: die Dichter Raschid Jassin und 'Abd al-Razaq 'Abd al-Wahid, der zu Zeiten Saddam Husseins zum Kriegsdichter wurde und nach dessen Fall aus dem Irak floh. 'Abd al-Razaq 'Abd al-Wahid gehörte der Bevölkerungsgruppe der Sabier an, deren Zentrum sich in der Stadt 'Amara im Süden des Landes befindet. Dort wurden auch die heiligen Bücher der Sabier in mandäischer Sprache geschrieben, der Schwestersprache des babylonischen Aramäisch, der Sprache des babylonischen Talmuds. Zum wiederholten Mal erzählte der junge Mann Sasson ihnen von seiner bevorstehenden Auswanderung. Das Einzige, was ihm noch blieb, war Abschied zu nehmen und ihnen das Versprechen zu geben, die

Freunde nicht zu vergessen, sowie einen Schwur abzulegen, der arabischen Sprache treu zu bleiben. »Ich habe geschworen, und ich glaube, ich habe mein Wort gehalten«, sagte Professor Somekh, als wir in seiner Wohnung im Norden von Tel Aviv saßen, in der er seit einem Jahr mit seiner in Amerika geborenen Frau Terry lebt.

Eigentlich hatte sich uns am ersten Tag nur während der kurzen Pause die Gelegenheit zu einem Gespräch geboten. Professor Somekh konnte nicht länger bleiben. Er gab mir allerdings seine Visitenkarte, auf die er in arabischer, mich an meine Gymnasialzeit erinnernder Schrift folgenden Satz schrieb: »Mein Bruder Najem, ich bitte dich, mich in den nächsten Tagen anzurufen. Ich glaube nicht, dass ich vor Ende der Konferenz noch einmal nach Haifa kommen kann. Ich würde mich aber freuen, wenn ihr nach Tel Aviv kämt.« Einen Tag nach unserem Treffen kamen wir gegen ein Uhr mittags mit dem Taxi aus Haifa in Tel Aviv an, wo wir einige Tage blieben. Als wir in das Viertel fuhren, in dem Sasson Somekh wohnte, sagte unser Fahrer Dino, den Ezra uns auf unseren Anruf hin geschickt hatte und mit dem er seit dreißig Jahren befreundet war: »In diesem Viertel wohnen nur Reiche.« – »Von welchen Reichen spricht er?«, entgegnete Somekh später lachend. »Wenn ich nicht den Staatspreis erhalten hätte, könnte ich mir diese Wohnung auch nicht leisten!« Die Wohnung war wirklich klein. Sie lag im sechsten Stock eines der neuen Hochhäuser in der Nähe des Meeres. Der Quadratmeterpreis war sehr hoch. Aber diese Häuser sind teuer, weil sie auch über einen kleinen Schutzraum verfügen. Dort mussten wir unsere Koffer abstellen. Professor Somekh erklärte mir, dass er einen Termin für eine naturmedizinische Behandlung habe. »Ein Mensch in meinem Alter braucht ein bisschen Bewegung«, sagte er. »Ich bin in zwei Stunden wieder da.« Er ließ uns mit seiner reizenden Frau Terry zurück. Terry ist, ganz wie ihr Mann, eine begnadete Erzählerin. Bevor er zum Arzt ging, flüsterte mir Somekh zu, er hoffe, dass Terry uns nicht all die Geschichten erzählen werde, die er selbst später zum Besten geben wolle. Vermutlich wusste er, dass seine Frau sich an ihre erste Begegnung erinnern würde. Sie war damals neunzehn Jahre alt und gerade nach Jerusalem gekommen, wo sie nach einem Reisebüro fragte, das ihr eine Rundreise durch Israel anbieten könne. Der aus dem Orient kommende junge Mann, der damals an der Universität von Jerusalem studierte, konnte nicht glauben, dass diese junge hübsche Amerikanerin gerade ihn nach der Adresse des Büros fragte. Er beschrieb ihr nicht nur den Weg, sondern begann auch gleich von sich und seinem Land zu erzählen. Der junge Mann bezauberte sie mit seinen Geschichten. Seit jenem Tag sind fünfzig Jahre vergangen, und seit damals leben sie zusammen.

Sasson Somekh ist ein glänzender Erzähler. Er erweckte den Anschein, als könne er nicht glauben, endlich einem nichtjüdischen Iraker begegnet zu sein, einem irakischen Schriftstellerkollegen im Alter seines Sohnes, und einer Theaterschauspielerin und Sängerin, die genauso alt war wie seine Tochter. Bei jeder Geschichte, die er erzählte, fügte er hinzu: »Es ist, als hätte ich das Land erst gestern verlassen.« Wahrscheinlich entdeckte er Neugier in meinem Gesicht und bemerkte, wie sehr ich es genoss, seinen Geschichten zu lauschen. Wie hätte es auch anders sein können, da doch der gesamte Irak bis in seine Wohnung in der Levy-Ashkol-Straße in Tel Aviv drang. Der Irak kam mit den Geschichten, die Sasson Somekh mir erzählte, und nicht mit den Raketen, die Saddam Hussein einst auf die Stadt abfeuerte und von denen einige nicht weit vom Balkon, auf dem wir saßen, einschlugen. Wir hielten uns bis spät in die Nacht dort draußen auf. Manchmal waren wir gerade von einem Ausflug nach Tel Aviv, Jaffa oder Abu Ghosh zurückgekehrt oder auch nach Jerusalem. Nach unserer Rückkehr bat er mich, ihm in sein Arbeitszimmer zu folgen, weil er mir ein paar Dokumente zeigen wollte. Ich fragte mich, wie er in dem Chaos aus Büchern, Papierstapeln und herumfliegenden Zetteln überhaupt etwas finden wollte. Aber er wusste genau, wo er suchen musste. Nur die handgeschriebenen Briefe von Nagib Machfus hatte er in einem separaten Ordner, den er in einer Schublade aufbewahrte, zusammengestellt. Er zog einen der Briefe hervor und

begann vorzulesen: »Professor Sasson Somekh ...« Dann zeigte er
mir ein Schwarzweißfoto, auf dem Nagib Machfus auf einem Sofa
saß und Somekhs Tochter Abigail neben ihm stand. Das Foto war
1982 im Haus Nagib Machfus' aufgenommen worden; Abigail
war damals zwölf Jahre alt. Es ist nur eines von vielen Fotos, die in
einer familiären Atmosphäre mit Machfus aufgenommen wurden.
Und wie hätte Sasson Somekh diese Aufnahmen nicht aufbewah-
ren sollen, da keinem anderen Israeli als ihm die Ehre zuteil wurde,
Nagib Machfus, der niemanden bei sich zu Hause empfing, diese
historischen Besuche abzustatten? Sasson Somekh ging nach Ägypten, um die Direktorenstelle am israelischen akademischen Zentrum in Kairo anzutreten, das 1982 gegründet worden war, nachdem Israel und Ägypten diplomatische Beziehungen aufgenommen
und Botschafter ausgetauscht hatten. Für Somekh bedeutete diese
Arbeit die Verwirklichung eines Lebenstraums: das Fundament zu
einer Annäherung zwischen der arabischen und der hebräischen
Literatur, zwischen arabischen und israelischen Intellektuellen zu
legen. Er konnte nicht wissen, dass er aus ebendiesem Grund zum
Ziel bösartiger Angriffe von Seiten der meisten ägyptischen Intellektuellen und Journalisten werden würde. Sie setzten das Gerücht
in Umlauf, das Zentrum habe mit akademischer Forschung nichts
zu tun, sondern sei bloß ein Vorwand zur Rekrutierung von
Spionen für Israel, das »seine Veröffentlichungen heimlich« unter
die Leute bringe. Professor Somekh war demnach »nichts als ein
israelischer Spion« und das Zentrum, wie es ein Schreiberling ausdrückte, nichts als »das Spionagenest im bewachten Ägypten«. Es
handelte sich dabei um eines jener Bücher, die damals zu Dutzenden in Kairo erschienen und in denen immer wieder behauptet
wurde, Sasson Somekh sei ein »berühmter Geheimagent« (dem
Einfaltspinsel war nicht einmal der Widerspruch zwischen »berühmt« und »geheim« bewusst). Wie Somekh mir erzählte, stützte
sich dieser Mensch in seinem Vorwurf merkwürdigerweise auf das
Archiv eben dieses Zentrums, weil er selbst ungehindert dort ein-
und ausging – wie alle jene, die wegen ihrer regelmäßigen Besuche

des Zentrums der Spionage beschuldigt wurden. Sasson Somekh erzählte mir diese Geschichte zwar spöttisch, aber in einem Tonfall, der nicht frei von Bitternis über die Dummheit dieser Menschen war. Was er nicht oder vielleicht doch besser weiß als ich, ist die Tatsache, dass diese Spezialisten, die den anderen etwas vorwerfen, alles an dem Haken »Israel, der Feind«, die Juden, die Kolonisierung und der Zionismus festmachen. Sie bringen nichts Neues, sondern schreiben stets voneinander ab, wiederholen schon Gesagtes, nämlich die Worte des Mainstream, auf deren Dummheit sie sich stützen. Es gibt nichts Bequemeres, als das eigene Scheitern, die nationale Rückständigkeit und die kulturelle Leere zu vertuschen, die am Selbstbewusstsein der offiziellen Intellektuellen vom Atlantik bis zum Golf nagt. In den Feuilletons der meisten arabischen Zeitungen werden Unwissenheit, Rückständigkeit, Hass und Rassismus verbreitet. Der törichteste Vorwurf lautet: »Spionage«. Er ist der bei uns am weitesten verbreitete Vorwurf, den man ausspuckt, bevor man sich in die Brust wirft und aufplustert wie ein Pfau, als sei man der Erfinder des Penizillins. Einmal ging die Sache so weit, dass sich der literarische Zirkel des berühmten ägyptischen Schriftstellers Taufiq al-Hakim, der jeden Freitagmorgen im Café des »Nil Hotels« in Garden City zusammenkam, auflöste. Und warum? Weil Taufiq al-Hakim es Professor Somekh gestattet hatte, sich ihrer Gesellschaft anzuschließen, als er ihn zufällig das Café des Hotels betreten sah. Schon am zweiten Tag entbrannte ein Streit zwischen al-Hakim und einigen zu dem Bund gehörenden Vertretern der ägyptischen Presse. Sie beschuldigten ihn, sich nur deshalb so zu verhalten, weil er alles daransetze, den Nobelpreis zu gewinnen. Denselben Vorwurf machte man auch Nagib Machfus, als er das Abkommen von Camp David unterstützte und über Israel als »zivilisiertes« Land zu sprechen begann, nicht als »zionistische Entität« oder »Kleinstaat Israel«. Und warum? Weil die Helden der arabischen Kulturparanoia dachten, es gebe keinen Nobelpreis ohne Unterstützung und Sanktionierung der »zionistischen Lobby«. »Ist das denn vernünftig?«, fragte mich Professor Somekh. Und ich antwortete ihm: »Das ist es, was uns von euch unterscheidet, mein Freund. Ihr äußert eure Kritik zu allem, was euch nicht gefällt, öffentlich und lasst es dabei wahrlich an Liebenswürdigkeit fehlen. Eure Propheten haben es gewagt, mit Gott zu sprechen und zu lügen. Abraham hat den Pharao angelogen, als er behauptete, Sarah sei seine Schwester. Die anderen Propheten haben Sünden und Lastern gefrönt. Diese menschlichen Inkonsequenzen kann man nicht vertuschen. Ihr habt einen ausgeprägten Sinn für Dialektik, das Wahre entsteht im Widerstreit und geht aus der Praxis hervor. Hast du euer Sprichwort vergessen: ›Wenn zwei Juden eine Diskussion beginnen, entsteht am Ende ein dritter Gedanke.‹ Bei uns ist das Gegenteil der Fall: Wenn zwei sich treffen, wiederholen beide wie Papageien das, was der andere gesagt hat. Wenn sie sich auch nicht streiten, so verwirft der eine den Gedanken des anderen doch vollkommen. Vergiss nicht die berühmte Erklärung, die man dafür bei uns hat: ›Man einigt sich auf das, worauf man sich nicht einigen kann.‹ Was die literarische Elite bei uns angeht, kann ich sagen, dass es niemanden gibt – weder einen Dichter noch einen Schriftsteller –, der es wagt, die Gesellschaft zu kritisieren. Und sie wissen, dass dies in Wirklichkeit auch niemand von ihnen erwartet. Die traditionellen Aufgaben, die die Gesellschaft ihnen übertragen hat und die seit vielen Jahrhunderten auf sie übergegangen sind, bestehen darin, die Gesellschaft zu stützen. Man sollte – mit Ausnahme weniger Sammlungen höfischer Dichtung – die alte, uns schriftlich überlieferte Literatur studieren, um auch heute von neuem zu lernen, wie man sich selbst belügen kann. Wenn die gesamte Gesellschaft lügt, wird es niemals einen Neuanfang geben. Wir leben in einer Art tierischer Gesellschaft, wo die Väter einfach alles an die Söhne weitergeben, was sie selbst von ihren Vätern geerbt haben. Ja, man schaue sich nur die Welt der Tiere an! Die Tiere beschränken sich wie wir auf die Nahrungssuche, reproduzieren sich selbst und vererben ihren Nachkommen keinen Erkenntnisdrang. Die offizielle arabische Gesellschaft funktioniert nach diesem biologischen Mechanismus. Und der Gipfel von allem ist das politische System. Besucht man eine arabische Hauptstadt und nähert sich einer Kaserne, einem Sicherheitsbezirk oder irgendeiner bewachten Regierungsinstitution, wird man auf einem großen, den Blick auf sich ziehenden Schild in riesiger Schrift lesen: ›Fotografieren verboten, militärische Zone‹ oder ›Fotografieren verboten, Sicherheitszone‹. Man muss sich vor Augen führen, dass unsere Regierungen diese Schilder seit sechzig Jahren, seit der Gründung Israels immer weitervererben. Bis auf den heutigen Tag sehen die Menschen sie, halten sie für richtig und kommen nicht auf den Gedanken, sie zu entfernen. Was für einen Wert haben solche Schilder überhaupt noch in Zeiten von Satelliten, Computern und Digitalkameras? Wie sollte das Volk den Spionage-Vorwurf also nicht erben und ihn billigerweise gegen jene erheben, mit denen es sich überwirft? Die Staaten lügen, die Gesellschaft lügt, alle Bevölkerungsgruppen und gesellschaftlichen Schichten lügen. Die Gesellschaft lügt so sehr, dass sie gar nicht mehr fähig ist, etwas Neues hervorzubringen. Und die Schriftsteller? Statt ihrer Vorbildfunktion nachzukommen, untermauern sie diese Lügen, die wiederum nichts mit den literarischen Lügen zu tun haben, auf denen die Wahrheiten in vielen Romanen beruhen. Das Schlimmste an dieser Komödie ist, dass man anfängt, an ihre Richtigkeit zu glauben. Gewiss gibt es einige Ausnahmen. Nagib Machfus beispielsweise versuchte, gegen den Strom zu schwimmen, stieß aber immer wieder an die Grenzen seiner Kraft. Nur jemand in seiner Position konnte die Briefe an Sasson Somekh veröffentlichen oder wenigstens über dessen familiäre Besuche in seinem Haus sprechen. Mit diesen Familienbesuchen fand ›der Austausch von Brot und Salz‹ statt, wie es ein weitverbreiteter Ausdruck bei uns bezeichnet. Aber auch Machfus fürchtete, sein Besuch würde den unsinnigen Vorwurf bekräftigen, dass der Nobelpreis nur an den verliehen wird, ›der das Abkommen von Camp David unterstützt und Israel anerkennt‹. Mit anderen Worten: Auch Machfus ließ sich von dieser Lüge irgendwie täuschen und begann zu glauben, dass er ›den Nobelpreis nicht wegen seiner literarischen Errungenschaften erhalten würde‹. Er war fortan darauf bedacht, sich von allem fernzuhalten, was seiner Ansicht nach einen Hinweis dafür liefern könnte«.

Die Ablehnung, die Professor Sasson Somekh in Ägypten entgegenschlug – trotz der Unterzeichnung des Friedensabkommens mit Israel durch den verstorbenen Staatspräsidenten Sadat –, war ihm mit den irakischen Intellektuellen nicht widerfahren. Bevor wir zu den irakischen Intellektuellen übergehen, soll ein kurzer Abriss die Geschichte der jüdischen Auswanderung durchleuchten. Zu Beginn des zwanzigsten Jahrhunderts, nach dem Untergang des Osmanischen Reiches und der damit einhergehenden Renaissance in der arabischen Welt, stellten die Juden einen beträchtlichen Teil der Elite im Irak. Einige nahmen als Unternehmer, Banker, Ingenieure, Ärzte, Gelehrte, Schriftsteller, Künstler und Politiker Führungspositionen ein; viele prägten der Geschichte des modernen Irak ihren Namen auf. Sasson Hiskiel war der erste Finanzminister in der ersten irakischen Regierung. Der Unternehmer Khedourie gründete das Finanzimperium von Hongkong und Singapur. Saul, der seinen Namen später in David Marshall umänderte, war der erste Ministerpräsident des modernen Singapur. Die berühmte britische Werbeagentur »Saatchi«, die unter anderem den Wahlkampf für Margaret Thatcher unterstützte, ist nicht die einzige Firma, die von Nachfahren irakisch-jüdischer Unternehmer gegründet wurde, die Bagdad Anfang der fünfziger Jahre verließen. Auch Aharon Schuhit, ein Absolvent der »Allianz«-Schule in Bagdad, der zwölf Sprachen, darunter Türkisch, Persisch, Deutsch und Ungarisch, spricht, gehört zu dieser Elite. Seine Brüder Mosche und Jahu hatten hohe Posten inne: Mosche war Direktor der staatlichen Eisenbahn, Jahu Generaldirektor einer der britischen Banken in Bagdad. Ihre in Basra lebende Schwester Rosa al-Ani war eine der ersten emanzipierten Frauen – nach heutigen Begriffen würde man sie zu den ersten Feministinnen zählen, die für die Gleichberechtigung der Frau in der irakischen Kolonie aktiv waren. Die Brüder Dawud und Salih al-Kuwaiti bildeten die Vorhut der modernen irakischen Gesangskunst. Salima Murad ist die berühmteste irakische Sängerin. Ja'qub Sahiq, Ailin Darwisch, Abraham Nadschi, Jahuda Sadiq und Sasson Dalal hatten in der Irakischen Kommunistischen Partei Führungspositionen inne. Die beiden Letzten wurden von der irakischen Regierung hingerichtet, Jahuda Sadiq (ein Jude) 1948 zusammen mit dem Führer der Partei, Fahd (einem Christen), und weiteren Mitgliedern des Politbüros, Zaki Nasim (einem sunnitischen Muslim) und Hussein al-Schabibi (einem schiitischen Muslim). Nach dem Verbot der Kommunistischen Partei waren viele linksgerichtete jüdische Intellektuelle in den Reihen des »antizionistischen Bunds« tätig, der die Auswanderung der Juden nach Israel bekämpfte. Selbst als die Juden den Folgen des Nazi-Militärputsches unter der Führung von Raschid al-Kilani (der später nach Berlin floh und mit Hitler zusammentraf) ausgesetzt waren und der Pöbel das Machtvakuum ausnutzte, selbst nach den zwei blutigen Tagen des als »Farhud« bekannten Pogroms, als zahlreiche Juden getötet und ihre Läden geplündert wurden, brachen sie ihre Beziehungen zu der Gesellschaft, in der sie lebten, nicht radikal ab. Sie blieben fest verwurzelt in ihren Unternehmungen und gründeten neue Firmen. Besondere Aufmerksamkeit erregten dabei einige Firmen, deren Inhaber sowohl Muslime als auch Juden waren. Ab dem Jahr 1951, als unter der Regierung von Taufiq al-Suidi das berüchtigte Gesetz zur Auswanderung und Aufgabe der Staatsbürgerschaft in Kraft trat und die freiwillige Auswanderung erlaubte, konnten die Juden die irakische Staatsbürgerschaft ablegen und nach Israel ausreisen. Die meisten zögerten jedoch. Die Auswanderung erschien ihnen undurchsichtig; sie gehörte nicht zu ihren Plänen, insbesondere betraf dies die Mittelschicht, die zu jener Zeit etwa ein Drittel der jüdischen Bevölkerung ausmachte. Auszuwandern bedeutete, ein Leben aufzugeben, das man sich nach vielen Jahren der Mühe und Plackerei aufgebaut hatte, und in ein neues Land zu gehen, wo einen ein ungewisses Schicksal erwartete. Es gibt keine besseren

Worte als die Sasson Somekhs, um die komplizierte Situation der damaligen jüdischen Bevölkerung im Irak zu beschreiben: »Einige hier in Israel und im Irak glauben, man hätte die Bevölkerung von den Kanzeln herab zur Ausweisung der Juden aufgehetzt. Aber dies ist nur ein Grund für die Auswanderung. Oftmals mischten sich auch zionistische Agenten ein. Sie wiegelten die jüdische Bevölkerung auf, indem sie Angst säten und damit Beweggründe zur Auswanderung schufen, vor allem bei jenen, die mit der raschen Aufgabe ihrer Staatsbürgerschaft zögerten. Dieses Thema hat in den letzten Jahrzehnten große Beachtung gefunden und Diskussionen und Debatten hier in Israel ausgelöst. Dabei widersprechen sich die Auffassungen durchaus. Auch mir persönlich fällt es schwer, eine Meinung zu äußern. Ich habe mich fern der Ereignisse befunden, und zuverlässige Beweise oder Dokumente zu diesem Thema sind mir nicht in die Hände geraten.«

Erwiesen ist lediglich, dass die Jahre von 1947 bis 1951 die finsterste Epoche für den Irak waren. Als die Juden, die einen Großteil der Elite des Landes ausmachten, beschlossen, aus dem Zweistromland auszuwandern, war dies auch für die anderen zunehmend gespaltenen Bevölkerungsgruppen eine schwere Prüfung. Nichts wurde getan, um das Verschwinden der jüdischen Kolonie in Bagdad, der »babylonischen Kolonie« aufzuhalten. Es war die älteste jüdische Gemeinschaft der Welt. Anfang der fünfziger Jahre, zu Beginn der organisierten kollektiven Auswanderung, siedelten hundertzwanzigtausend irakische Juden nach Israel um. Mit ihnen verschwanden auch die Spuren ihrer Kolonien in den irakischen Städten. Nach dieser »Operation Ezra und Nehemia« genannten Auswanderungswelle blieben in Bagdad höchstens zehntausend Juden. Doch auch sie verließen Bagdad mit den vereinzelten Auswanderungswellen der folgenden drei Jahrzehnte. Zusammenfassend kann man sagen, dass sich die meisten irakischen Juden nach der Verkündigung des Gesetzes zur Aufgabe der Staatsbürgerschaft, das ihnen das Verlassen des Irak ohne Möglichkeit zur Rückkehr auferlegte – darunter die Familie Sasson Somekhs –, zerrissen, verwirrt und verloren fühlten. Plötzlich und unerwartet war über ihr Schicksal und ihre Zukunft entschieden worden. »Obwohl die Atmosphäre im Irak infolge der arabischen Katastrophe im Palästinakrieg schrecklich war, wären viele irakische Juden bereit gewesen, weiterhin in ihrem Heimatland zu leben, bis ihr Kummer vorüberginge und Gott ein wirksames Urteil fälle. Die weitere politische Entwicklung jedoch brachte die Einkommensquellen vieler zum Versiegen, sei es weil sie ihre Regierungs- oder regierungsnahen Beschäftigungen aufgeben mussten oder weil das wirtschaftliche Leben stillstand. Schließlich wanderte die überwältigende Mehrheit der irakischen Juden zwischen 1950 und 1951 nach Israel aus.« Obwohl Sasson immer noch sicher ist, »dass die Sache nach wie vor im Dunkeln liegt«, setzt er sich persönlich mit der eigenen Auswanderung auseinander. Auf der Suche nach einer plausiblen Erklärung wird er hin und wieder von den Erinnerungen an jene über die Maßen schwere Zeit heimgesucht. »Meine Eltern haben in den vierziger Jahren in Wirklichkeit nie mit dem Gedanken gespielt auszuwandern, in die USA etwa. Zwei meiner Onkel sind in den vierziger Jahren mit ihren Familien in die USA emigriert. Ich habe es damals seltsam gefunden, dass ihr Schritt meine Eltern nicht bewegt hat, ihnen zu folgen. Denn sie waren eindeutig prowestlich eingestellt. Ihre Bindung an die arabische Kultur war oberflächlich, obwohl sie sich für echte arabische Juden hielten, und die USA repräsentierten für sie die ideale Gesellschaft für alles, was schön und reif in der Welt ist: Demokratie, Fortschritt auf allen Gebieten des Lebens und der Wissenschaft, die wirtschaftliche Blüte und die Bereitschaft, in großem Umfang neue Bewohner aufzunehmen.« Dann erzählte Sasson, wie er nach dem Tod seines Vaters im Jahr 1956 einen dicken Ordner mit der Korrespondenz seines Vaters mit seinen Brüdern fand, Ezra in New York, Mosche in Los Angeles. »Ich fand nicht den geringsten Hinweis, dass seine Auswanderung in die USA geplant gewesen wäre. So entdeckte ich auch keine Briefe dieser Art vom Ende der vierziger Jahre, als der Krieg zwischen Palästina und Israel ausbrach, die Sicherheits- und

Wirtschaftslage der Juden im Irak eskalierte und sich alles zwischen Abend und Morgen Hals über Kopf dramatisch verschlechterte.« Für Sasson Somekh ist dies alles bis auf den heutigen Tag wirklich unerklärlich.

Die Ereignisse des »Farhuds« belasteten das Zusammenleben zwischen Muslimen und Juden schwer, und in den Augen einiger jüdischer Gruppen, die andere zur Auswanderung drängten, waren sie wie die »Quintessenz des jüdisch-arabischen Leidens, das Jahrhunderte der guten Nachbarschaft und kulturellen Blüte zunichte machte«, wie Somekh schreibt. Trotzdem versuchten einige jüdische Gruppierungen wieder so im Irak zu leben wie vorher. Somekh erinnert sich vor allem an die Ratlosigkeit, die ihn damals überkam, und dass er einen seiner nichtjüdischen Freunde um Rat bat. Ihm kommt die »Predigt« in den Sinn, die ihm sein Freund, der Dichter Akram al-Watri, hielt. Sasson beschreibt ihn als Eigenbrötler, der nur selten sprach. An jenem Tag aber, als er den Dichter besuchte, um ihm seinen Entschluss zur Auswanderung mitzuteilen, zeigte sich dessen Genie, und er begann ausführlich zu reden. Er sei nicht auf den Gedanken gekommen, dass jemand wie Sasson, der so sehr an der arabischen Sprache hänge und an der arabischen Kultur und Literatur festhalte, sich entschließen könnte, seine Heimat, die Heimat seiner Eltern und Großeltern, zu verlassen, um sich einem ungewissen Schicksal auszuliefern – der Krieg sei gerade ausgebrochen, und die Sicherheitslage lasse zu wünschen übrig. Da versuchte Sasson ihm zu erklären, dass auch die Lage im Irak hoffnungslos und schwer erträglich für ihn geworden sei. Seine Möglichkeiten, an der Universität angenommen zu werden, seien gleich null. Außerdem sei das Zweistromland keine Demokratie, die ihm ermögliche, sich für das Land und seine Einwohner einzusetzen. Sein Freund unterbrach ihn sanft mit der Frage, wie er seine Angelegenheiten in einem Land ordnen könne, dessen Bewohner ein so seltsames Gemisch aus Bevölkerungsgruppen und Sprachen und dessen Zukunft nie gesichert sei. »Wir haben gehört«, fügte Akram hinzu, »dass man in den jüdischen

Siedlungen den Versuch unternimmt, das sozialistisch-genossen-schaftliche Leben im Rahmen der Kibbuze zu fördern. Aber wer kann so ein kollektives Kommunenleben führen, bei dem die ei-gene Freiheit zusammenschrumpft? Wir Araber unterscheiden uns durch unseren Hang zu Einsamkeit und Individualismus.« Damals hatte Somekh den Eindruck, die überraschenden Worte seines Freundes seien rassistisch. Heute aber, fünfundfünfzig Jahre nach dem Treffen und nach allem, was die Region in der Zwischenzeit an Kriegen, Mord und Zerstörung durchmachen musste, erkennt er an, dass sein Freund aus Zuneigung so zu ihm sprach. Er wollte ihn auf seine Zukunft vorbereiten. Viele seiner Prophezeiungen sollten sich als richtig erweisen.

In Wirklichkeit war die kulturelle Elite im Irak in zwei Lager gespalten. Das erste war das offizielle, das Lager all jener Intellek-tuellen, die kontinuierlich nach Krieg und Rassismus verlangten, insbesondere seit dem Militärputsch vom 14. Juli 1958. Das zweite Lager war das der Rebellen, die die Machthaber in den verschie-denen Epochen ablehnten. Wer aus diesem Lager nicht ins Exil getrieben wurde, der landete im Gefängnis, wurde getötet oder war zum Schweigen verurteilt. Die Anhänger dieses Lagers fanden in der Zusammenarbeit mit den jüdisch-irakischen Intellektuellen das, was ihre kosmopolitisch-humanistische Sichtweise und ihr Urteil über die Brutalität der Machthaber im Irak bestätigte. Bei der Regierung, die von 1950 bis 1951 im Irak herrschte und das Gesetz zur Aufgabe des Staatsbürgerschaft auf den Weg brachte, handelte es sich um ein Regime, das eine einzige Bevölkerungs-gruppe und eine einzige Region repräsentierte – nicht nur durch den Präsidenten Taufiq al-Suidi, sondern auch durch die starke Persönlichkeit des Innenministers Nuri al-Said, der durch die Aus-gestaltung und das Inkraftsetzen des Gesetzes für alle auswande-rungswilligen Juden eine zweifelhafte Berühmtheit erlangte. Und wir sollten nicht vergessen, dass sein Sohn Sabah damals Direktor der irakischen Luftfahrtgesellschaft war und von jedem Juden vor der Ausreise eine Provision verlangte. Nuri al-Said wurde kurze

Zeit nach der jüdischen Auswanderung Regierungschef. In Wirklichkeit war er das erste Beispiel jener ehrgeizigen irakischen Militärs, wie es später noch viele geben sollte, die – im Anzug eines Zivilisten – mit dem gleichen revolutionären, blutrünstigen Geist in seine Fußstapfen traten. Nuri al-Said, der erste Präsident einer Zivilregierung, verbarg stets einen Revolver in seiner Jacke und ließ diesen auf Fotos absichtlich sehen, um seinen Gegnern Angst einzujagen. Er schuf martialische Traditionen, die spätere Regierungen im Irak fortführen würden – Militärregierungen ein und derselben Couleur. Dabei war es nicht nur die Grausamkeit, mit der sie wüteten, sondern vor allem die militärische Ordnung, die sie der Gesellschaft aufbürdeten. Die Militärs entstammten einer Schicht, einer Religion, einer Bevölkerungsgruppe und einem Ort – sie stammten aus Tikrit und seiner Umgebung. Sie waren es, die die Feinde der Juden beerbten und den »Vorwurf der Spionage zum Wohle Israels« einsetzten, um jeden zu vernichten, durch den sie die eigene Macht gefährdet sahen. Es war also nicht verwunderlich, dass es Militärs waren, die den Putsch vom 8. Februar 1963 anführten, bevor sie am 18. Oktober desselben Jahres selber einem Putsch zum Opfer fielen. All diese Militärs, die die Revolutionen anführten, waren Klassenkameraden von Nuri al-Said in der Offiziersschule gewesen. Sie entstammten derselben Gegend und derselben Bevölkerungsgruppe. Die »traditionelle« Distanz zwischen den Machthabern und ihren Bürgern wurde immer größer im Irak und führte dazu, dass die Menschen ihren Umgang mit den Juden änderten. Was besondere Beachtung verdient, ist die Tatsache, dass die Juden während ihrer zweitausend Jahre dauernden Anwesenheit den fruchtbaren Boden des Zweistromlandes bestellen und ihre Saat dort ausbringen mussten. Wie die Juden selbst gut wissen, betrachteten daher viele Iraker die verbliebenen Juden als ihre Nachbarn im wahren Sinne des Wortes, sogar in der Zeit Saddam Husseins. Professor Sasson Somekh erzählte mir die Geschichte eines jungen jüdischen Mädchens, das ungefähr im Jahr 1970 aus Bagdad nach Israel kam, nachdem es ab 1967 wie alle Juden in dieser Stadt harte Jahre durchmachen musste. »Sie hatte am Institut für englische Sprache an der Universität von Bagdad studiert. Nach ihrer Ankunft wollte sie ihre Studien an der Universität von Tel Aviv fortsetzen. Man schickte sie zu einem Gespräch zu mir, und ich antwortete, dass es zu jener Zeit den Juden erlaubt sei, ihre Hochschulstudien fortzusetzen. Ich fragte sie, wie ihre Beziehungen zu den anderen Studenten gewesen seien, und sie erwiderte, dass einige ihr nicht besonders freundlich begegnet wären und die anderen gegen sie aufgestachelt hätten. Gleichzeitig habe es aber auch Muslime gegeben, die in Zeiten der Anspannung, sogar an den schwärzesten Tagen, alle Sorgen von ihr ferngehalten hätten.«

Professor Somekh pflegte selbst Korrespondenz mit einigen irakischen Intellektuellen, die meisten aus seiner Generation. Einige von ihnen spielten eine bedeutende Rolle in der Entwicklung der arabischen Literatur. Der Dichter Badr Schakir al-Sajjab etwa, Begründer der modernen arabischen Lyrik, der im Alter von siebenunddreißig Jahren an den Folgen einer Krankheit starb. Oder der Dichter Buland al-Haidari, den der Tod vor einigen Jahren im Londoner Exil ereilte. Oder der berühmte Architekt Rif'at al-Dschadardschi, der heute in London lebt. Oder der Dichter Raschid Jassin al-Qadim, der aus Nasirija stammt und in seinen letzten Jahren in Schweigen verfiel und aufhörte, Gedichte zu verfassen. Oder Akram al-Watri, eine vornehme Persönlichkeit, der vor seiner Ausreise nach Israel eine Warnung verkündete. Und schließlich 'Abd al-Razaq 'Abd al-Wahid, der zu Zeiten Saddam Husseins zum Dichter des Heiligen Krieges wurde und unter dem Namen »Radschaz al-Muaraka« *perpendicular poetry* schrieb; nach seiner Flucht aus dem Irak – aus Angst vor einem Verhör nach dem Fall Saddam Husseins – lebt er heute in Paris. Sasson Somekh zufolge war dieser nichts weiter als der »Hofschreiber«, der »Gedichte-Verkäufer«. An alle diese Menschen erinnert sich Sasson Somekh und erzählt ihre Geschichten voller Anteilnahme. Wer von ihnen noch am Leben ist, nach dem machte er sich in der weiten Welt auf die Suche. Er sprach über sie als Freunde und Kollegen und vergaß nicht zu erwähnen, welcher Volksgruppe sie jeweils angehörten. Damals hatte er keine Ahnung von ihrer religiösen oder ethnischen Zugehörigkeit. Sajjab beispielsweise war ein sunnitischer Araber aus Basra, Buland al-Haidari ein sunnitischer Kurde aus dem Nordirak, 'Abd al-Razaq 'Abd al-Wahid ein mandäischer Sabier aus 'Amara im Südirak, Raschid Jassin ein Schiit aus Nasirija, Akram al-Watri ein Sunnit aus Bagdad. Was besonders auffällt, ist, dass die meisten von ihnen, mit Ausnahme Akram al-Watris, der Irakischen Kommunistischen Partei nahestanden. Daran zu erinnern ist wichtig, weil sich die irakischen Kommunisten – ebenso wie die Fortschrittlichen und die Liberalen – von antisemitischen Tendenzen fernhielten. Sie betrachteten die Juden ihres Landes vielmehr als engagierte und fortschrittliche Ethnie und setzten jedes Mittel ein, sich in ihren Reden von dem verbreiteten Gesprächsstil der rechts-nationalistischen Mitte zu distanzieren, die geradezu barbarisch gegen die Juden aufhetzte (ebenso wie die irakische Unabhängigkeitspartei und ihr *al-Jaqzha* – »Die Wachsamkeit« – genanntes Organ). Sasson Somekh bestätigte dies: »Die Katastrophe, die dem palästinensischen Volk mit der Gründung des Staates Israel widerfuhr, war zwar nicht aus unserem Blick entschwunden. Sie machte vielen Menschen die Lage schwierig und beunruhigte sie sehr. Aber sie weigerten sich, Israel öffentlich anzugreifen, um sich nicht von der rechten Strömung fortspülen zu lassen. Die Irakische Kommunistische Partei etwa, der viele berühmte Intellektuelle angehörten, interessierte sich damals für das ›israelische Proletariat‹, das ihren Worten zufolge ein Verbündeter des ›arabischen Proletariats‹ im Kampf gegen den Kolonialismus war. Die Ausdrucksweise der Kommunisten unterschied sich damals erheblich von der Ausdrucksweise anderer dominanter Tendenzen. Aber der positive Umgang politisch aktiver Elemente innerhalb der arabischen Bevölkerung mit der jüdischen Gemeinschaft wurde in das öffentliche Verständnis und Denken getragen.«

All dies geschah gestern in Bagdad. Heute hat sich der Irak verändert, und dazu möchte sich Sasson Somekh nicht äußern. Die heutigen Verhältnisse zu verstehen, fällt ihm schwer. Sunniten töten Schiiten, Schiiten töten Sunniten. Um ihn zu provozieren und dazu zu bringen, noch mehr zu erzählen, sage ich:»Vielleicht kennen die Menschen nicht die Geschichte von der ›Allianz‹-Schule. Vielleicht musst du ihnen die Geschichte von der ›Schamas‹-Schule erzählen, die ihnen heute sicherlich vorkommen wird wie eine Science-Fiction-Story! Wer wird denn heute glauben, dass in einer jüdischen Schule damals nichtjüdische Lehrer unterrichteten, Muslime und Christen? Muhammad Scharara und Hussein Marwa zum Beispiel waren libanesische Schiiten.« In diesem Zusammenhang sollte auch von Hussein Marwa die Rede sein, umso mehr, als die Hisbollah, die ihre Raketen auf Israel abschießt, im Namen der schiitischen Bevölkerungsgruppe zu sprechen glaubt. Marwa war Lehrer für arabische Sprache und Literatur gewesen und hatte zwei Jahre lang zwei Klassen unterrichtet, später folgte ihm Muhammad Scharara. Marwa wurde im Südlibanon in eine schiitische Familie geboren und, wie viele seiner begabten Mitschüler, als junger Mann nach Nadschaf geschickt – eine Hochburg für schiitische Studien –, um sich dort in Religion und Literatur zu spezialisieren. Dort vertiefte er sich jahrelang in die Wissenschaft, aber er entfremdete sich mehr und mehr seiner Religiosität und wurde Journalist und Lehrer an säkularen Schulen im Irak. Schließlich gelangte er nach Bagdad und begann, an dortigen Schulen zu unterrichten. Er schloss sich der Irakischen Kommunistischen Partei an. Unmittelbar nach den Verfolgungen und Repressalien gegen die Kommunisten kehrte Marwa etwa 1950 in den Libanon zurück, um dort für die offizielle und legale kommunistische Presse als glänzender Journalist und Literat tätig zu werden. Später schickte ihn seine Partei zum Studium in die Sowjetunion, wo er eine Dissertation über die arabische Literatur des Mittelalters schrieb. Nach seiner Rückkehr in den Libanon Mitte der siebziger Jahre widmete er sich ausschließlich den Aktivitäten der Libanesischen Kommunistischen Partei und wurde einer ihrer Führer und herausragenden Denker. 1988 ermordeten »die Schurken der schiitischen Amal-Organisation Hussein Marwa in seinem Haus in Beirut vor den Augen seiner Familie« – wie Somekh es beschrieb, indem er auf den uralten Gegensatz zwischen den libanesischen Parteien hinwies –, obwohl Marwa bei seinem Tod schon fast achtzig Jahre alt war.

Ein muslimischer Lehrer, Chaz' al-Mahmud, unterrichtete Naturwissenschaften an der »Allianz«-Schule. Andere muslimische Lehrer unterrichteten Literatur. Sie waren allesamt sehr beliebt bei den Schülern. Auf dem Klassenfoto, das Sasson Somekh mir zeigte, waren einige jedoch nicht zu sehen. Ganz oben steht der Erdkundelehrer, Raschid Ruschdi, ein alter Mann mit runzligem Gesicht, der, wie man so sagt, den Schülern beibrachte, Karten zu lesen und die große Welt um sich herum zu verstehen. Er berichtete den Schülern von seinen Erfahrungen als Offizier in der osmanischen Armee im Ersten Weltkrieg.

»Wie du siehst«, sagte Sasson zu mir, indem er seine Erfahrungen in der ›Schamas‹-Schule kommentierte, die er von 1946 bis 1950 besuchte, »hat diese Schule maßgeblich meine Persönlichkeit geformt. Man sollte auch nicht vergessen, dass es sich um eine Schule für Mädchen und Jungen handelte. Dies alles erklärt die Besonderheiten und die Nähe zu der jüdisch-säkularen Lehre: nicht nur wegen des gemischtgeschlechtlichen Unterrichts, sondern auch wegen der Präsenz nichtjüdischer Lehrkräfte.« Ein anderer Grund war die Tatsache, dass man »Koryphäen« einstellte, wie Somekh es ausdrückte. Hussein Marwa oder Muhammad Scharara etwa, der sein Interesse an der arabischen Literatur und Dichtung stärkte. Somekh schuldet Muhammad Scharara besonders viel, da dieser viele berühmte Literaten und Dichter in Bagdad kannte, Muhammad Mahdi al-Dschawahiri beispielsweise, der bis zu seinem Tod in Damaskus 1997 den Titel »der größte arabische Schriftsteller« trug. Dieses Verhältnis zur arabischen Literatur verbesserte sich noch, als Somekh sich in seiner neuen Heimat Israel ansie-

delte. Am Ende seiner Odyssee blieben ihm feste Beziehungen zur
arabischen Kultur, im Gegensatz zu vielen seiner Generation, die
im Schmelztiegel der fünfziger und sechziger Jahre aufgingen und
sich in der Glut andauernder Unterdrückung und Konfrontation
in der arabischen Welt von ihren irakischen Wurzeln entfernten.
»Viele der jungen Bagdader Juden, insbesondere die Absolventen
der ›Allianz‹-Schule und der ›Schamas‹-Schule konnten ihre Le-
bensläufe für allerlei Arbeitsfelder in Israel erfolgreich zurechtbie-
gen. Aber die meisten kappten auf längere Sicht ihre kulturellen, in
die Kindheit reichenden Wurzeln«, meint Professor Somekh. Dies
brachte ihn in den neunziger Jahren auf den Gedanken, mit seinen
Kollegen »die Gesellschaft für die Solidarität mit dem irakischen
Volk« zu gründen. Diese Kollegen waren wie er Akademiker und
Schriftsteller irakischen Ursprungs, die mit zunehmendem Alter
bemerkt hatten, dass sie die letzte Generation arabischer Juden
waren, die in unmittelbarer Nachbarschaft zu Arabern aufgewachsen waren, wie etwa der berühmte Schriftsteller Sami Michael. Der
Beamte für die Anerkennung von Kooperationsvereinen in Jerusalem weigerte sich jedoch, ihre Gesellschaft einzutragen. Angeblich
fürchtete er, die Gesellschaft könne sich in einen Herd irakisch-
saddamischer Verschwörung verwandeln. Dies war für Sasson Somekh ein schwerer Schlag. Er war schockiert, wie unfreundlich
viele seiner Altersgenossen in Israel die Gründung der Gesellschaft
aufnahmen. Einer davon ist ein Gelehrter und Professor an der
Universität Tel Aviv, eine Berühmtheit seiner Generation, der ihn
tadelte, bevor Sasson Somekh die Ziele der Gesellschaft verkündete: an die Gemeinsamkeiten und die Nachbarschaft zwischen
den irakischen Juden und den verschiedenen Einwohnern des Landes zu erinnern und sie zu festigen. Dahinter steckte der Wunsch,
den Kindern der kommenden Generationen die Geschichte der
wunderbaren Gemeinschaft, die das Leben der Juden in der arabischen Welt tausendfünfhundert Jahre lang auszeichnete, aufzu-
zeigen. Genauso beschreibt es auch der Brief, den Nagib Machfus
Professor Somekh schickte: »Lasst uns gemeinsam zu Gott beten,

dass er die heutigen Anstrengungen mit Erfolg kröne und unsere Völker den fruchtbaren Umgang wieder aufnehmen, den sie in der Vergangenheit über lange Zeit pflegten. Denn zweifellos arbeiteten unsere Völker für Jahrhunderte zum beiderseitigen Vorteil zusammen – in der Antike, im Mittelalter und in der Neuzeit. Von Streit geprägte Tage waren selten und nur von kurzer Dauer. Heute indessen sind wir leider nur daran interessiert, die Augenblicke des Konflikts hundertmal höher einzuschätzen als Generationen der Freundschaft und Zusammenarbeit. Ich träume von einer Zeit, in der Eintracht und gemeinsame Ziele dieses von den Fackeln der Erkenntnis und den Gesetzen des erhabenen Himmels gesegnete Land zum Leuchten bringen.«

Schweine im Dienst des Friedens
und andere Geschichten zwischen Nazareth und den Golanhöhen

Im Jahr 1923 gründeten die ersten Auswanderer den Kibbuz Mizra – junge Juden aus Deutschland und Polen, die damals durch ihr gemeinsames Interesse an der Arbeit, insbesondere am Straßenbau, zusammenfanden. Sie waren es denn auch, die die Verbindungsstraße zwischen Nazareth und Afula bauten. In der Anfangszeit lebten sie in einem eigens zu diesem Zweck errichteten Zeltlager; als sie erfuhren, dass sie von der jüdischen Agentur Land zur Besiedelung erwerben konnten, packten sie die Gelegenheit beim Schopf. Sie kauften ein Stück Land und errichteten darauf ein kleines Dorf, das sich auf einzigartige Weise vom sonstigen Israel unterschied. In der ersten Siedlungsphase dieses Kibbuz gründeten sie große Bauernhöfe, zunächst nur für den Ackerbau. Im Lauf der Jahre wurden die Arbeitsbereiche erweitert, und die Einwohnerzahl stieg. Man begann so mit der Zucht von Kühen, Schafen, Hühnern, Enten, Kaninchen und nicht zuletzt Schweinen. Sie sollten nicht nur Fleisch als Futtermittel liefern, sondern auch weiterverarbeitet werden: zu Würsten und Pastrami beispielsweise. Mit dem Bruch eines religiösen Verbots der Juden, dem Essen von Schweinefleisch, beginnt dann auch die eigentliche Geschichte von Mizra. Und damit nicht genug. Die Bewohner von Mizra fingen an, ihre Überschüsse an die umliegenden Kibbuze zu verkaufen. Als sie merkten, wie begehrt ihre Würste waren, entwickelten sie weitere Sorten und brachten sie in den Handel. Bald verbreitete sich der Ruf Mizras im ganzen Land: erstens als Hersteller der besten Wurstsorten in Israel; zweitens wegen seiner erstklassigen Ausrüstung, mit der es niemand in der nicht koscheren israelischen Küche aufnehmen konnte; und drittens weil es der einzige »jüdische« Ort war, an dem Schweine gezüchtet wurden, zumindest bis 1962.

Mit dem Aufstieg der jüdisch-religiösen Parteien 1962 begann der »fundamentalistische« Vormarsch. Der Präsident der damaligen Regierung, David Ben Gurion, zog es vor, ein Bündnis mit den religiös-orthodoxen Parteien einzugehen. Er wollte nicht mit seinem früheren Bündnispartner, der links-zionistischen Mapam-Partei (die 1994 in der Merez-Bewegung aufging), koalieren. 1962 also erließ die israelische Regierung auf Druck der religiös-fundamentalistischen Parteien ein Gesetz, das die Schweinezucht in »jüdischen« Gegenden verbot. Dieses Gesetz ist noch heute in Kraft. Mit Ausnahme der von Christen bewohnten Gegenden ist die Schweinezucht in Israel illegal. Seither haben Schweine die Tore von Mizra nur tot – geschlachtet – passiert. Das Gesetz begnügte sich jedoch mit dem »Paradox«, nur die Schweinezucht zu verbieten. Die Weiterverarbeitung von Schweinefleisch tastete es nicht an. Etwas Ähnliches gab es (und gibt es) in vielen arabischen und islamischen Ländern. Den Muslimen ist es untersagt, Läden zum Verkauf von Alkohol oder Restaurants und Bars mit Alkoholausschank zu besitzen. Kein Gesetz verbietet ihnen jedoch das Trinken von Alkohol. Nichtmuslime betreiben also weiterhin die Kneipen, während Muslime die Mehrheit der Alkoholkonsumenten stellen. Die Zucht von Schweinen – der Tiere, die von Juden und Muslimen gleichermaßen abgelehnt werden (einer von Dutzenden Bräuchen, die diese sich bekriegenden Religionen vereinen) – wurden zu einer rein christlichen Angelegenheit. Christen züchten die Schweine, und jüdische Betriebe kaufen deren Fleisch von den Eigentümern. Durch das Verbot wollte man religiöse jüdische Bräuche und Traditionen erhalten und seine Anhänger dadurch vor dem Begehen einer Sünde bewahren; man wollte, dass sie weit entfernt von Schweinen leben. (Ich verstehe bis heute nicht, warum

Juden und Muslime ausgerechnet Schweine so entschieden ablehnen, zumal diese Sünde sicher nicht schwerer wiegt als die Sünden von Millionen religiöser Extremisten auf beiden Seiten!) Das Verbot führte zu unvorhergesehenen Ergebnissen: Die Mitglieder des Kibbuz waren zu neuen Produktionsprozessen in der Fleischverarbeitung gezwungen, da es unvernünftig gewesen wäre, die Betriebe zu schließen, vor allem da die Würste zu einer beliebten Marke in Israel geworden waren. Die Lösung lag nahe: in der Stadt Nazareth. In den vergangenen Jahren hat sich die demographische Zusammensetzung der Bewohner von Nazareth verändert; der Anteil an Muslimen übersteigt inzwischen den der Christen, das Verhältnis liegt bei sechzig Prozent Muslimen, vierzig Prozent Christen. Früher war Nazareth die einzige palästinensische Stadt, deren Einwohner mehrheitlich Christen waren.

Seit 1962 hat sich die wirtschaftliche Zusammenarbeit zwischen christlichen Palästinensern und jüdischen Israelis, die der Schweine wegen aufeinander angewiesen waren, weiter entwickelt. Wenn wir uns bewusst machen, welche Rolle wirtschaftliche Interessen bei der Annäherung menschlicher Gesellschaften spielen – selbst wenn sie einander eines Tages meiden werden –, dann müssen wir uns verbeugen und anerkennend den *chapeau* vor diesem Tier ziehen, das aus religiösen Gründen im Nahen Osten verdammt ist: dem Schwein, das gegen niemanden ein Verbrechen begeht, weder gegen Muslime noch gegen Juden, die ganz im Gegenteil großen Nutzen aus dessen Friedensdienst ziehen – mehr noch als aus dem, was israelische, palästinensische und arabische Politiker im Lauf der Geschichte des arabisch-israelischen Kampfes je erreicht haben ... Dank sei also dem Schwein, das die Israelis und die Palästinenser veranlasst hat, zusammenzuarbeiten und einander die Hand zu schütteln, bevor der frühere ägyptische Präsident Sadat den Boden des Flughafens Ben Gurion bei seinem historischen Besuch im Sommer 1977 betrat und dies vielleicht mit dem Leben bezahlte. Ja, auch bevor Jassir Arafat und Jitzchak Rabin (der ebenso mit seinem Leben dafür bezahlte) einander die Hand reichten.

Heute unterhält Mizra enge Beziehungen zur Stadt Nazareth, und die palästinensischen Schweinezüchter blicken wohlwollend auf Mizra, da sie abschätzen können, wie weit die Wurstproduktion dort gediehen ist, insbesondere in den letzten zwei Jahrzehnten seit der Ankunft neuer Schweineliebhaber: in erster Linie russische Juden, die nach dem Zusammenbruch der Sowjetunion nach Israel ausgewandert sind. Sie haben eine wichtige Rolle beim Anstieg der Produktion gespielt. Die meisten russischen Juden wissen nicht, wie man koscher isst. Sie wuchsen in einer kommunistischen Gesellschaft auf, die ihre eigenen Traditionen festlegte. Einige beschlossen, sich in Nazareth oder Umgebung anzusiedeln, einige heirateten sogar in christlich-palästinensische Familien ein. Inzwischen sind die Ehen zwischen russischen Juden und palästinensischen Christen zu einer Mode geworden, die in von beiden Bevölkerungsgruppen bewohnten Gegenden schnell ihre Anhänger fand. Nazareth liegt in einer dieser Gegenden, und der Genuss von Schweinefleisch ist für die Bewohner dort völlig natürlich. Im Jahr 2005 wurden zwei Fleischereibetriebe zu einem vereint; Miteigentümer ist der Kibbuz. Man kann sagen, dass es sich um eine Art Gesetzesumgehung handelt, wie man sie auch in den arabischen und islamischen Staaten findet, etwa wenn ein »muslimischer« Kapitaleigentümer einen Nichtmuslim als Strohmann einsetzt und seine Kneipe unter dessen Namen registrieren lässt, nachdem er ihn durch Kauf- und Verkaufsverträge an sich gebunden und ihm die freie Verfügung über die Kneipe verunmöglicht hat. Der Kibbuz, der auf den auswärtigen Besucher klein wirkt, ist der berühmteste in Israel. Sobald man den Namen ausspricht und erwähnt, dass man dort gewesen sei, zeichnet sich Erstaunen auf den Gesichtern ab: »Ach, das ist doch der Ort, wo die Schweine eine Friedensoperation durchführen!« Diese Worte sind nicht spöttisch gemeint, vielmehr sind sie Ausdruck der allgemeinen Stimmung. Sie bedeuten, dass der Kibbuz die Araber braucht – einer braucht den anderen, und dies stärkt die Beziehung auf beiden Seiten. Wer den Kibbuz besucht, wird Araber zu Gesicht bekommen, die in den

unterschiedlichsten Bereichen tätig sind, insbesondere im Dienst-
leistungssektor, in der Gärtnerei oder dem Restaurant etwa, das
einem arabischen Unternehmer gehört. Auch haben Araber andere
Berufsfelder wie den Baubetrieb, Renovierungen und die elek-
trische Versorgung besetzt, ja alles, was die Technik und Infra-
struktur des Kibbuz betrifft; sie wohnen in der Nachbarschaft und
kommen täglich aus den Dörfern und Städten der Umgebung in
den Kibbuz. Keine der beiden Seiten kann auf die andere verzichten. Ohne die Schweine hätte sich das Vertrauen zwischen ihnen
aber gewiss nicht so weit entwickelt.

Alles, was ich vor meinem Besuch in Mizra über Kibbuze wusste,
hatte ich mir zuvor durch russisch-marxistische Lektüre angeeig-
net. In jenen Texten waren auch Diskussionen zwischen Lenin und
den Befürwortern des Kibbuzsystems innerhalb der »Bundisten«,
einer jüdischen Arbeiterpartei, zu lesen. Als ich mich später in
Deutschland niederließ, machte ich mir eine Vorstellung vom Leben im Kibbuz durch die Erzählungen von Menschen, die dort freiwillig gearbeitet hatten. Diese Kibbuz-Arbeits-Reisen junger deutscher Männer und Frauen sind im Kontext der ideologischen Auseinandersetzungen der sechziger und siebziger Jahre zu verstehen
(wonach sich die Aufmerksamkeit der deutschen Studenten auf
Nicaragua zu richten begann). Damals, als Wohngemeinschaften
und Alternativbewegungen aus dem Boden schossen, romantisier-
ten die Deutschen die Arbeit im Kibbuz und auf genossenschaftlichen Bauernhöfen. Es war eine Sehnsucht nach sozialistischer
Arbeit in einer Zeit, da der Sozialismus die attraktivste Ideologie
war. Für die jungen Deutschen stellte aber die Arbeit im Kibbuz
auch eine Art Wiedergutmachung der deutschen Vergangenheit
dar, des nationalsozialistischen Unrechts, an dem Väter und Groß-
väter beteiligt waren. Doch einige schreckten später nicht davor
zurück, auch für die Palästinenser Partei zu ergreifen, als sie im
Kibbuz den »Rassismus« der genossenschaftlichen Arbeit entdeckt
zu haben glaubten – die nämlich ausschließlich den Juden oblag.

Die Deutschen zogen sich also zurück, weil der Kibbuzgedanke nichts mit ihrer Vorstellung von sozialistischer Genossenschaft zu tun hatte. Man kann diesen Gedanken vielleicht in der alten zionistischen Literatur, vor allem in den Werken aus der marxistischen Strömung – der Bundisten oder der Bauern-Partei –, finden. Dort war oft die Rede von »rein« jüdischer Arbeit, »jüdischem« Sozialismus innerhalb der Kibbuze. Bis heute jedoch kommen Jugendliche aus aller Welt zur Arbeit in den Kibbuz, nur um bei der Ernte auf den Äckern zu helfen.

Wie umfangreich auch immer das Wissen sein mochte, das ich mir im Lauf der Zeit über Kibbuze aneignete – meine Vorstellung blieb doch vage; in ihr vermischten sich Bewunderung und Neugier. Nie hätte ich mir träumen lassen, dass ich eines Tages einen Kibbuz und seinen Aufbau von innen kennenlernen würde. In der hebräischen Literatur gibt es viele Romane, die vom Leben im Kibbuz erzählen. Einer der wichtigsten ist *Ein anderer Ort* von Amos Oz. Als dieser Roman 1966 erschien, war Amos Oz erst fünfundzwanzig Jahre alt. Mosaikartig lernt der Leser das Leben im Kibbuz mit seiner ganzen Vielfalt, seinen großen Unterschieden und allen nur vorstellbaren Verwicklungen kennen. Für jemanden wie mich, der noch nie in einem Kibbuz war, vermittelt dieses Werk fundamentales Wissen, das man nicht mit einem schnellen touristischen Besuch erwerben kann, der das Leben dort auf »romantisch« bunte Art und Weise beschreibt. Das Wissen, das ich meine, hat mit dem Konflikt zwischen dem »Ich« und dem »Wir« zu tun, zwischen dem egoistisch-persönlichen und dem allgemein-kollektiven Wohlergehen, mit einem Wort: dem Konflikt zwischen dem Individuum und der Gesellschaft. Der irakische Dichter Akram al-Watri hatte seinem Freund Sasson Somekh diese Problematik erwähnt, bevor dieser nach Israel auswanderte: »In den jüdischen Siedlungen unternimmt man den Versuch, das sozialistisch-genossenschaftliche Leben im Rahmen der Kibbuze zu fördern. Aber wer kann so ein kollektives Kommunenleben führen, bei dem die eigene Freiheit auf der Strecke bleibt? Wir Araber unterscheiden uns davon durch unseren Hang zu Einsamkeit und Individualismus.« Der Konflikt zwischen Individuum und Gesellschaft existiert nicht nur dort, wo man sich um kein Gleichgewicht bemüht hat, wie etwa in den arabischen Gesellschaften, sondern auch dort, wo man durch einen »Gesellschaftsvertrag« versucht hat, das Miteinander festzulegen. Dies ist die wichtigste Lehre aus dem Roman von Amos Oz: wie schwierig es ist, zu leben und Entscheidungen zu fällen, die dazu führen, dass das »Ich« und das »Wir«, das »Er« und die »anderen« ohne Konflikte miteinander auskommen. Wenn sie gelernt hätten, harmonischer ihr Dasein zu gestalten, hätten sich den ersten Auswanderern nicht solch gewaltige Hindernisse bei der Entwicklung eines neuen »gesellschaftlichen« Projekts in den Weg gestellt.

Auch für die jungen Menschen, die in den Kibbuzen geboren wurden, war dies kein einfaches »Projekt«. Ihre Schwierigkeiten werden besonders evident, wenn sie Liebesbeziehungen miteinander eingehen. Im Roman wird der Fall eines halbwüchsigen Mädchens, das ein Kind von einem verheirateten Lastwagenfahrer in seinem Bauch trägt. Das Mädchen ist hin und her gerissen, ob sie ihrer Mutter folgen soll, die für ein »wohlhabenderes Leben« nach München gegangen ist, um in einem »Nobelbordell« zu arbeiten, oder ob sie im Kibbuz bleiben soll, um dort ihr Kind aufzuziehen. Und wie soll sie sich dem jungen Mann gegenüber verhalten, ihrem Freund, der gezwungenermaßen auf ihre Liebe verzichtet und sie verlassen hat, bevor er zum Militär ging, der bei seiner Rückkehr als »reifer«, vom Leben in der Armee geschliffener Mann aber den Gedanken einer Freundschaft akzeptiert? Wir sollten nicht vergessen, dass der Staat Israel 1966 erst seit achtzehn Jahren bestand. Er hatte gerade das Erwachsenenalter erreicht. Israel ist wie ein großer Kibbuz, eine menschliche und tierische Integrationsfabrik, in der man über die klassischen Konflikte mit der eigenen Persönlichkeit schließlich heranreift. So ergeht es auch den jungen Menschen, die wir in Oz' Roman kennenlernen. Ihr Reifungsprozess läuft parallel zu dem des Landes, in das ihre Eltern einst gekommen waren. Und das Gleiche kann auch für die Kibbuze gesagt werden.

Die Frage, die ich mir immer wieder stelle, seit ich vor Ort war, ist, ob sich dieser »Kibbuz«, den Amos Oz als im Zustand der Pubertät beschrieben hat und der seither mit Israel herangereift ist, inzwischen alt geworden ist und sich dem Ruhestand nähert. Wird er – mit den gewaltigen Veränderungen der Weltgeschichte – eine andere Richtung einschlagen und in die Archive der Geschichte eingehen, insbesondere wenn der »weltweite« Sozialismus als allgemeine Idee »einbalsamiert« ins Museum wandert? In André Malraux' Roman *So lebt der Mensch* sagt der alte Japaner Gisor zu dem jungen Mädchen May, der Freundin seines Sohnes: »Nicht neun Monate, sondern fünfzig Jahre braucht man, um einen Menschen zu schaffen [...] Und wenn dieser dann erschaffen ist und wenn nichts von Kindlichkeit, nichts von Jugendlichkeit ihm mehr innewohnt, wenn er endlich ein fertiger Mensch geworden ist, dann – taugt er nur noch zum Sterben.« Lassen sich diese Worte auch auf das Kibbuzsystem übertragen, das dieses Jahr seinen sechzigsten Geburtstag feiert? Die Antwort, die man in Mizra zu hören bekommt, verbirgt den Optimismus nicht. Auch die Kibbuze haben sich im Lauf der Jahre neuen Bedürfnissen und Lebensbedingungen angepasst. Das von Amos Oz in seinem Roman beschriebene Kibbuzsystem ist zu einer fernen Erinnerung, zur bloßen Folklore geworden. Es wird aber, und das ist besonders wichtig, immer wieder neue Studenten geben, die dem Kibbuz beitreten wollen, und die Zahl der Mitglieder bleibt konstant. Vieles hat sich im Lauf der Zeit im Kibbuzsystem verändert, die Tatsache etwa, dass Araber auf den verschiedensten Gebieten tätig sind oder man mit ihnen Wirtschaftsbeziehungen angeknüpft hat. Das Prinzip aber, auf dem sein System beruht – zugunsten der Gemeinschaft auf das Ich zu verzichten –, ist für die meisten Kibbuze dasselbe geblieben. Mizra ist hierfür der beste Beweis.

Ich wusste nicht, dass das Haus, in dem Avram Kantur und seine Frau Hagar mich empfingen, und sogar die Möbel dem Kibbuz gehören. Beide wurden im Kibbuz geboren und wuchsen dort auf. Hagars Großeltern gehörten – wie Avrams Großeltern auch – zu den ersten jüdischen Einwanderern, die Anfang der zwanziger Jahre aus Polen kamen. Eine Heirat zwischen Juden, die aus demselben Ort stammten, war ein weitverbreitetes Phänomen, das sich erst mit dem Wandel der Lebensumstände abschwächte – Israel hat sich mit der Zeit zu einer Art Heiratsinstitut für die verschiedensten Nationen entwickelt, die durch eine gemeinsame semireligiöse Kultur, gemeinsame Interessen und einen gemeinsamen »Feind« geeint sind. Weil die beiden im Kibbuz blieben, erbten sie von ihren Familien ein Stück Land, auf dem sie das Haus errichteten. Als sie heirateten, war es ein kleines Haus, weil es den Mitgliedern des Kibbuz nicht erlaubt war, eine größere Fläche als vom Kibbuz zugestanden zu bebauen. Erst vor einigen Jahren erlaubte man dem Ehepaar mit vier Kindern, ihr Haus zu erweitern. Heute hat das Haus bei etwa hundert Quadratmetern Wohnfläche ein Wohnzimmer, zwei Schlafzimmer, ein Bad und natürlich eine Küche. Man erlaubte ihnen, ein zweites Stockwerk daraufzusetzen, das Avram als Arbeitszimmer nutzt – dort stehen auch die Bücherborde. Die älteren Kinder, ein Sohn und eine Tochter, arbeiten. Die anderen beiden – noch ein Sohn und eine Tochter – dienen als Wehrpflichtige beim Militär: Ihr Sohn kann sie nur während des monatlichen Urlaubs besuchen, weil seine Einheit in der Negev-Wüste im Süden des Landes stationiert ist; ihre Tochter kommt hingegen jedes Wochenende von Freitagnachmittag bis Samstagabend nach Hause. Beide Kinder denken darüber nach, nach Ende ihrer Wehrpflicht nach Indien zu reisen, um dort mindestens ein Jahr zu verbringen, weil sie sich – wie derzeit viele israelische Jugendliche beiderlei Geschlechts – von der Verantwortung und all den Strapazen beim Militär »erholen« wollen. Aber was kommt danach? Nach ihrer Rückkehr? Werden auch sie dem Kibbuz beitreten, um dort zu arbeiten? Nein – keiner der vier möchte in den

Kibbuz zurückkehren und in die Fußstapfen der Eltern treten. Damit sind sie nicht die Einzigen. Tausende junger Israelis, die in Kibbuzen geboren wurden und dort aufwuchsen, möchten nicht mehr dem Beispiel ihrer Eltern und Großeltern folgen. Für die meisten von ihnen gehören die Traditionen des Kibbuz einer vergangenen Zeit an, die nicht mehr ihren persönlichen Bedürfnissen entspricht. In einer Zeit des Individualismus, des ausweglosen Kapitalismus und Neoliberalismus ist das nicht verwunderlich. Wer aber den Zusammenbruch des Kibbuzlebens oder das Verschwinden einiger Kibbuze für Zeichen des Fortschritts hält, der irrt sich. Im Kibbuz lernt man von Kindheit an, in der Gemeinschaft zu leben. Den Israelis der Generation Avrams und Hagars merkt man an ihrem Umgang mit anderen Menschen, ihrer Hilfsbereitschaft und Liebenswürdigkeit Fremden gegenüber an, dass sie im Kibbuz zur Welt kamen und dort aufwuchsen. Im Kibbuz lernt ein Kind schon im Kindergarten, sich zu bescheiden und sein Ich dem Dienst an der Gemeinschaft unterzuordnen. Diese Erziehung fließt auch in die persönliche Entwicklung in der Schulzeit mit ein, und der junge Mensch nimmt sie später auch ins Arbeitsleben mit. Wenn dieses System ausstirbt, bleibt den Israelis nur noch die Armee als kollektive Erfahrung. Dies verstärkt im Ergebnis die Militarisierung des Lebens in einem Land, das an sich schon eine Kaserne ist, weil Israel darauf besteht, die nach 1967 besetzten arabischen Gebiete zu behalten – aber dies ist eine andere Geschichte. Wenn die jungen Leute den Kibbuz verlassen, müssen die Kibbuzniks nach neuen Formen der Arbeitsorganisation und der Eigentumsverteilung suchen. Viele Mitglieder wollen erreichen, dass ihre Kinder automatisch das Haus erhalten, in dem ihre Eltern gelebt haben. Auch sollen sie in dieses zurückkehren dürfen, wann immer sie wollen, vor allem, wenn die Kibbuzniks ihren Kindern außer diesem Haus kein weiteres Vermögen vermachen können. Der Kibbuz ist, so sein ursprüngliches Konzept, der einzige Garant für alles, einschließlich des Lebens der Kinder – angenommen, sie arbeiten weiterhin dort! Es gibt nichts im Kibbuz, von dem man sagen könnte, es sei individuelles Eigentum. Selbst wenn etwas jemandem gehört, teilt die Gemeinschaft es unter sich auf, kann es – je nach Bedarf – von einem zum anderen weitergereicht werden. Außer dem »Privathaus« und den einfachen Möbeln, mit denen es ausgestattet ist, gibt es für keines der Kibbuzmitglieder einen Besitz, und selbst dieser ist an Bedingungen geknüpft. Das Frühstück wird, wie alle anderen Mahlzeiten auch, gemeinsam zu einem festgelegten Zeitpunkt im »Esszimmer« eingenommen. Dort werden auch persönliche Feste und staatliche Feiertage kollektiv begangen. Die Kinder besuchen zunächst die Kibbuzkrippe, später die dortige Schule und verlassen den Kibbuz, wenn sie zur Armee müssen. Jedes Jahr bestimmen die Kibbuzmitglieder eine Verwaltung, die die Tätigkeiten im Innern des Kibbuz koordiniert. Die Arbeit wird zwar freiwillig ausgeführt, die Kibbuzleitung kann jedoch die Mitglieder zu gewissen Tätigkeiten verpflichten. Jedes Kibbuzmitglied wird entsprechend seiner Fähigkeiten eingesetzt oder verrichtet eine Arbeit zum Vorteil des Kibbuz. Sein Gehalt übergibt es der öffentlichen Kasse, selbst wenn es – wie Avram, der einen Verlag leitet – einem Beruf außerhalb des Kibbuz nachgeht. Im Gegenzug erhält das Mitglied Coupons, mit denen es im Supermarkt des Kibbuz zu günstigen Preisen einkaufen kann. Alle Gewinne, die der Kibbuz macht, gehen an die Mitglieder zurück. In Mizra werden diese Gewinne auf verschiedene Art und Weise erzielt: durch die Fleischproduktion, den Verkauf von Wurstwaren, Gemüse und Obst und durch den Supermarkt, in dem nicht nur die Mitglieder des Kibbuz ihren Bedarf decken, sondern auch Fremde einkaufen wie etwa die Studenten und Touristen, die in den vom Kibbuz vermieteten Zimmern wohnen. Hinzu kommen die Beiträge der Vereinten Nationen, die dort in Zusammenarbeit mit der Kibbuzverwaltung Kurse für neu gegründete Staaten veranstalten. All das trägt zum Gewinn der öffentlichen Kasse bei, der an die Kibbuzbewohner fließt. Auch die Transportfahrzeuge sind im Besitz des Kibbuz. Wer ein Auto braucht, muss sich einen Tag zuvor anmelden, damit man ihm eines bereitstellt. »Waschküche« und alles, was mit dem Waschen, Säubern und Bügeln zusammenhängt, wird in der Regel von Frauen um die sechzig kollektiv ausgeführt. Jedes Kibbuzmitglied befestigt eine bestimmte Nummer auf dem Kleidungsstück, das seiner Familie gehört; diese Nummer bleibt dort auch, wenn jemand das Kleidungsstück trägt. (Es packte mich das Grauen, als ich davon hörte, weil es mich an die unmenschlichen Praktiken der Nazis in den Konzentrationslagern erinnerte.)

Dies alles wirkt aus theoretischer Sicht wie ein großartiges System. Aber entspricht dieses Bild auch der Wirklichkeit? Gabriel García Márquez hat einmal geschrieben, dass jede glückliche Ehe auf einer Lüge beruht. Baut dann auch das angeblich so »glückliche« Kibbuzleben auf einer Lüge auf? Gibt es im Kibbuzleben etwa keine Probleme? Inaam hat Hagar gefragt – ja, es gebe Probleme, niemand verstecke sie, die Kibbuzbewohner besprechen sie, und auf ihrer nächsten Versammlung wollten sie versuchen, einige Streitigkeiten zu bereinigen. Die Mehrheit möchte Probleme weiterhin nach den Richtlinien der Kibbuzverwaltung lösen. Aber im alltäglichen Leben ist das schwierig. Einige sagen etwa, man müsse die Gehälter gerechter bemessen. Es sei nicht gut, wenn jemand weniger Geld erhält, als es den aufgewendeten Mühen entspricht, oder wenn jemand, der wenig arbeite, ein hohes Gehalt einstreiche. Dies sei nur der erste Punkt, den man ändern müsse, der nächste ist das Besitztumsrecht. Wie aber soll das Leben im Kibbuz weitergehen, wenn ein Großteil der Jugendlichen es ablehnt, dort zu arbeiten, und wenn die noch tätige Generation, die heute so alt ist wie der Staat Israel, in fünf oder sieben Jahren das Pensionierungsalter erreicht? Werden die Kibbuze aussterben? Wenn die Kibbuze aussterben, was geschieht dann mit dem großen Kibbuz: der Fabrik Israel? Wird sie auch verschwinden, insbesondere da die Auswanderungsrate den Statistiken zufolge ansteigt und die Geburtenzahlen im Gegensatz zu denen der Palästinenser schrumpfen? Fragen, auf die es noch keine Antwort gibt.

2

Im Kibbuz gab es einige Palmen. Die auffälligste stand ganz für sich in der Mitte eines kleinen Feldes in der Nähe des Hauses von Avram und Hagar. Es war eine dicke kurze Palme, nicht so hoch gewachsen wie die Palmen, die ich aus meiner Kindheit kenne. Sie war anders. Ihr Wuchs erinnerte mich an die Palme, die ich einmal zum Protagonisten in einem Roman machen wollte, der *Palma Sola – die einzige Palme –* heißen sollte. Auch jene Palme war eine besondere unter all den anderen, die stets nebeneinander wachsen und einander brauchen. Je dichter sie zusammenstehen, desto höher und schneller wachsen sie. Und diese Palme? War sie so kurz, weil sie so weit weg von den anderen Palmen gepflanzt worden war? Oder hatte sie sich während all der Jahre fremd gefühlt und begonnen, sich immer mehr von ihren Geschwistern, von den anderen Palmen zu entfernen, die schön aufeinander abgestimmt in Reih und Glied die Straßen des Kibbuz säumten? Vielleicht wollte sich ja die alleinstehende Palme zurückziehen. Es war März. Die Früchte, die die Palme trug, waren noch klein und grün, fast gelb; im Irak nennen wir sie *challal.* »Diese Palme ist beeindruckend«, sagte ich zu Avram, als wir am Nachmittag des ersten Tages nach unserer Ankunft spazieren gingen. »Hier gibt's viele«, erwiderte Avram und meinte damit die anderen Palmen. Ich wollte ihm sagen, dass ich die *eine,* einzigartige Palme und keine andere gemeint hätte, aber stattdessen verfiel ich während unseres Streifzugs durch die benachbarten Felder in einen inneren Monolog ...

Ich war von meinen Großvätern aufgezogen worden, die beide auf bestimmte Art und Weise mit Palmen zu tun hatten. Mein älterer Großvater – väterlicherseits – arbeitete Jahrzehnte lang als Gärtner im Park des englischen Friedhofs in 'Amara. Unter seinen Händen verwandelte sich der Park in ein Paradies. Ich sah, wie er sich bevorzugt um die Palmen kümmerte, jede einzelne untersuchte und inspizierte, sie sanft betastete, als wäre sie sein Kind. Zuweilen bemerkte ich, wie er mit ihnen sprach. Seine Stimme klang dann, als spräche er mit einem ihm vertrauten Menschen. Wenn ich ihn darauf anredete und meinte: »Die Palmen sind doch keine menschlichen Wesen! Sie haben keine Ohren, mit denen sie hören könnten!«, schaute er mich an und lachte. Dann antwortete er mir, dem noch kleinen Jungen: »Wenn du älter wirst und viele Jahre in der Nähe von Palmen gelebt hast, wirst du begreifen, dass sie dir nicht nur zuhören, sondern nach dir rufen, sobald sie dich näher kommen sehen. Ja, ich bin imstande zu verstehen, was eine Palme fühlt. Schau dir nur an, wie sie ihre Blätter bewegt! Siehst du die Flüssigkeit, die aus ihrer Rinde tropft? Das sind ihre Tränen. Sie bedeuten, dass die Palme traurig ist. Sie weint um ihr Kind, den Schößling, der an ihrer Brust gewachsen ist. Vielleicht ist er krank oder gestorben. Das ist die stärkste Art von Traurigkeit. Wann immer eine Palme Schößlinge verliert, bricht sie in Weinen aus. Schau nur ihre Rinde an! Sie zeigt dir das Maß ihrer Traurigkeit.« Viele Jahre später verstand ich, warum die Menschen bei uns die trockne, brüchige Rinde der Palme »Qual«, »Traurigkeit«, »Kummer« oder »Sorge« nennen – es sind verschiedene Formen der Trauer.

Faradsch Jussif, mein jüngerer Großvater – mütterlicherseits –, arbeitete drei Jahrzehnte als Inspektor der öffentlichen Dattelexportgesellschaft in Basra. Wenn ich damals die Frühlings- und Sommerferien bei ihm verbrachte, nahm er mich mit nach Ma'qal, wo sich in der Nähe der Betriebe und der Lager der Dattelexportgesellschaft der Flughafen, der Bahnhof und der Marinestützpunkt befanden. Ich kletterte mit ihm in die zur Abfahrt bereiten Waggons. Jedes Mal sah ich meinen Großvater die aufgereihten Blechkanister gefüllt mit Mandeln, Walnüssen und Datteln zählen. Bei den Datteln handelte es sich um die verschiedensten Sorten, die die einheimische Bevölkerung gar nicht aß, weil der Staat sie für den Export bestimmt hatte. Hundertvierundvierzig Sorten würden allein nach China geschickt, antwortete mir mein Großvater auf die Frage, wohin die Reise denn ginge. Es gebe eine Sorte, die aus Gram, sich von ihrem Land trennen zu müssen, vergehe, belehrte er mich. Mehr als bei den anderen Sorten kippe der Geist dieser

Dattelsorte um, sobald ihre Reise ins Land der gelben Rasse bevorstehe; es handle sich um die Sorte der »barhi«-Datteln. Er nahm für mich eine »barhi«-Dattel aus einem Blechkanister, den man für die Inspektion offen gelassen hatte. Er bat stets darum, die Blechkanister der »barhi«-Datteln und keiner anderen offen zu lassen, da die anderen Sorten die Fremde ertrügen, so mein Großvater. Der Geist dieser »barhi« aber, gepriesen sei Gott, kippe um, sobald sie in die Blechkanister gefüllt und gedrückt werde. Wenn er sah, wie mein Gesicht sich vor Traurigkeit zusammenzog, lachte er und reichte mir eine Dattel zum Essen. »Menschen ähneln den Datteln sehr«, meinte er dann. »Ihr Geist verflüchtigt sich, wenn sie sich von dem Ort trennen sollen, mit dem sie vertraut sind.« Mein Großvater verwendete seltsamerweise nie das allgemein übliche Wort »Heimat«, sondern sagte: »Der Ort, der dem Menschen vertraut ist.« Es konnte jeder Ort sein, wichtig war nur die Vertrautheit. Der Ort, mit dem ein Mensch vertraut ist, ist ihm seine Heimat. Nach einigen Jahren, als ich älter wurde, verstand ich, was er damit meinte. Er war in dem kleinen Ort Kumait geboren, in der Nähe der Stadt 'Amara, und hatte seine Heimat als kleiner Junge verlassen. Für seine Arbeit zog er ständig von einem Ort zum anderen, fand aber bis zu seinem Tod keine zweite Heimat. Damit ich ihn besser verstehen konnte, fügte er hinzu: »Jemand wie du, der mit diesem Ort hier so vertraut ist, würde sicher gern für immer mit mir in Basra bleiben.« Dann zwickte er mich in die Wange. »Dein Herz würde dahinschmelzen, wann immer du nach 'Amara reist.« Mein Großvater Faradsch war, entgegen seinem strengen Ruf, mit mir immer zu Späßen aufgelegt, doch seine scherzhaft gemeinten Worte prägten sich mir seit damals ein und begleiten mich bis heute. Solche Dinge hatten damals auf ein Kind in meinem Alter große Wirkung. Er wusste ebenso gut um meine Beziehung zu Basra, wie mein anderer Großvater um meine Beziehung zu den Palmen wusste. Viele Jahre später, als die Mühlen des Krieges zu mahlen begannen und die Zerstörungen im Land um sich griffen, waren die Palmen die ersten Opfer. Man glaubt, dass die Palmen

Selbstmord begehen, wenn sie etwas nicht mehr ertragen. Den Selbstmord der Palmen habe ich in meinem Roman *Die Reise nach Tell al-Lahm* beschrieben und danach, so dachte ich, vergessen. Ich hatte nicht für möglich gehalten, dass ich noch einmal an sie erinnert werden würde, und wo? In Israel, im Kibbuz Mizra, beim Anblick dieser Palme! Alles an dieser Palme war sonderbar. Ich redete mir ein, dass es »Palma Sola« sei, eine von Einsamkeit zerrissene, von Traurigkeit bedrohte Palme. »Man vermutet, sie sei sehr alt«, sagte Avram, der meine Gedanken wohl erahnt hatte. »Aber das stimmt gar nicht. Sie steht dort erst seit ungefähr fünfzig Jahren und ist jünger als Israel.« Wie gern hätte ich ihr all die Geschichten erzählt, die ich von den Palmen wusste. Aber ich fragte nur mich selbst: Warum beschwere ich seinen Kopf mit solchen Geschichten? Und ich beschloss, die Geschichten bei mir zu behalten, wenigstens bis zum zweiten Abend, als wir ein Konzert in einer kleinen Stadt Nahlal in der Nähe von Mizra besuchten.

Nahlal ist eng mit dem Namen Moshe Dayan verknüpft, dem israelischen Verteidigungsminister, der bei den Arabern berühmt wurde, als er sie im Sechstagekrieg am 5. Juni 1967 besiegte. In meiner Erinnerung ist der Ort seit jenem Konzertabend mit einer Geschichte verknüpft, die ich nach der Darbietung im Saal der öffentlichen Bücherei hörte. Bei dem Konzert waren nur sehr wenige Gäste anwesend, die meisten waren Ehepaare im fortgeschrittenen Alter. Als wir nach dem Konzert von den Musikern eine CD der eben gespielten Stücke kauften, näherte sich uns ein Bekannter Avrams. Er war etwa Mitte vierzig oder älter und arbeitete als Lehrer in Nahlal. Er begrüßte uns, als würde er uns schon lange kennen, und stellte uns seine Familie vor, seine Frau und seine Tochter. Die Geschichte, die er mir in jener Nacht erzählte, ließ mich viele andere Begebenheiten und Geschichten vergessen. Er äußerte, er sei sehr froh, dass ich in Basra geboren sei. Es sei für ihn unvermeidlich, mich kennenzulernen, weil alles, was mit Basra zu tun habe, ihn unendlich glücklich mache. Als ich ihn fragte, ob seine Familie ursprünglich aus Basra stamme, erwiderte er mit einem breiten Lächeln auf den Lippen: »Nein, das wäre nicht Grund genug! Wegen der Palmen in unserer Gegend«, rief er. »Jede Palme hier stammt aus Basra. Nicht nur in den Gärten der Kibbuze, sondern alle Palmen, die Sie hier im Norden Israels, in Galiläa, sehen, stammen aus Basra.« »Auch die Palmen in Mizra?«, fragte ich ihn. »Vor allem in Mizra.« Daraufhin erzählte er mir eine Geschichte, die Geschichte *seines* Großvaters. »In der Zeit vor dem Suez-Krieg reiste mein Großvater in besonderem Auftrag in den Iran, in die Stadt Muhamra, um genau zu sein. Von dort brachte ihn heimlich ein Schmuggler mit einem Boot nach Basra, da er als Israeli nicht offiziell einreisen konnte. Er gab sich als französischer Kaufmann aus. Die Aufgaben, die auf seinen Schultern lasteten, waren gewiss nicht leicht, aber er bestand darauf, auch noch Palmschößlinge von dort mitzubringen. Stellen Sie sich das vor: siebzigtausend Palmschößlinge von einer guten Sorte! Zweifellos wusste er, dass es in Jordanien und im Süden Israels – in der Negev-Wüste oder in der Westbank – Palmen gibt. Aber ich habe ihn oftmals sagen hören: ›Es gibt nur einen Baum auf der Welt, der den Namen Palme verdient, und das sind die Palmen, die im Irak wachsen, in Basra.‹ Er liebte die Palmen dort, die Palmen Basras. Und es gelang ihm, seinen Auftrag auszuführen, allen Gefahren, denen er ausgesetzt war, zum Trotz. Innerhalb weniger Wochen konnte mein Großvater siebzigtausend Schößlinge kaufen. Er verfrachtete sie heimlich auf ein Schiff, das unter zyprischer Flagge fuhr. Nicht unter französischer Flagge und als französischer Kaufmann, wie ursprünglich geplant. Es war, als hätte er die über dem Suez-Kanal heraufziehende Krise erahnt: Die ägyptische Regierung hatte französischen und britischen Reedereien den Zugang zum Suez-Kanal verwehrt. Die Schößlinge aber kamen wohlbehalten in Israel an. Die dortigen Palmenexperten interessierten sich ganz besonders für sie und erwogen, eine eigene Zucht aufzubauen. Man müsse nur ein paar notwendige Bedingungen erfüllen, die sie zum Leben bräuchten, so dachten sie. Dann könnten sie dieselben Früchte tragen wie im Irak. Doch einige erzählten, dass die irakische Palme so störrisch sei wie ihre Urbesitzer – es falle ihr nicht leicht, sich in der neuen Heimat zu akklimatisieren. Als wegen dieser Schwierigkeiten viele Bauern die Schößlinge zurückgeben wollten, entstanden neue Probleme. Weder die Spezialisten noch die Bauern waren sich bewusst, dass die Palme – wenn man sie zweimal entwurzelt – es nicht erträgt, weit weg von denjenigen zu wachsen, die mit ihr aus demselben Boden Wasser tranken und mit denen sie durch das Salz der Erde verbunden war. Mein Großvater pflegte zu bemerken, dass es sich dabei um eine Art Liebe handle, die nur die Liebenden kennen würden. Daher ließen die Bauern ihn stets holen, wenn sie vor einer neuen Schwierigkeit standen. Er sollte erneut die Register inspizieren und ein weiteres Mal die Nummern der Schößlinge vergleichen, um sicherzugehen, dass man sie allesamt nebeneinander gepflanzt hatte. Diese Angelegenheit betrieb man durchaus mit einem Fünkchen Humor, mein Großvater aber war immer mit Eifer bei der Sache. Schließlich waren es seine Schößlinge, die von weither herangeholt worden waren. Sie mussten ja gedeihen. Sobald ein Problem auftauchte, fanden die Spezialisten und Bauern mit Hilfe meines Großvaters die Schößlinge, die sich einen Platz teilten – mit Ausnahme eines einzigen.«

Hier hielt der Mann inne und blickte lächelnd in Avrams Gesicht. »Für den Schößling, der zu der dicken Palme heranwuchs – zu der Palme, die für sich allein neben Avrams und Hagars Haus steht – hat man zwei Monate lang nach einem Partner gesucht, aber vergeblich. Es war, als sei sie schon im Irak allein gewachsen und plötzlich entwurzelt worden. Vielleicht hatte der Wind ihren Samen mit der Luft fortgetragen und am erstbesten Ort in Basra fallenlassen, ehe man sie herausriss und nach Mizra brachte. Vielleicht war es ihr Schicksal, zweimal allein zu wachsen. ›Es ist schwer, die Fremde zweimal zu ertragen‹, hörte ich meinen Großvater (mütterlicherseits) einmal sagen. Vielleicht hat dies dazu geführt, dass sich die dicke Palme schließlich in ihrem Aussehen von den anderen unterschied.«

Er musste seine Geschichte nicht beenden. Als ich erfuhr, dass sein Großvater ein Buch über dieses Abenteuer geschrieben und darin ein ganzes Kapitel diesem Schößling gewidmet habe, hatte ich den unbändigen Wunsch, den Saal zu verlassen, um sofort zu dieser Palme zu gehen. Dies war natürlich an dem Abend nicht möglich. Später saßen wir dann auf dem Heimweg alle in tiefes Schweigen gehüllt im Auto. Da malte ich mir aus, dass auch wir Schößlinge seien, die vielleicht mehr als einmal vom Liebsten getrennt worden wären, ohne Ahnung, wohin man uns bringen würde. Als wir wieder zu Hause waren, stellte Avram kleine Gläser auf den Küchentisch und schenkte uns Dattellikör ein. In dieser Nacht sollten wir ihn zum ersten Mal in unserem Leben trinken. La-Chaim, sahha – zum Wohl – riefen wir einander zu, als wir mit den Gläsern anstießen und das frische und klare Getränk dickflüssig unsere Kehlen hinabbrann. Ich betrachtete erst Avram, dann Hagar. Während unseres Gesprächs waren ihre Stimmen voller Liebenswürdigkeit, aber nicht frei von einer Trauer, die wir während unseres Aufenthalts auch auf ihren Gesichtern bemerkt hatten. Vielleicht handelte es sich bei dieser Trauer um die Traurigkeit, die die Palme heimgesucht hatte, als man sie dem Ort ihrer Kindheit entriss? Ich warf einen Blick durch das Fenster, dem sie den Rücken zuwandten. Die Nacht war sternenklar, und ich konnte den kleinen Garten vor ihrem Haus erkennen. Die Palme befand sich nicht dort; das wusste ich. Sie stand an einem anderen Ort – hinter dem Haus. Vielleicht hatte mich der Dattellikör etwas benommen gemacht und mir erschien die Palme deshalb so weit entfernt. Aber ich musste nur die Augen schließen, um zu spüren, wie sie sich an mich schmiegte, ganz und gar, mit Stamm und Blättern. Welch eine Traurigkeit mochte diese Palme während der vergangenen fünfzig Jahre gequält haben, welcher Kummer, welcher Gram, welche Mühen, welcher Schmerz? Welchem Leid hatte sie sich hingeben müssen? Sie hatte sogar die Trennung von ihren Gefährten, den Wurzeln, dem Wasser und dem Salz der Erde, ertragen. War sie deshalb so dick und eigenbrötlerisch geworden wie ein alter Krieger, der sich hinter seiner eisernen Rüstung verschanzt, oder wie jemand, der, des Lebens überdrüssig, eine trennende Hecke um sich hochgezogen hat und sagt: »Selbst mein eigenes Messer kann mich nicht erreichen, um mich zu verletzen.« Was wäre gewesen, wenn ich zu dieser späten Stunde hinausgegangen wäre, mich ins Gras gesetzt, den Rücken an ihren Stamm gelehnt und mit ihr gesprochen hätte, wie früher mein Großvater? Wenn ich ihr Geschichte über Geschichte erzählt hätte, welche auch immer? Ihre Geschichte oder die von Avram und Hagar? Unsere Geschichte, Inaams und meine? Oder die Geschichte all jener Menschen, die man den Orten ihrer Kindheit entrissen und weit entfernt von ihrer Heimat ausgesetzt hat? Wer von uns ist des Namens würdig, auf den ich sie taufen will: »Palma Sola«? Ist sie es, die dort allein weint und den Kummer Avrams und Hagars teilt? Oder sind wir es, die wir sie ab jetzt überallhin mitnehmen werden, wo auch immer wir hinreisen?

3

Hier ließ sich Maria mit Josef nieder. Hier kam der Engel Gabriel zur Erfüllung einer Sondermission herab: dieser Frau zu verkündigen, dass Gott sie und keine andere auf der Welt auserwählt habe, von ihm schwanger zu werden. Von hier stammt Jesus Christus, der »Gottessohn«. Hier wuchs er auf und verbrachte seine Jugend. Hier predigte er zu den Menschen, bevor ihn die römischen Soldaten verfolgten. Von hier brach er zu einer Reise auf, auf der er überall seine Spuren hinterließ. Den Berg, der sich vor ihm spaltete, als er vor den kaiserlichen Soldaten auf der Flucht war, besuchen die Menschen noch heute und erbitten von ihm die Erfüllung ihrer Wünsche. Er ist zu einem Wallfahrtsort geworden, so wie jeder Ort, der etwas mit ihm, seiner Mutter oder seinem »legitimen« Vater zu tun hat: das Haus, in dem Maria wohnte und die frohe Botschaft empfing, das Haus, in dem sein Vater, Josef, der

Zimmermann, lebte – alles heute noch heilige Orte. Pilger aus aller Welt besuchen sie. Die Kirche aber, die Giovanni Muzio im Jahr 1969 an der Stelle erbaute, an der den Heiligen Schriften nach Gabriel herabkam, ist zur größten ihrer Art im Nahen Osten geworden. Sie ist für die Pilger die letzte Erholungsstätte in der Stadt, bevor sie sich anderswohin in Galiläa aufmachen und weiter auf Jesu Spuren wandeln, der dort verfolgt wurde. Wer auf dem Hügelzug steht, auf dem die Stadt liegt, sieht unter sich die weite Ebene, die sich bis zum Jordan ausbreitet, mit dessen Wasser Jesus seine Füße benetzte. Er wird die Wege erkennen, die Marias Sohn entlangeilte, um nicht in die Hände der römischen Soldaten zu fallen. Seine Jünger haben hier auf diesen Höhen gerastet. Hier haben sie still geweint und für ihn gebetet, damit er nicht sterbe. Hier flehten sie zu Gott, dass er ihn ihnen als ein neues Wunder lebendig zurückgebe. Heute scharen sich auf dem Hügelzug mit Digitalkameras ausgerüstete Touristen aus aller Welt, die über Jesus sprechen, als sei er ein alter Vertrauter.

Al-Nasira, besser bekannt unter dem Namen Nazareth, die heilige Stadt, die ihren Platz zwischen den Hügeln zu bewahren verstand, ist mit etwa siebzigtausend Einwohnern eine der größten Städte Israels. Bis vor kurzem waren ihre Einwohner mehrheitlich Christen. Heute haben sich die Proportionen verändert, und die Muslime sind zu ihren »streitsüchtigen«, nicht übersehbaren Rivalen geworden. Beim Betreten der Stadt bemerkt der Besucher sofort ein gewaltiges Gebäude, das gerade mitten im Zentrum gebaut wird: eine Moschee, die den Anspruch erhebt, die größte der ganzen Region zu sein. So ist es im Nahen Osten: Dinge müssen immer am größten oder am imposantesten sein. Und wenn schon die »Verkündigungskirche« – eine der zwanzig vom Italiener Giovanni Muzio erbauten Kirchen – das größte christliche Gotteshaus im Nahen Osten ist, warum sollte dann nicht auch die Moschee in der gleichen Pracht erstrahlen? Die Logik extremistischer Muslime propagiert Gerechtigkeit, Wahrheit, Gleichheit – eine Logik, die in demokratischer Gleichberechtigung nur ihren Vorteil sieht, selbst

wenn ihre sonstigen Forderungen Probleme und Provokation ver-
ursachen würden. Das Problem ist nicht der Bau der Moschee,
sondern der hoch gelegene Platz, auf dem man sie unbedingt errichten wollte. Dies bedeutet nämlich, dass nach ihrem Bau den
Besuchern der Blick auf die Verkündigungskirche verstellt ist. Am
Ende »verlangten die Christen von der israelischen Regierung, den
Streit beizulegen und die Bautätigkeit zu stoppen«, erklärte Avram, als wir Nazareth besuchten. Dann fügte er hinzu: »Zweifellos
eine mühevolle Aufgabe.« Selbst Nazareth konnte sich also nicht
vor der Gefahr der Gläubigen retten, erwiderte ich Avram. Sein
Kommentar: »Später werden sie behaupten: ›Wir sind Brüder. Der
zionistische Feind wollte Zwietracht in unseren Reihen säen.‹«

Nach Jerusalem, Tel Aviv und Haifa ist Nazareth die palästinensische Stadt, die unter meiner Generation im Irak am berühmtesten ist. Ihr Ruhm übertrifft möglicherweise den von Haifa. Jerusalem ist für alle drei Religionen eine heilige Stadt, und Tel Aviv ist
die Hauptstadt Israels oder, wie es im nationalistischen Vokabular
der Araber heißt, die Hauptstadt des »zionistischen Feindes«. Für
die meisten Menschen ist Tel Aviv auch dann die Hauptstadt geblieben, nachdem der Regierungssitz nach Jerusalem verschoben
wurde. Haifa ist der moderne, von den Engländern angelegte Hafen. Für viele aus der Generation meines Vaters und Großvaters ist
der Name Haifa jedoch mit der »Haifalinie« verbunden, der Öl-
Pipeline, die vom Irak bis nach Haifa führte, um irakisches Öl
durch das Mittelmeer zu leiten. Und Nazareth? Was bedeutet Nazareth den Jugendlichen, die ohne religiöse Erziehung aufgewachsen sind und demnach keinen Bezug mehr zur Bibel haben?

Wenn Jesus Christus die Stadt weltweit bekannt gemacht hat,
dann hat Taufiq Ziad – ein Sohn Nazareths, der die Stadt bis zu
seinem Tod (er wurde nicht einmal siebzig Jahre alt) nicht verlassen hat – Nazareth in den arabischen Staaten, vor allem in der
Generation der gebildeten linken Jugend, berühmt gemacht. Gewiss hätte die Stadt Nazareth auf dem Hügelkamm nahe zu Gott

und weit weg von den Sünden der Menschen stolz verharrt, weil ihre Bevölkerung das Überleben in eine Kunst verwandelte, wenn Taufiq Ziad, der Dichter, die Stadt nicht in ein Gedicht verwandelt hätte, das die jungen Literaten meiner Generation ständig wiederholten. Für uns war Nazareth das Modell für den richtigen Umgang einer palästinensischen Stadt mit Israel, nicht aber das Modell, das die Dogmatiker der Palästinensischen Befreiungsorganisation propagierten. Ziad rief nicht zur Gewalt oder zum Kampf gegen Israel auf. Er war ein mutiger Staatsmann und Politiker, der die israelische »Demokratie« verstand und wusste, wie er sich für das Wohl der Bevölkerung auf friedliche Weise einsetzen musste und für Nazareth mit Hilfe des von ihm jahrelang geführten Stadtrats das erreichen konnte, was sonst keiner anderen Stadt gelang. Bei mehr als einer Gelegenheit erklärte Taufiq Ziad, dass er vor allem ein israelischer Kommunist sei, der sich ein Arbeitsleben ohne Juden nicht vorstellen könne. Er hatte jahrelang mit Juden zusammengearbeitet, und vielleicht hatten diese Routine und der Wunsch nach einem friedlichen Zusammenleben dazu geführt, dass er sich von Anfang an von den anderen, radikalen palästinensischen Politikern unterschied – nicht nur von den Politikern muslimischer Herkunft wie Jassir Arafat, Abu Dschihad, Abu Ijad und der ganzen muslimischen Clique, die sich um den palästinensischen Führer scharten und sich paradoxerweise einer nach dem anderen in den Kampf-Aktionen liquidieren ließen. Er unterschied sich auch von jenen Politikern, die, wie er, christlicher Abstammung waren: George Habasch etwa, Chef der palästinensischen Volksfront zur Befreiung Palästinas, oder Naif Hawatma, Chef der demokratischen Front zur Befreiung Palästinas. Beide Politiker erlangten Berühmtheit, weil sie sich als Erste zu den Prinzipien des bewaffneten marxistisch-leninistischen Kampfes bekannten, des Bandenkriegs, der Selbstmordattentate, der Flugzeugentführungen und des Mordes an Unschuldigen – legitimiert durch den Grundsatz: »Das Ziel rechtfertigt die Mittel.« (Anders, als viele meinen, kamen die ersten Selbstmordattentäter zunächst nämlich nicht aus den Reihen der Muslime!) Der friedliche Weg, den Taufiq Ziad beschritt und der Gandhis Ideen wesentlich näherstand als Marx', brachte eine Anzahl friedlicher »linker« Jugendlicher dazu, mit ihm zu sympathisieren; er führte dazu, dass Nazareth in aller Munde war. Hinzu kam, dass die Stadt eine eindeutig friedliche Geschichte hat – als bliebe Jesu Wohnort gar nichts anderes übrig. Dieser idealistische Gedanke stand dem »romantischen« Traum der Jugendlichen meiner Generation näher, die – weit entfernt von religiösem oder nationalistischem Fanatismus – nach einer friedlichen Lösung für den arabisch-palästinensischen Konflikt suchten. Die siebziger Jahre, in denen sich meine Generation literarisch öffnete, waren auch die Jahre der Sympathisierung mit der Linken. Neben seiner Führungsrolle innerhalb der kommunistischen Partei Israels, »Rakah«, war Taufiq Ziad Mitglied einer Gruppe palästinensischer Dichter, der unter anderem Mahmud Darwisch und Samih al-Qasim angehörten. Im nationalistischen Vokabular heißen sie »die Dichter des Widerstands«. Wir nahmen ihre Gedichtsammlungen überall mit und tauschten sie untereinander aus, erst in der Sekundarschule, später an der Universität. Wir zitierten viele ihrer Gedichte auswendig. Und als einige unter dem Verdacht, Kommunisten zu sein, verboten wurden, begannen wir sie zu kopieren und wie geheime Flugblätter zu verbreiten. Sie waren die »Dichter des Widerstands«, und alles, was sie sagten oder schrieben, war uns heilig, gleich ob ihre Gedichte dumm oder geschwätzig waren. Um bei der Wahrheit zu bleiben, könnte man die meisten Gedichte, die wir damals lasen, in den Müll werfen. Glücklicherweise hielt sich Taufiq Ziad in seinen Werken zurück. Vielleicht entdeckte er schon früh, dass die damalige Dichtung, insbesondere die »Dichtung des Widerstandes«, nichts als aufgeblasene Augenwischerei war. Wenn er wirklich ein Dichter sein wollte, musste er das Engagement seiner Kunst in die Politik einbringen und nicht das Gegenteil tun. Die meisten Dichter des Widerstandes schrieben nämlich außerhalb der Politik keinen einzigen »poetischen« Satz.

Schon in seiner Jugend hatte Taufiq Ziad den mutigen Entschluss gefasst, als israelischer Staatsbürger, als arabischer Christ oder christlicher Araber, in die israelische Politik zu gehen. Er kandidierte für die Knesset und wurde früh zum Abgeordneten gewählt. Dann bewarb er sich um den Vorsitz des Stadtrats von Nazareth und blieb bis zu seinem Tod konkurrenzlos auf diesem Posten. Warum? Wie mir Zaid, ein Sohn der Stadt und Wirt des Fischrestaurants Abu Zaid in Haifa, erzählte, war er ein mutiger Staatsmann, der zu seinen Worten stand. Er beugte sich nicht vor den Erpressern und Populisten aller Parteien. Er machte die Politik zu einer Routineangelegenheit, ohne darauf zu warten, dass sich die israelische Regierung seiner erbarmen und der Stadt ihren Anteil des Budgets schicken würde, um dieses oder jenes Projekt auszuführen. Er rief die jungen Leute aller Bevölkerungsgruppen dazu auf, ihre Arbeitskraft unentgeltlich oder gegen drei tägliche Mahlzeiten zur Verfügung zu stellen. Und so wurde die Stadt durch die Fortschrittlichkeit ihres mutigen Bürgermeisters berühmt. Er handelte nicht mit Illusionen, war in den Jahren seiner Herrschaft aufrichtig und ließ sich, im Gegensatz zu den anderen palästinensischen Machthabern – insbesondere der Clique um Jassir Arafat – nicht bestechen. Er feilschte auch nicht um die palästinensische Sache und verfasste seine unambitionierten »poetischen« Verse nicht nach Art seiner berühmten Dichterkollegen. Einige waren in Israel geblieben, andere hatten es vorgezogen, sich in den arabischen Ländern niederzulassen und von einer ihrer Hauptstädte in die andere zu ziehen. Palästinenser zu sein wurde zu einem persönlichen Geschäft, mit dem man sich den Lebensunterhalt verdienen konnte. Sie nahmen Preise und Auszeichnungen von den diktatorischen arabischen Präsidenten entgegen. Aber nein – Taufiq Ziad war die »Palma Sola« der palästinensischen Politik. Einmal sagte mir Sasson Somekh, Taufiq Ziad sei so erfolgreich, weil er das Leben liebe. Sasson erzählte mir, wie Ziad ihm zunächst beigebracht habe, Wein zu trinken, bevor er ihn auf die Politik aufmerksam gemacht habe. Viele seiner israelischen Freunde hätten ihn vermisst, aber an erster Stelle hätte Nazareth ihn vermisst. So sagen es die Menschen. »Wenn du durch die Märkte und Viertel der Stadt streifst, klagen sie, dass er eine große Lücke hinterlassen habe. Sie verfluchen den Tag, an dem Arafat nach Ramallah kam.« An jenem Tag wollte Taufiq Ziad der Erste sein, der ihm entgegentrat. Er stieg in sein Auto und fuhr selbst. Er hatte zu viel getrunken, verlor die Kontrolle über seinen Wagen, wich von der linken Spur ab und prallte gegen einen Baum. Ein völlig sinnloser Tod. Die Islamisten in Nazareth missbrauchten den Unfall für ihre Zwecke und stürzten sich auf die Stadt und Taufiq Ziad. Sie behaupteten, der Alkohol habe den berühmten, rechtschaffenen und gerechten Bürgermeister umgebracht. Man müsse den Alkohol verbieten. Sie begannen einen Feldzug gegen die Kneipen der Stadt und verboten Ausschank und Verkauf von Alkohol in Restaurants! Dies war ein unsinniges Unterfangen, da Nazareth vom internationalen Tourismus lebt. Der Anteil an Muslimen ist zwar prozentual innerhalb der letzten Jahre gestiegen, die Christen machen aber immer noch etwa die Hälfte der Bevölkerung aus. Man konnte den Alkohol nicht ganz verbieten; in Touristengeschäften kann man ihn immer noch kaufen, vor allem den für die Kirchen gekelterten »heiligen« Wein. Aber wer die Islamisten und ihren Fanatismus kennt, der weiß, dass sie keine Ruhe geben und alles in ihrer Macht Stehende tun werden. Sie haben mit dem Bau einer »gewaltigen« Moschee direkt am Ortseingang begonnen, an einem Ort, wo ihr Minarett die Kuppeln der Kirche überragt. Es war, als hätten sie damit das Feuer auf die Stadt eröffnet. Sollte also auch die Stadt des Messias in ihre Hände fallen? Es wäre eine wahrhaftige Katastrophe für die Stadt, deren Einwohner gelernt haben, am Leben zu bleiben, ja die das Überleben zu einer Kunst gemacht haben, die andere von ihnen erlernen können.

Manchmal
Wünsche ich mir
Denjenigen zum Kampf herauszufordern

Der meine Eltern getötet hat
Der unser Haus niedergerissen hat
Der mich vertrieben hat
Im Land der bedrückten Menschen.
Wenn er mich tötet, werde ich ruhen
Und wenn ich ihm den letzten Gnadenstoß gebe
Werde ich mich rächen!
[...]
Aber ...
Wenn man mir
Während des Kampfes
Erklärt
Mein Gegner habe eine Mutter
Die ihn erwartet
Oder einen Vater
Der seine rechte Hand
Auf das Herz in seiner Brust legt
Wann immer sein Sohn sich verspätet
Auch wenn es nur eine Viertelstunde später
Als der vereinbarte Zeitpunkt ist
Dann töte ich ihn nicht
Wenn er in meine Macht kommt!
[...]
So
Werde ich ihn nicht ermorden
Wenn mir bekannt wird
Dass er Brüder und Schwestern hat
Die ihn lieben
Und ihn ständig vermissen
Oder wenn er eine Frau hat, die ihn willkommen heißt
Und Kinder
Die seine Abwesenheit nicht ertragen
Und sich über seine Geschenke freuen.
Oder wenn er Freunde oder Verwandte hat

Nachbarn, Bekannte
Gefängniskumpane
Krankenhausgefährten
Oder Schulkameraden
Die nach ihm fragen
Und ihn gern begrüßen würden.
[...]
Aber wenn er allein ist
Abgeschnitten von seinem Baum
Keinen Vater hat und keine Mutter
Keine Brüder und keine Schwestern
Keine Frau und keine Kinder
Keine Freunde und keine Verwandten
Keine Nachbarn
Keinen einzigen Bekannten
Keine Kollegen, Gefährten, Kameraden ...
Dann würde ich dem Kummer seiner Einsamkeit
Nichts hinzufügen:
Keine Todesstrafe
Und kein Untergangsleid.
Sondern es würde mir genügen:
Die Augen vor ihm niederzuschlagen
Wenn ich unterwegs an ihm vorbeikomme
Und mich selbst davon zu überzeugen
Dass über jemanden hinwegzugehen
An sich
Auch eine Form
Der Rache ist!

Seit ich dieses Gedicht zum ersten Mal gehört habe, ist der Name
seines Verfassers fest in meinem Geist verankert. Manchmal wie-
derhole ich sogar unbewusst einzelne Verse für mich. So erging es
mir auch an dem Tag, als wir den Kibbuz Mizra in Avram Kanturs
Auto verließen. Wir fuhren nach Nazareth, das etwa zwanzig Ki-

lometer vom Kibbuz entfernt liegt. Als ich Avram von dem Gedicht und seinem Verfasser, dem Dichter Muhammad 'Ali Taha, erzählte, fragte er mich, ob ich dessen Adresse und Telefonnummer hätte. Ich hatte ihn schon einmal auf meinem ersten Israelbesuch getroffen. Der Dichter riet mir damals aber, die Möglichkeit einer Wiederbegegnung dem Zufall zu überlassen. Ich weiß noch ganz genau, wie Avram mich lächelnd anstarrte, als wollte er erwidern: Einfach so einen alten Mann von achtzig Jahren zu treffen, in einer Stadt, die mehr als siebzigtausend Einwohner hat – das kann alles sein, aber kein Zufall.

Im Gedränge des Haupt-Suqs kamen wir nach etwa fünf Minuten Fußweg abseits des Stadtzentrums zu einem kleinen, auf der rechten Seite versteckten Laden, der, sobald entdeckt, sofort den Blick auf sich zog. Es war ein Antiquitätengeschäft, das vor allem alte Kupfer- und Silberwaren führte. Es war jedoch nicht dies, was unsere Aufmerksamkeit erregte. Im Suq der Stadt gibt es viele Läden, die Töpferware und Ikonen verkaufen. Was uns an diesem Laden interessierte, war ein Eckchen, das der Besitzer hergerichtet hatte, um bestimmte Bücher zum Verkauf auszustellen. Es war die einzige Buchhandlung im Suq, und der Mann, er mochte auf die siebzig zugehen, war selbst erstaunt, als er sah, wie wir stehenblieben und in den Büchern zu blättern begannen. Es handelte sich um arabische Bücher. Noch erstaunter war er, als er erfuhr, dass Inaam und ich aus dem Irak stammen, und rief: »Wer behauptet, Kairo schreibe, Beirut drucke, Bagdad lese, hat wirklich recht.« Dies ist ein altes Klischee; in den letzten Jahren hat sich eine Menge verändert. Heutzutage schreiben alle, sogar in Khartum schreibt man. Die einzige unveränderlich gebliebene Wahrheit ist die, dass Beirut immer noch die Stadt ist, in der verlegt und gedruckt wird. Das wird so bleiben, solange es in Beirut keine Buchzensur gibt. Wir waren geblieben, weil Inaam Bücher über das Leben von Sängern und Sängerinnen entdeckt hatte, die sie brauchte: eine Biographie über Umm Kulthum, Asmahan und Sabah. Währenddessen fiel mein Blick plötzlich auf ein kleines Buch, das sorgfältig eingereiht war: eine Sammlung mit Gedichten von Muhammad 'Ali Taha. Bevor ich das Buch erstand, fragte ich den Verkäufer, warum er diese Anthologie zum Verkauf anbiete und keine andere. Da erklärte er: »Weil Muhammad 'Ali Taha mein großer Bruder ist.« Muhammad 'Ali Taha hatte also recht behalten, als er mir die Adresse in Nazareth nicht gegeben hatte. Und ich fand sie im Suq im ersten Laden, vor dem ich zufällig stehenblieb!

Wir befinden uns jetzt in der dritten Märzwoche. Zum ersten Mal begegnete ich dem Dichter Muhammad 'Ali Taha einen Monat vorher im ökumenischen Kloster Tantur. Dort las er auf einem internationalen Künstlertreffen sein Gedicht »Rache« vor und erregte einiges Aufsehen. Wie konnte ein Mann in seinem Alter, der sich auf einen Stock stützte, das Podium erklimmen? Während dieses Treffens las er einige Gedichte vor – Gedichte, die fast weise sind, eine Mischung aus Groteske und schwarzem Humor, aber auch voll beeindruckender Leichtigkeit. Anders als bei den palästinensischen »Dichtern des Widerstands« berühren sie die Politik, aber ohne sie direkt anzusprechen. Muhammad 'Ali Taha liest auf Arabisch, sein Begleiter Peter Cole auf Englisch, und die Zuhörer aus aller Welt lassen sich von seinen Gedichten einnehmen und bewundern seine menschlichen und politischen Standpunkte. Meine Hoffnung, dem Dichter während des Treffens persönlich zu begegnen, ging leider in Rauch auf. Er verließ den Saal direkt im Anschluss an die Lesung seiner Gedichte. Als er auf den Ausgang zuging, sah er in meine Richtung und sagte: »Herzlich willkommen in unserer Mitte!« und fügte hinzu, dass wir uns gewiss bald wieder treffen würden. Niemand hatte ihm berichtet, dass ich schon bald zu einem weiteren, längeren Besuch nach Israel kommen würde. Er erwähnte auch nicht, wo wir uns treffen würden, und gab mir keine Adresse. Er forderte mich einfach nur auf: »Besuch mich in Nazareth!« Und wie konnte es tatsächlich geschehen, dass ich in dem Laden, den jetzt sein Sohn Nazzar betreibt, mit ihm zusammensitzen würde? Und er mir ein Glas heiligen Wein brachte und Inaam ein Silberplättchen in Form einer Hand mit einem großen Auge, das den Neid von ihr fernhalten solle, weil sie so schön sei, wie er sagte? Selbst im Gespräch fand sich diese Mischung aus Leichtigkeit, Vitalität und lyrischer Durchsichtigkeit. Der Laden seines Sohnes war voller Touristen und voller Ikonen mehrerer Religionen, voll von Kreuzen und christlichen und jüdischen Kleidern, voll von bunten jüdischen Kopfbedeckungen, Toras, Bibeln und Koranen. Wie ein Dichter müsse man seine eigene Methode beim Verkauf haben, eine Methode, die einen kennzeichnet, belehrte mich sein Sohn Nazzar, ein lebhafter, besonders freundlicher junger Mann. Dies habe ihm sein Vater beigebracht, der menschliche Ansichten in seinen Dichtungen versammle, Einzelheiten des alltäglichen Lebens, schwarzen Humor, frische Worte, Lebenskraft und Tiefe. Daraus erschaffe er eine Methode, die nur ihm, dem Vater, zu eigen sei. Er, sein Sohn, versammle diese wunderbare »religiöse« Mischung und mache das zu seinem Geschäft. Jeder in Nazareth kenne den Laden Abu Nazzars für Kupferwaren. Und seinen Vater, Muhammad 'Ali Taha, wer kenne den nicht, wer kenne nicht »Abu Nazzar« – Nazzars Vater? Jeden Morgen um zehn Uhr kommt dieser achtzig Jahre alte Mann aus einem Vorort von Nazareth vorsichtig in seinem Auto angefahren und begibt sich in den Laden. Er beobachtet das dort vorbeiflutende Leben. Die ganze Welt komme hierher, sagt er uns. Dann wendet er sich an Avram und sagt: »Ich habe dich schon lange nicht mehr gesehen.« Es gibt hier einige Menschen, mit denen man ein paar Worte wechselt, und man merkt sofort, dass man einige seit langer Zeit kennt, selbst wenn der Altersunterschied dreißig Jahre oder mehr beträgt. Menschen wie ihm ist es gleichgültig, ob einer Israeli oder Araber ist. Man fragt nicht, wie die Menschen sich hier den Frieden vorstellen, den es doch irgendwann geben muss, zwischen Palästinensern und Israelis. Man fragt nicht nach den Religionen, die hier angeblich vom Himmel herabgesandt wurden. »Manchmal begegnest du einem Menschen, der alles das glaubt, was du selber glaubst, und dann geht ihr zusammen weiter und genießt eure gute Freundschaft und Kamerad-

schaft. Ihr seid Kameraden im selben Club, dem Club des Lebens«
– wie der ägyptische Schriftsteller 'Ali Salim einmal schrieb. Was
Muhammad 'Ali Taha betrifft, so deutet alles an dem Laden seines
Sohnes darauf hin, dass sie einer christlichen Familie entstammen.
Nur, wie könnte er dann Muhammad 'Ali Taha heißen? Es war, als
wüsste er, was mir durch den Kopf ging, denn er sagte: »Wie in
diesem Geschäft sind in mir alle Religionen auf einmal vereinigt.«
Daraufhin schaute er mich an, als wüsste er, woran ich dachte.
»Wir müssen die bequemen Worte, die die Hoffnungslosigkeit
rühmen und uns den Vorwand für Faulheit, Geistesträgheit und
Handlungsschwäche bieten, nicht dulden. Die Menschen brauchen das Vertrauen ineinander, nicht die Resignation. Beide Seiten
sind aber voller Angst, Zweifel und Vorsicht. Was du vollbracht
hast, ist ein Schritt auf dem richtigen Weg. Wenn ein Araber uns
besucht, bedeutet dies: Der Wunsch ist da, das Vertrauen zur
Schaffung des Friedens herzustellen. All jene, deren negative Haltung jeden Schritt in Richtung Frieden bremst, wollen keine Lösung. Hier bilden wir aber alle eine Gemeinschaft. Es gibt keinen
Platz auf dieser Welt, wohin wir nach diesem ausweichen könnten.
Wohin gehen die Juden? Wohin gehen die Christen? Wohin gehen
die Muslime? Jetzt ist es an uns, unser Leben in den Griff zu bekommen, statt uns an Vergangenes zu klammern. Jeder noch so
kleine Schritt aufeinander zu ist ein Vorstoß zum Frieden. Wichtig
ist jetzt, gemeinsam auf ein und derselben Erde zusammenzuleben.
Keine Auswanderung, kein weiteres Exil liegen vor uns. Ihr müsst
uns noch öfter besuchen! Der Frieden beginnt nicht mit politischen
Vertragsunterzeichnungen. Er beginnt hier auf Erden. Hier, im hel-
len Licht des Tages, in den Straßen, auf den Plätzen, in den Stadtvierteln, an den Universitäten, unter den Intellektuellen, auf den
Fernsehkanälen und Radiostationen. Dein Besuch, dein mutiger
Besuch, ist Teil der Festigung des Friedens, als appelliertest du da-
mit für natürliche Beziehungen zwischen Arabern und Israelis.
Und das ist richtig so.« Dann wandte er sich an Avram, der zwar
Arabisch versteht, es aber schwierig findet, sich in dieser Sprache

auszudrücken. »Ist es nicht so, Avram?« Sekunden, bevor ich ihm die Hand drückte und mich von ihm verabschiedete, dachte ich: ›Warum kennen wir keine Dichter wie ihn?‹ Er war nicht so berühmt wie die vielen sogenannten »Dichter des Widerstands«. Er hatte sogar vor ihnen zu schreiben begonnen. Auf den »revolutionären« arabischen Dichterfestivals gibt es keinen Platz für einen Dichter wie ihn, der den Palästinensern das »nicht kämpferische« Gesicht des Dichters zeigt – das menschliche Gesicht, das nicht Hass, Mord und Krieg zum Ausdruck bringt. Die Förderung dieses Dichters liegt nicht im Interesse der Versteigerer, der Gedichte-Händler, die ihn in Nazareth auch nicht als Modell einer friedlichen Lösung des arabisch-israelischen Konflikts betrachten möchten.

So wie vor ihm schon der Bürgermeister der Stadt, Taufiq Ziad, wird auch Muhammad 'Ali Taha eines Tages sterben. Er ist fast achtzig, und das Alter beginnt Spuren in seiner Gesundheit zu hinterlassen. »Keine weiteren Reisen mehr. Ich möchte hier in Nazareth sterben und in der Nähe meines Freundes Taufiq Ziad begraben werden«, sagt 'Ali Taha. »Gibt es jemanden, der euch beide beerben wird?«, fragte ich ihn. Man bräuchte zwei Menschen: einen, der in die Fußstapfen des Politikers tritt, der die Dichtung in die Politik einbrachte, und einen weiteren, der in die Fußstapfen des Dichters tritt, der die Menschlichkeit in die Dichtung einbrachte! – »Ich weiß es nicht«, erwiderte er etwas traurig. War er vielleicht enttäuscht über das, was in den letzten Jahren in Nazareth geschehen ist? Ich weiß es nicht, und ich wollte ihn auch nicht danach fragen. Denn den letzten Nachrichten zufolge führen die Islamisten ihren Kampf jetzt gegen die Stadt Nazareth. Mit ihrer extremen Streitsüchtigkeit wollen sie die Stadtverwaltung und die israelische Regierung zwingen, ihnen zuerst einmal den Bau einer gewaltigen Moschee zu gestatten. Dann werden sie ihren »heiligen« Krieg um die Herrschaft über die Stadt weiterführen und womöglich die islamische Gesetzgebung einführen. Und wenn in der Zwischenzeit ein Erbe des Politikers und ein Erbe des Dichters geboren sein sollten – wer weiß, ob sie in der Lage wären, von neuem und weiterhin in Nazareth zu leben? Vor nahezu zweitausend Jahren vertrieben die römischen Soldaten Jesus Christus von Nazareth, verfolgten ihn bis an die Grenze des heutigen Jordanien und nahmen ihn in Jerusalem gefangen. Steht den Erben von Taufiq Ziad und Muhammad Ali Taha ein ähnliches Schicksal bevor – diesen beiden Männern, die in die Fußstapfen Jesu Christi, Marias Sohn, getreten sind? Werden neue Gotteskrieger, diesmal eines muslimisch-arabischen Gottes, auch ihnen auf der Spur sein?

4

Das Gerede vom historischen Rechtsanspruch ist eine Krankheit, die auch die Religionen befallen hat. Wo auch immer man sich in Israel aufhält, man wird jemanden treffen, der irgendeiner Religionsgemeinschaft angehört und ihre Besonderheiten, ihre Lehre und Größe in den allerhöchsten Tönen preist. Sagt man ihm, man rede nur so, weil man nach den Regeln dieser Religion und der Kultur dieser Gemeinschaft erzogen wurde, antwortet er: »Gott bewahre, nein!« Er ist überzeugt, objektiv zu sein, und fängt schließlich an, Namen von Gelehrten aufzuzählen, die sich über seine Religion geäußert und Beweise angeführt haben, die seine Anschauung untermauern. Fragt man einen Muslim oder einen Juden nach dem Verbot von Schweinefleisch oder nach dem Grund für die männliche Beschneidung, werden zahllose Argumente vorgebracht. Ein Schiit folgt Geboten, die ihn von einem Sunniten unterscheiden. Fragt man ihn, warum er keinen *dschiri* – einen schuppenlosen Flussfisch – und kein Kaninchenfleisch esse, wird er Dutzende Theorien parat haben, an deren Wahrheit er glaubt. Fragt man einen Wahabiten, dem das Rauchen von Zigaretten und das Errichten von Grabstätten verboten ist und der die Anhänger aller anderen islamischen Glaubensrichtungen, insbesondere die keine Gnade verdienenden Schiiten, für Ungläubige hält, wird auch er Dutzende von Beispielen aufzählen, auf die sich seine extreme Haltung stützt. Fragt man einen gläubigen Christen, der gegen die Ehescheidung und gegen Abtreibung ist, wird auch er antworten, er sei überzeugt von seinem Glauben. Die Religionen unterscheiden sich in den Augen der Außenwelt durch Einzelheiten. Aber alle behaupten, darin vereinigte sich die ganze Wahrheit. Die Religionen streiten sich um einen »Rechtsanspruch« an diesem oder jenem Ort. Es kann sich um jedweden Ort auf Erden handeln, und sei er noch so winzig: Man muss nur ein Tontäfelchen, ein paar Steine oder ein im Boden vergrabenes Gemäuer finden. Sobald irgendein beschriebenes Papier, irgendein Symbol gefunden wird, beginnt der Forschungsleiter zu erklären, diese Entdeckung sei ein Beweis für das historische Recht einer Religion und ihren Anspruch auf diesen Ort. Der Archäologe wird ungewollt zum Historiker und zum Politiker. Die Wissenschaft kennt keine Absolutheit; jede wissenschaftliche Entdeckung ist ein Schritt zu anderen, neuen Entdeckungen. Und da lauert das Problem: Wenn sich auch die Wissenschaft in eine Religion verwandelt – in den heiß umkämpften Regionen der Welt sind die beiden austauschbar –, dann wird die Wissenschaft oftmals zu einem Schlachtfeld. Natürlich gibt es Ausnahmen; ich spreche hier aber von einem allgemeinen Zustand: Hier wird die Rede über historische Ansprüche und Vorrechte zu einem Geschwätz, das Angst, Misstrauen und Zweifel noch untermauert, die in den befeindeten Gesellschaften vorherrschen. Das Gerede von den historischen Vorrechten führt zu nichts, schon gar nicht in die Zukunft, weil sie die Gegenwart an ihrem Ort zunichte macht und einmal mehr in die weit zurückliegende Vergangenheit zurückkehrt. Und die Menschen glauben an diese Vorrechte und leisten ihnen Vorschub. Sie wissen nicht, dass sie sich nur an einen historischen Augenblick klammern, der sie dazu zwingt, den anderen außer Acht zu lassen, statt nach anderen Momenten zu suchen, mit denen sich der Frieden verwirklichen ließe. Waren es nicht genau diese Umstände, die den Nobelpreisträger Nagib Machfus veranlassten, in einem Brief an Professor

Sasson Somekh sein Bedauern auszudrücken? Weil die Menschen in Israel und den arabischen Ländern darauf bedacht sind, hundertmal mehr auf den Momenten des Streits zu beharren, als an die Generationen andauernde Freundschaft und Zusammenarbeit zu denken? Niemand spricht über den fruchtbaren Umgang miteinander in ihrer langen Vergangenheit. Es gibt gar keinen Zweifel, dass zwischen den beiden sich heute bekriegenden Völkern jahrhundertelang – in der Antike, im Mittelalter und in der Neuzeit – eine fruchtbare Zusammenarbeit herrschte. Fällt die Epoche des Konflikts im Vergleich dazu nicht klein und kurz aus? Das Problem, das Nagib Machfus ansprach, ist Teil eines schwierigen, komplexen religiösen Problems, das besonders im Nahen Osten in Erscheinung tritt. Die Momente der Konfrontation sind nur eine ihrer Erscheinungsformen, die in der Behauptung wurzeln, jeder Religion sei ein historischer Augenblick zu eigen, in dem der Ursprung zu allem liege. Damit werden die anderen zu bloßen Abzweigungen. In den letzten zwei Jahrzehnten – im Zuge der verstärkten Verbreitung der Religionen und der Suche nach Identität – begannen auch die kleinen, die flüsternden Religionen, über sich hinauszuwachsen und ihre Meinung über den Kampf um den historischen Rechtsanspruch zu äußern.

Im Nahen Osten blühen zahlreiche Religionen, die nicht zu den monotheistischen Religionen – Judentum, Christentum und Islam – gehören; ganz zu schweigen von den zahllosen religiösen Lehren und Schulen, in die sich diese drei Religionen verzweigt haben. Es gibt Glaubensgemeinschaften, die diesen Weltreligionen vorausgingen. Die Zahl ihrer Anhänger hatte sich im Lauf der Zeit konstant verringert. Dabei setzten sie alles daran, sich selbst zu erhalten – sei es durch Flucht in unzugängliche Gegenden wie Gebirge oder Wüsten, wo sie ihre religiösen Bräuche frei ausüben konnten, sei es durch Heirat und Verschwägerung. Viele Religionsgemeinschaften hielten es so: die Ismailiten im Jemen; die mandäischen Sabier, die Zoroaster, die Aramäer und die Bahais im Irak und Iran; die Aramäer und Drusen in Syrien, Libanon und Palästina. Einige sind »bekannter« als andere. Nicht nur die Menschen in Europa wissen wenig über diese Religionsgemeinschaften. Auch im Nahen Osten kennt man oft nur ihren Namen, und es herrschen viele Vorurteile. Zudem offenbaren auch viele dieser Religionsgemeinschaften ihre Bräuche und Lehren nicht, sondern ziehen sich lieber auf sich selbst zurück. Nur im äußersten Fall zeigen sie ihre religiöse Identität, aus Angst, die Bevölkerung könnte sie angreifen oder die Behörden sie verfolgen. Denn oft werden ihre religiösen Bräuche von an der Macht stehenden Gemeinschaften verboten, selbst wenn die Machthaber selbst nur eine Minderheit darstellen, wie die sunnitischen Araber, die nahezu sechzig Jahre lang den Irak regierten, oder die Alewiten, die Syrien seit etwa einem halben Jahrhundert beherrschen. Die Regierungen verbieten in der Regel auch die tägliche Gebrauchssprache dieser religiösen Gruppierungen, wenn sie nicht das Arabische ist. Leider gibt es keine offiziellen Statistiken, um diese These zu stützen und uns wenigstens ein ungefähres Bild von der Mitgliederzahl dieser Gemeinschaften zu vermitteln. In manchen arabischen Staaten ist das Thema zu einem Tabu geworden; der Bruch dieses Tabus würde bedeuten, Zwietracht unter den Bürgern dieses Landes zu säen. Wer weiß zum Beispiel, wie viele Minderheiten im Königreich Saudi-Arabien leben? Was ist mit den christlichen und jüdischen und den anderen Minderheiten dort? Es ist unbegreiflich, dass die Juden in Saudi-Arabien verschwinden und aussterben, obwohl sie einst zwei so große Stämme auf der arabischen Halbinsel ausmachten: die Stämme Aus und Chazradsch in der Stadt Jathrib. Muhammad war genötigt, sich mit diesen beiden Stämmen zu verbünden; sie unterstützten ihn bei seinem Vormarsch und seinem Kampf gegen Mekka. Dann geschah das, was in der islamischen Geschichte »der Frieden von Hudaibija« genannt wird, mit dessen Abschluss der Stamm der Quraisch die Schlüssel von Mekka an Muhammad übergab. Um den Stamm der Quraisch zu befrieden und die neue Religion, den Islam, einzuführen, musste Muhammad auf politische Konzessionen eingehen. Zu den wichtigsten gehörte die Änderung der Gebetsrichtung, die sich bisher an dem »Bait al-muqaddas« – dem heiligen Haus in Jerusalem (dem Felsendom) – und jetzt mit Zustimmung von Muhammad in Richtung Kaaba »Bait Allah« (Haus Gottes) in Mekka orientierte. Muhammad wurde auch auferlegt, seine Bündnisse zu ändern und in die Arme seines ursprünglichen Stammes, der Quraisch, zurückzukehren, die durch die Annahme des Islam einen neuen, ungleich stärkeren wirtschaftlichen Einfluss gewannen. Mekka wurde – ähnlich wie Rom für die Christen – das Zentrum, in das alljährlich die Pilger strömten. Der einzige Verlierer waren die Juden, weil der »Frieden von Hudaibija« auf ihre Kosten zustande kam. Es ist erstaunlich, wie der Begriff »Juden« nach diesem Ereignis von der Halbinsel verschwand. Unsere Schulbücher erinnern sich nicht an ihre Existenz. Vielleicht tauchen sie in einigen Geschichten auf, in die Muhammad später in Mekka verwickelt war, aber immer als böse Verschwörer. Nach Muhammads Tod erinnert nichts mehr an sie, als hätten sie sich gleichsam in Luft aufgelöst. Bestenfalls vermutet man: »Sie sind zum Islam übergetreten!« Das Gleiche widerfuhr den Christen; auf der arabischen Halbinsel gibt es keine Spur von ihnen. Am seltsamsten aber ist, dass Muhammad vor seiner Offenbarung persönlich bei einer Art Einsiedler oder Weissager Zuflucht suchte, der Waraqa bin Naufal hieß. Muhammad besuchte ihn täglich auf dem Berg Hira'. Dieser »Weise« unterrichtete Muhammad in vielen im Geiste christlichen Lehren. Mit einem Wort: Die Tatsache, dass die arabischen Stämme auf der arabischen Halbinsel (heute: Königreich Saudi-Arabien) die jüdische oder christliche Religion annahmen, war ein ganz natürlicher Vorgang; das plötzliche Abreißen jeder Information über sie ist hingegen unnatürlich. Wenn dieses den beiden großen »von Gott gesandten« Religionen zustieß, die sogar vom Koran anerkannt werden – ihre Anhänger werden dort »Ahl al-Kitab« (»Leute des Buches«) genannt –, wie muss man sich dann erst das Unrecht vorstellen, mit dem man den kleineren religiösen Gemeinschaften nachstellte, deren bloße Erwähnung zumindest ins Gefängnis führen konnte?

Diese Gruppierungen entwickelten im Lauf der Zeit einen besonderen Erfindungsreichtum, um ihren Verfolgern zu widerstehen und um die eigene Existenz zu sichern. Am wichtigsten war es, Verschwiegenheit über die religiösen Lehren zu wahren. Um nicht auszusterben, erfanden sie geheime Texte, die sie mit einem Heiligenschein umgaben. Es war ausgesprochen schwer, diese heiligen Texte einzusehen, da sie nur einer auserwählten Elite zugänglich waren, die isoliert von den Mitgliedern der eigenen Gruppe lebte. Die Wahrung des Geheimnisses verführte die nicht zum auserwählten Kreis gehörenden Menschen, nach Lust und Laune Interpretationen über ihre Religion anzustellen. Ihr Wissen blieb aber aus Mangel an wissenschaftlichen Quellen und Studien doch spärlich. Eine dieser Religionsgemeinschaften sind die Drusen, deren Anhänger über Syrien, den Libanon und Palästina verstreut sind.

Auch ich hatte bis vor kurzem nur indirekte Kenntnisse über die Drusen, nämlich durch die Aktivitäten ihrer bekannten Führer, insbesondere Kamal Dschumblatt. Dieser hatte aus einem Gemisch von geistig-religiösen Lehren und Sozialismus die »Partei des Fortschritts und des Sozialismus« gegründet, die er seinem Sohn, dem libanesischen Politiker Walid Dschumblatt, vererbte. In der Praxis war die Partei hundertprozentig drusisch, noch bevor sie »fortschrittlich« und »sozialistisch« war. Es wäre besser, ihr einen ähnlichen Namenszusatz zu verleihen wie den christlichen Parteien in Europa, etwa der CDU in Deutschland. Aber Dschumblatt senior, der die Führerschaft über die Drusen im Libanon in einer Zeit der verstärkten Ausbreitung des arabischen Nationalismus und später des Nasserismus – eine nationalistisch-sozialistische Strömung – übernahm, musste sich in die Arme des arabischen Nationalismus werfen, um seine Leute vor Verfolgung, Unterdrückung und Isolation zu schützen und als Teil der arabischen Nation anerkannt zu werden: Nationalismus gegen Religion.

Die Drusen leben im Hochgebirge, um »in der Nähe von Gottes Himmel und fern von der Erde und den menschlichen Gefahren zu sein« – wie ihre geistigen Führer es bezeichneten –, eben auch um sich hoch oben im Gebirge verschanzen und gegebenenfalls gegen die Angriffe fanatischer Muslime verteidigen zu können. Diese bezeichneten das drusische »Blut« in manchen Epochen als »gottlos« oder als das von »abtrünnigen Muslimen«.

Im Jemen wohnt hoch oben im Gebirge die Glaubensgemeinschaft der Ismailiten; sie lebt von der Honigimkerei. Im Irak siedelten die Assyrer im Gebirge, aber die Briten bewegten sie dazu, in die Ebene herabzusteigen. Dort mobilisierten sie sie nach der Gründung des irakischen Staates im Jahr 1921 für ihre Hilfstruppen. Die Heimat der Aramäer liegt in den Bergen Syriens, wie die Drusen auf den Golanhöhen Syriens zu Hause sind. In Palästina haben die Drusen den Berg Karmel nicht verlassen, die Städte Daliat Karmel und 'Asafija sind ihre größten und wichtigsten Bastionen.

Der Sozialismus eines Dschumblatt erfasste nicht die Drusen außerhalb des Libanon, gleich ob sie in Syrien oder in Palästina lebten. Die drusischen Parteien in jedem dieser Länder sind unabhängig. Mochte Dschumblatt auch ein Verbündeter des ägyptischen Präsidenten Gamal Abdel Nasser gewesen sein, der den »Nationalismus« propagierte, um Palästina zu befreien – seine »Brüder«, die Drusenführer in Palästina, gingen doch ein Bündnis mit den Juden in Israel ein. Ihre Söhne dienten in der israelischen Armee; vielleicht kämpfte der eine oder der andere in den arabisch-israelischen Kriegen an der libanesischen oder syrischen Front gegen einen Glaubensbruder und tötete ihn womöglich! Streitigkeiten zwischen den Drusenführern, wer nun das Recht besäße, in ihrem Namen zu sprechen, ohne den anderen mit dem Vorwurf des Verrats abzustempeln, konnten natürlich nicht ausbleiben: Insbesondere den Drusen Palästinas, die in Israel geblieben sind, wirft man bis auf den heutigen Tag Verrat vor.

Ich erinnere mich an ein Erlebnis, das mir bei meinem ersten Besuch des Felsendoms widerfuhr: Bevor ich das Tor zur »ersehnten« Moschee betrat, hielt mich eine Militärpatrouille an. Der Patrouillenführer, ein großer braunhäutiger Soldat mit lockigen Haaren, wollte wissen, ob ich ursprünglich Muslim sei, und fragte mich ein paar Koranverse ab. Nach dem Überstehen der Prüfung gestattete er mir einzutreten. Die beiden jungen Männer, die vor mir hineingegangen waren, kannte ich nicht, aber sie hatten hartnäckig zum Eingang der Moschee gestarrt. Es handelte sich um in den USA lebende Palästinenser. »Haben Sie bemerkt«, fragten sie mich, »dass ein drusischer Verräter unsere Kenntnis des Korans überprüft? Ist das nicht die Besatzung?« – »Aber er tut dies, weil jetzt die Zeit zum Gebet ist und es Nichtmuslimen, insbesondere Touristen, untersagt ist, in dieser Zeit die Moschee zu besichtigen«, erwiderte ich. »Außerdem ist es die Weisung der für die Moschee verantwortlichen religiösen Muslime, nicht eine Weisung, die sich die israelische Armee ausgedacht hat.« Aber meine Antwort konnte nicht ändern, dass die Männer den drusischen Soldaten als »Verräter« wahrnahmen.

Der Verratsvorwurf ist den Drusen nicht neu; er brachte die Drusen im Libanon und in Syrien dazu, sich ihres Arabertums durch scharfe Ablehnung Israels zu versichern. Die Angelegenheit ging so weit, dass auch die Drusen in Israel dem Verratsvorwurf ausgesetzt waren, so etwa von Seiten Kamal Dschumblatts vor seinem Tod. Jenseits der politischen Erklärungen, die die Drusenführer abgeben und die stets von den politischen Umständen in dem jeweiligen Land abhängen, lassen sie über ihre Religion nichts bekannt werden. Das Buch, das ihre religiösen Lehren enthält, ist in einer Sprache verfasst, die nur ihre Religionsgelehrten beherrschen. Die Religion selbst aber verordnet den Älteren, diese Lehren geheim zu halten; nur sie allein können den Zauberspruch des heiligen Buches lösen. Niemand ist verpflichtet, das fünfmalige tägliche Gebet, das Fasten, die Pilgerfahrt oder den Heiligen Krieg einzuhalten, wie es der Islam in der Regel verlangt. Für die Drusen ist die Religion Kultur auf hohem Niveau, die sich nur wenige Auserwählte ungeachtet ihres Alters zu eigen machen und ausüben. Alles, was diese über die Religion erfahren, müssen sie für sich behalten. Sie dürfen die Lehre niemand anderem mitteilen, weil dies das Ende der Religion bedeuten würde. Um über die spärlichen Publikationen hinaus etwas mehr zu wissen, muss man das Vertrauen eines Mitglieds der Elite gewinnen. Ich selbst musste auf meinen Besuch in Israel warten, bis mir die Ehre zuteil wurde, einen auserwählten Drusen kennenzulernen.

Samih Natur ist der Direktor des Instituts, das in Israel die Drusen repräsentiert und die Monatszeitschrift *al-Amama* für Kultur und Gesellschaft der Drusen herausgibt. Zum ersten Mal begegnete ich ihm nur flüchtig auf der Buchmesse von Jerusalem im Februar 2007. Drei Wochen später besuchte ich ihn in Daliat Karmel, einer kleinen Gebirgsstadt, deren Einwohner hauptsächlich Drusen sind.

Die Stadt sei gewachsen, meinte Avram, mit dem ich dort hinfuhr. Sie habe sich von einem kleinen Dorf zu einer Stadt entwickelt, die sich nicht von anderen israelischen Städten unterscheide, dabei aber beispielhaft drusisch sei. Ich fand keine Unterschiede zu arabischen Städten: die Geschäfte, die Art und Weise, im Suq oder in den Gemüse- und Obstläden die Waren auszustellen, die Restaurants. Die jungen Männer und Frauen waren ebenso modern gekleidet wie die jungen Araber in Haifa; das Gleiche galt für ihre Frisuren. Frauen und Männer der älteren Generation trugen Gewänder wie die der Beduinen. Nur die von Hand vielfarbig bestickten Käppchen der Männer waren anders, aber nur wenige Leute trugen sie. Eines saß auf dem Kopf von Samih Natur. Wer die Drusen nicht kennt, der stellt keinen Zusammenhang zwischen dem Tragen der Käppchen und der Religionsgemeinschaft her, sondern hält es für eine arabische Kopfbedeckung. Was aber zeichnete die Stadt noch aus, abgesehen von den Käppchen? Die Tatsache, dass die Einwohner Hebräisch sprachen. Es war äußerst selten, jemanden Arabisch sprechen zu hören. Sogar Samih Natur sprach lieber Hebräisch als Englisch. Auch als wir in seinem Haus beisammensaßen und Inaam und ich als Einzige des Hebräischen nicht mächtig waren, hörte er damit erst auf, als ich ihn darum bat und auch Avram ihn darauf hinwies, dass es besser sei, Englisch zu sprechen. Paradoxerweise hat Samih, wie wir erfuhren, das großangelegte Projekt einer »Arabischen Enzyklopädie« initiiert. Er erzählte, dass er verschiedene israelische Staatspräsidenten auf diplomatischen Reisen begleitet und ihnen sein Projekt unterbreitet habe. Außer Jitzchak Rabin nahm niemand dieses Projekt ernst. Einmal begleitete er Rabin auf einer Reise nach China und hatte dabei die Gelegenheit, ihm näherzukommen. Er erklärte ihm, das schönste Geschenk, das man den arabischen Staaten als Ausdruck des Friedenswillens machen könnte, sei die Zusammenstellung einer umfassenden arabischen Enzyklopädie. Als Rabin ihn fragte, wen er für die Durchführung dieses Projekts im Sinn habe, antwortete er: »Mich selbst.« Er beruhigte ihn aber sofort damit, dass sich natürlich auch Wissenschaftler daran beteiligen sollten, die die arabische Liga vorschlagen könnte und die gemäß seinen Vorstellungen arbeiten würden. Rabin war einverstanden. All dies geschah im August des Jahres 1996. Im November musste Samih im Fernsehen mit ansehen, wie auf Jitzchak Rabin geschossen wurde. »Jeder Schuss, der auf ihn abgefeuert wurde, war auf mich gerichtet«, sagte Samih. Mit dem Tod Rabins ging auch das Enzyklopädie-Projekt unter. Samih zeigte uns einige Bücher. »Jetzt begnüge ich mich mit dieser Serie von kleinen Lexika.« Die prächtigen Bücher mit ihren bunten Einbänden sind natürlich nur in wenigen Exemplaren erschienen. Aber Samih ist nicht der Einzige, der Bücher mag oder herstellt. Auch seine Frau, die sich zu uns gesellte und ein großzügiges, aus lokalen Spezialitäten bestehendes Abendessen auftischte, hat ein Nachschlagewerk über Synonyme im Arabischen verfasst. »Es wird das einzige Lexikon seiner Art sein«, erklärte sie. Mit der Zeit bemerkte ich das chronische Bedürfnis der beiden, immer und in allem die »Ersten«, die »Vorreiter« gewesen zu sein. Sie war die erste drusische Frau, der die Eltern erlaubten, die Universität zu besuchen und in Haifa in einem Studentenwohnheim zu wohnen. Sie beendete die Universität 1970. Samih hingegen war der erste drusische Mann aus Daliat Karmel, der einen Universitätsabschluss erzielte. Noch bevor sie über ihre Studien an der Universität sprachen, war ich mir über die Sinnlosigkeit im Klaren, ihre Überlegenheit in Frage zu stellen. Sie bestanden darauf, dass sie in allem, was sie geleistet und erreicht hatten, die Ersten gewesen waren. Und wer so anfängt, der muss behaupten, dass die religiöse Gruppe, der er angehört, die erste und beste auf Erden ist. Ich bekam so mancherlei Überraschendes zu hören.

Samih Natur zufolge hat die Gemeinschaft der Drusen die älteste Religion der Welt: dreihunderttausend Jahre alt. Um Zweifel auszuräumen, fügte er hinzu: »Ich sage dies nicht, weil ich Druse bin – behüte Gott –, sondern weil es zahlreiche wissenschaftliche Beweise gibt, die diese These bekräftigen.« Musste ich ihm also glauben, dass die drusische Religion die älteste der Welt sei, obwohl ich bis zu jenem Abend fest überzeugt war, sie sei zur Zeit des Fatimidenkalifats in Ägypten aus dem Islam hervorgegangen, in der Epoche des Herrschers al-Hakim bi-'Amrillah (985 bis 1021 nach Christus), der im Alter von elf Jahren das Kalifat übernahm? Aber nein. Samih klärte uns darüber auf, dass al-Hakim bi-'Amrillah sie nur geerbt habe, er sei nur die Inkarnation eines alten Geistes. Die Drusen glauben also an die Inkarnation des Geistes? Ja, aber der Geist eines Menschen kehre nicht in ein Tier, eine Pflanze oder ein unbelebtes Wesen zurück, sondern inkarniere sich nach seinem Tod nur in einem reinen Menschen. Dies bedeutet also in logischer Schlussfolgerung, dass alle Drusen reinen Geistes sind. Al-Hakim bi-'Amrillah, der junge Kalif, von dem man sagt, seine ältere Schwester habe für ihn regiert, verschwand plötzlich, und man behauptet, nur sein Geist sei entschwunden – genauso wie der Herr der Zeiten, der erwartete Mahdi, der Imam der Schiiten.

Wer aber sind die Propheten, die den Drusen ihre Seelen zurückbringen? Es sind ihrer vier, wie Samih erläuterte: der Prophet Schu'ib, der Prophet Jahia, 'Omar bin Jassar und Suliman al-Farsi. »In Wirklichkeit handelt es sich um die süßesten vier Persönlichkeiten«, ergänzte Inaam, als wir später auf der Rückkehr in den

Kibbuz Mizra mit Avram im Auto saßen. Zwei gehören zur Gruppe von Propheten, die zum Frieden und zur Vernunft aufriefen. Die beiden anderen waren seltsamerweise Weggefährten Muhammads, die ihn unter schwärzesten Umständen auf seinem Islamisierungszug begleiteten und dabei sich selbst und ihre Familien opferten; beide waren auch für ihre Enthaltsamkeit berühmt. Und danach? Die Drusen glauben, die Religion sei eine höher stehende geistige Angelegenheit, die nur von Gebildeten und Gelehrten wirklich verstanden wird. Und die Allgemeinheit? Die Allgemeinheit hört zu und gehorcht. Dann handelt es sich also um eine elitäre Religion? Ja, es ist eine reine Religion, die sich fernhält vom Schmutz der Welt. Je höher das Bewusstsein des Menschen, desto mehr erhebt er sich über die Todsünde. Um den Erlesenen die Möglichkeit zu geben, die religiösen Geheimnisse zu bewahren, erlaubt man ihnen, sich über lange Zeit von allen weltlichen Dingen fernzuhalten. Bedeutet dies auch sexuelle Enthaltsamkeit? Ja. Und was ist mit den Frauen, dürfen die Erlesenen die Ehe eingehen? Ja, ein religiöser Scheich darf eine Frau heiraten, aber nur auf Freundschaftsbasis. Auf Freundschaftsbasis? Sie müssen nicht die Ehe vollziehen. Die Frau lebt nur mit dem Scheich zusammen, wenn sie zugestimmt hat, und er darf sie nur mit ihrem Einverständnis berühren. Nur wenn sie es will, dürfen sie miteinander schlafen. Und Kinder zeugen? Ja, aber nur, wenn sie es will. Auf Freundschaftsbasis! Was ist mit Paradies und Hölle? Es gibt kein Paradies und keine Hölle. Der Mensch muss Gutes tun, damit sein Geist bei seinem Tod in einen anderen reinen Geist übergeht. Und die Hölle? Wenn der Geist nicht in einen anderen Geist eingehen kann – das ist die Hölle. Gibt es eine Autorität für alle Drusen, wo auch immer sie sind: im Libanon, in Syrien, in Israel? Ja, in religiösen Dingen. In weltlichen Angelegenheiten sieht die Sache anders aus; jede Seite hat je nach Umständen Handlungsfreiheit. Wie verhält sich ein drusischer Soldat, wenn zwischen Israel und Syrien ein Krieg ausbricht? Es ist ja vorstellbar, dass ein israelisch-drusischer Soldat an der syrischen Front kämpft. Ganz einfach, sagte Samih. Der drusische Bruder kennt die Spielregeln. Ich bin hier, um den israelischen Staat zu verteidigen. Ich unterstütze den Staat, unter dessen Schutz ich lebe, ganz zu schweigen von der Regierungsform, die ich ebenfalls unterstütze. Es ist also möglich, dass wir gegeneinander kämpfen. Vielleicht töte ich unwissentlich einen drusischen Bruder. Aber die Religion erlaubt das! Es ist also eine Religion, die in hohem Maße den Opportunismus lehrt. Erlaubt sie sogar, den einen Bruder zu töten, damit der andere Bruder am Leben bleibt? Nein, es ist kein Opportunismus, die Religion sagt, man soll – falls man den Befehl dazu erhält – der Loyalität gegenüber dem Staat den Vorrang geben. Gehorchen die Drusen im Libanon aber nicht dem Befehl des Staates? Im Libanon gibt es keinen Staat.

Eine sonderbare Religion also, gewiss nicht weniger sonderbar als andere Religionen. Samih verstärkte die Absonderlichkeit allerdings noch, als er anfing, all die Dinge aufzuzählen, in denen sich die Drusen mehr als andere Bevölkerungsgruppen ausgezeichnet hatten. Seinen Worten zufolge war der erste Soldat in Israel, der zum General befördert wurde, ein Druse. Auch der Offizier, der die israelische Armee rettete, als sie im Jom-Kippur-Krieg bei Dafarsiwar auf dem Sinai in einen Hinterhalt geriet, war ein Druse. Der erste israelische Verteidigungsminister war ein Druse. Der erste Atomforscher in Israel (Vorsicht vor dem Geheimnis!) war ein Druse. Der erste Soundso und Soundso – alles Drusen. Hätte Samih an jenem Abend Redefreiheit besessen, hätte er sich zu der Behauptung verstiegen, der Gründer Israels, nämlich der Präsident der Jüdischen Agentur David Ben Gurion, sei auch ein Druse gewesen. Wenigstens die Inkarnation eines »reinen« drusischen Geistes müsste er gewesen sein. Vielleicht ist das nicht weiter verwunderlich, wenn man bedenkt, das Samih sich das größte Geheimnis nicht entlocken ließ: nämlich dass Gott ein Druse ist.

Besonders kurios wurde die Sache, als ich ihn aus Neugier fragte, ob es auch im Irak Drusen gebe; meines Wissens hat bisher nämlich niemand davon gesprochen. Das ist umso erstaunlicher, da der Irak doch bis heute eigentlich alle vorstellbaren Religionen, Konfessionen, Ethnien und fremden Volksgruppen vereint. Natürlich gibt es Drusen im Irak, wie es überall auf der Welt Drusen gibt: in Amerika, in Japan, in Indien, in Deutschland, sogar unter den Indianern. Warum spricht man dann nicht darüber? Weil man darauf wartet, dass die Stunde schlägt, zu der al-Hakim bi-'Amrillah aufs Neue zu den Menschen gesandt wird, um es ihnen zu verkünden. Aber ich müsse mich nicht beunruhigen. In jener Stunde wird der ganzen Menschheit ihr Drusentum offenbart werden. Er behaupte dies nicht etwa, weil er Druse sei, sondern weil es »wissenschaftliche Beweise« gebe, die das bestätigen. Dies wiederholte Samih mehrere Male während unseres Gesprächs. Ja, angeblich steckt hinter allem ein wissenschaftlich »aufgestempelter« Beweis. Dies ging so weit, dass ich auf die Frage von Avram, ob es keinen Politiker nach Jitzchak Rabin gebe, der mutig genug sei, in Verhandlungen mit der Hamas einzutreten, scherzhaft einwarf, man bräuchte doch nur einen drusischen Scheich. Doch auch diesen Scherz nahm er ernst und bekräftigte ihn sogar, indem er sagte: »Ja, das stimmt. Zumindest bräuchten sie einen Politiker, in dem sich ein drusischer Geist inkarniert hat.« Das Seltsame an Samihs Antwort ist aber, dass anscheinend die ganze Welt aus Drusen besteht, denen dies nur noch nicht verkündet wurde.

Auf dem Rückweg nach Mizra erzählte mir Avram Kantur, wie Samih sich in der letzten Zeit verändert habe. Er sei nicht mehr der Samih, den er, Avram, einmal gekannt habe. Früher sei er fortschrittlich und ohne jede religiöse Bindung gewesen, habe auch niemals ein Käppchen auf dem Kopf getragen. Erst als sein Sohn nach einem Prozess wegen Vergewaltigung eines jungen Mädchens ins Gefängnis geworfen worden sei, habe er angefangen, es sich auf den Kopf zu setzen. Der Junge sei mit einer leichten Strafe davongekommen, weil er die Vergewaltigung nicht allein begangen, sondern »nur« mitgemacht habe. Aber seitdem sei Samih nicht mehr der, der er einmal war.

5

Wer auf dem Weg zu den Golanhöhen, direkt an dem Grenzdreieck, das Israel, Jordanien und Syrien teilt, die Provinz Galiläa
durchquert, dem wird die abwechslungsreiche, paradiesische
Landschaft ins Auge fallen. Und wer das Paradies sieht, der wird
nicht umhin können, an den Frieden zu denken. Wir fuhren in
Avrams Auto durch Galiläa. Nach einer Reihe von Dörfern und
der Stadt Afula, erreichten wir den Jordan. Er mündet in den See
Genezareth, auf dessen Wasser Jesus Christus angeblich lief. Hier
stiegen wir aus, und genau an dem Ort kam mir das Lied »Zahra
al-Mada'in« (Die Blumen der Städte) der christlich-libanesischen
Sängerin Fairuz in den Sinn, die auf unserer Berühmtheitsskala direkt unter der ägyptischen Sängerin Umm Kulthum steht. Sie singt
darin von Jerusalem, und in einer Strophe heißt es: »Oh Jordan,
wasche die Fußspuren der Barbaren weg.« Damit meint sie natürlich die Spuren der zionistischen »Juden«, die dem Lied zufolge
Palästina besetzen. Die überzeugte Christin Fairuz spricht tatsächlich von diesem Ort. War ihr bewusst, wessen Füße hier wandelten, wer in diesem Lied gemeint ist, oder hat sie ahnungslos einfach
nur die Worte nachgesungen, die ihre Schwager geschrieben und
ihr Mann vertont haben? Waren die Brüder Rahbani ihrerseits an
der Demagogie beteiligt, die die arabische Kultur- und Kunstszene
beherrscht? Ich weiß es nicht, und ich suche auch nicht nach einer
Antwort. Gerade in dieser Gegend, Galiläa, sucht man doch eigentlich nach Frieden, nachdem man in den Fluten des Jordan eine
rituelle Waschung vollzogen hat. Von dieser Stelle aus setzten wir
unseren Weg fort und gelangten nach einer Kaffeepause am See
Genezareth an den Jordan, wo die Grenze zwischen Jordanien und
Israel verläuft. Die Länder sind durch einen mit einem Frühwarn-
system versehenen Zaun aus Stacheldraht und durch riesige,
brachliegende Felder voneinander getrennt. Tatsächlich gehen die
Felder auf der gesamten Länge des Wadi Jarmuk bis zu den heißen
Quellen von al-Hama. Von dort aus setzten wir unsere Fahrt bis zu

den Golanhöhen fort und machten in Kfar Haruv Halt, um erneut einen Blick auf den See zu werfen. Auf dem Heimweg nach Mizra fuhr Avram durch das Jordantal und Bet Shaan. Als wir Mizra bei Sonnenuntergang erreichten, fühlten wir uns wie Menschen, die gerade aus dem Paradies zurückkehrten – einem Paradies, das Gott auf Erden vergessen hat. Vergisst man auch alles, was man gesehen hat, so wird einem doch ein Anblick im Gedächtnis bleiben und noch lange, vielleicht ein ganzes Leben begleiten: der Anblick des Sees, wenn man an seinem Ufer steht oder um ihn herumwandert und ihn von allen Seiten betrachtet.

Gewiss stand auch Gieta Schrober, die ursprünglich aus Riga stammende Frau, an dieser Stelle und sah den Fischern zu, wie sie in sich gekehrt in ihren sanft schaukelnden Booten saßen und ihre Netze auswarfen. Sie horchte in die Stille des Wassers und der Natur, sie beobachtete die Vögel, die frei über den Gipfeln der den See umgebenden Hügel schwebten. Gewiss stellte sich diese einst wegen ihres Judentums verfolgte Dame die Frage, wo hier am See eigentlich die Grenzen verliefen, die Grenze zum Himmel und die Grenze auf Erden. Gewiss sann sie lange darüber nach, blickte irgendwann auf ihre Füße, um die die Wellen plätscherten, und sagte sich: Gut, wo ich stehe, ist Israel. Was aber ist mit dem Menschen am gegenüber gelegenen Ufer des Sees? Spielt dieses Wasser nicht auch um seine Füße? Ist es nicht dasselbe Wasser, das gerade meine Füße umspielt? Wie kann uns das Wasser unterscheiden, wenn es uns doch zusammenbringt? Auf welcher Erde steht der andere, der seinen Blick bestimmt gerade über das andere Seeufer schweifen lässt – in welchem Land befindet er sich? In Jordanien? Sie denkt: Wer hat die Grenzen dort festgelegt? Wussten die Fischer in alter Zeit, in welche Richtung sie ihre Netze auswerfen durften? Wussten die Menschen, wo sie ihr Trinkwasser schöpfen durften? Wo endet Israel, wo beginnt Jordanien? So gehen der ehrwürdigen Dame die Gedanken durch den Kopf, sobald sie das Haus betritt, das sie genau an diesem Ort bauen wollte: Bet Gabriel, benannt nach ihrem Sohn. Wer die Geschichte des Hauses liest, wird meinen, ihr Sohn sei in einem der arabisch-israelischen Kriege gefallen. Aber es war anders, er kam 1988 bei einem Autounfall ums Leben. Die 1917 in Riga geborene Dame jedoch bestand darauf, das Haus nach ihm zu benennen und ihn dadurch zu verewigen. Was gibt es Schöneres, als ein Haus zu errichten, das zu einem Zentrum für den Frieden werden soll, um das Andenken eines geliebten Menschen zu bewahren? Dem Informationstext nach, der über das Leben der wohlhabenden Dame berichtet, habe sie, als sie zum ersten Mal an dieser Stelle am See stand, laut ausgerufen, dieser Ort und kein anderer sei es wert, ein Ort für den Frieden zu werden. Und in diesem Haus sollten der jordanische König, Hussein bin Talal, und der israelische Staatspräsident den Friedensvertrag unterschreiben. Als ihr Sohn starb, drang sie auf den Bau des Hauses, aus dem schließlich ein imposanter Palast wurde. Er ist mit einem Kinosaal und einem Saal für Theateraufführungen und Kunstausstellungen ausgestattet; daneben gibt es eine Cafeteria und eine kleine Pension. Kurz nach dem Tod ihres Sohnes wurde das Haus im Jahr 1988 als Kulturzentrum eröffnet, das seither, vor allem in der Reisesaison, zahlreiche Besucher empfängt. Während der Eröffnungsfeier teilte Gieta Schrober den Anwesenden mit, sie habe dieses Haus erbaut, weil sie einen Traum habe, den sie unbedingt vor ihrem Tod erfüllen wolle. Sie habe dieses Haus in erster Linie errichtet, um es der israelischen Regierung für Friedensverhandlungen mit Jordanien zur Verfügung zu stellen. Dieser Traum verwirklichte sich tatsächlich, wenige Jahre nachdem sie zum ersten Mal an dieser Stelle stand. Wer heute das Haus besichtigt, wird die an den Wänden hängenden Fotos betrachten: Fotos vom israelischen Staatspräsidenten Jitzchak Rabin, dem es nicht genügte, den Friedensvertrag von Oslo mit den Palästinensern zu unterzeichnen und dem verstorbenen Palästinenserpräsident Jassir Arafat die Hand zu schütteln; er krönte sein Lebenswerk durch einen Friedensvertrag mit Jordanien! Und noch mehr Fotos: Rabin und König Hussein, die einander umarmen und lächeln oder zusammen am Ufer des Sees Genezareth stehen und in die Ferne blicken. Diese die Wände des Hauses zierenden Fotos vermitteln eine eindeutige Botschaft: Was man hier sieht, ist das Paradies an sich. Das Paradies kennt keine Grenzen, es ist überall. Wer das Paradies bewahren will, muss auf das schauen, was unter seinen Füßen liegt. Er wird erkennen, wo er steht. Das Paradies unter seinen Füßen ist der Ort des Friedensvertrags. Die Träumer haben das Paradies durch den Friedensschluss wahr werden lassen. Gieta Schrober ist auf den Fotos von Jitzchak Rabin und dem jordanischen König nicht abgebildet. Vielleicht hat sie sich absichtlich so verhalten, weil sie es für unnötig erachtete, auf den Fotos zu erscheinen. Sie ist lieber hinter den Kulissen aktiv, in jedem Quadratzentimeter von »Haus Gabriel«. Es ist, als wolle sie ihrem eigenen Namen bewusst nicht so viel Raum geben, als wolle sie sagen: Die Träumer sind hier, man kann sie in der Luft, am Horizont, in der Weite erkennen. Schaut nur euch selber an, ihr Besucher, die ihr, wie ich, am See steht und euch wieder einmal das Paradies ausmalt. Selbst wenn ihr unten in der Cafeteria sitzt, in der Nähe des Seeufers, und die Fischerboote betrachtet, denkt ihr über meine Worte nach, die ihr später überallhin mitnehmen werdet: Es gibt kein Paradies ohne den Frieden!

6

Die Kanone steht noch an ihrem Platz, auf der Anhöhe – eine alte Erinnerung, von Rost bedeckt und Gräsern umwuchert. Einige Halme kleben an dem Rohr und reichen bis zur Mündung, die ins darunterliegende Tal, auf den See Genezareth, weist. Die Kanone ist eigentlich klein, eines von diesen alten Mörsermodellen, die schon seit langer Zeit ins Museum gehören. Aber die Kibbuz-Bewohner haben entschieden, sie an ihrem Platz zu lassen – wie viele Israelis waren sie berauscht vom historischen Sieg über den »Feind«. Ich kann mir gut vorstellen, wie der dort sitzende syrische

Soldat, geblendet vom friedlichen Anblick des Sees unter sich, völlig ahnungslos war, als er auf einmal das Stampfen der israelischen Militärstiefel und das Krachen der sich nähernden Waffen hörte. Hatte er noch die Zeit zu fliehen, als er die israelischen Soldaten sah, oder wurde er gefangen genommen und gefesselt? Beging er Selbstmord im Tal oder fiel er, nachdem einer der siegestrunkenen israelischen Soldaten das Feuer auf ihn eröffnet hatte? Ich weiß es nicht, und auch Avram Kantur wusste es nicht. Das Einzige, was er wusste, war, dass der Ort, an dem wir stehengeblieben waren, einer der höchstgelegenen Teile des Golan ist. Hier hielten die syrischen Soldaten aus, bis die israelischen Streitkräfte am 10. Juni 1967 die vollständige Herrschaft über den Höhenrücken übernahmen und damit einen Landesteil von etwa tausenddreihundert Quadratkilometern besetzten, der bogenförmig entlang der syrisch-jordanischen Grenze verläuft. Einer der vielen militärtaktisch wichtigen Geländeabschnitte auf dem Golan ist heute der Kibbuz Kfar Kama. Er ist einer von etwa vierzig Kibbuzen, Siedlungen und anderen strategischen Stellungen, die in den letzten vier Jahrzehnten hier auf den Golanhöhen entstanden sind.

Es ist wirklich ein Paradox: Wer hier oben steht und den friedlichen Anblick des Sees in Richtung Bnei Yehuda genießt oder auf die Geräusche um sich herum lauscht und dabei das Summen der Insekten und das Rascheln der Blätter vernimmt, um den wird alles ruhig. Keine Menschenseele kommt vorbei, als seien die Kibbuzbewohner allesamt zur Arbeit auf die benachbarten Felder gegangen. Wer einen Augenblick wie diesen erlebt – und sei es nur für wenige Minuten, wie wir an diesem etwas feuchten Märztag –, dem wird es möglicherweise schwerfallen, sich die Kämpfe vorzustellen, die hier abliefen, bevor die syrische Armee geschlagen den Rückzug ins Landesinnere antrat und die Menschen wehrlos zurückließ. Etwa hundertzwanzigtausend Menschen lebten damals im Golan, heute sind von ihnen nur noch etwa dreizehntausend übriggeblieben. Die meisten sind in fünf Dörfern im Norden des Golan ansässig. Die Kanone ist nicht das einzige Zeichen für die frühere syrische Präsenz im Golan; auch die Zerstörungen in den verlassenen syrischen Dörfern, auf die man stößt, wenn man heute die Anhöhen durchstreift, weisen darauf hin. Ihre Ruinen zieren den Weg, an dem an anderen Stellen neue Siedlungen entstanden sind. »Das haben wir angerichtet«, sagte Avram und zeigte dabei auf die von der israelischen Armee zerstörten Dörfer und Bauernhöfe. Mit trauriger Stimme fügte er hinzu: »Alle Bewohner wurden gewaltsam aus ihren Dörfern vertrieben.« Darunter waren mehr als hunderttausend Drusen, die seit vielen Jahrhunderten auf der Flucht vor den Verfolgungen und Übergriffen durch die Anhänger anderer Religionen auf den Golanhöhen Zuflucht gesucht hatten, um dort ihren Glauben nach ihren Vorstellungen ausüben zu können. Es ging völlig über ihre Erwartungen, dass »der Feind« diesmal aus einer ganz anderen Richtung als sonst kommen könnte: aus Südwesten, um sie nach Osten in Richtung syrisches Inland zu vertreiben. Ich habe keine Ahnung, was die Fremdenführer den Touristen erzählten, die hin und wieder in Bussen an uns vorbeifuhren. Nahmen sie wie wir den Weg über die Anhöhe nach Madschal Schams oder wollten sie in die neuen Dörfer, die nach der Besetzung des Golan an der Straße aus dem Boden geschossen waren? Vielleicht hörten die Touristen nicht auf die Erläuterungen ihrer Fremdenführer, weil sie zu vertieft in den Anblick der an ihnen vorüberziehenden Naturschönheit waren? »Es ist verständlich«, meinte Avram. »Wer von diesen Touristen erinnert sich schon an den Krieg? Und wer sinnt darüber nach, was passieren würde, wenn ein neuer Krieg ausbräche?« Avram musste mir nicht erklären, dass die Schönheit dieser Gegend eine willkommene Ablenkung für die Menschen darstellt. Sie bringt sie dazu, nur an die Gegenwart zu denken. »Aber gerade deshalb müssen die Menschen an den Frieden denken – wegen der Schönheit der Natur! Schau dich nur um.« Wirklich, wer die Blicke über die Berge und Felder schweifen lässt, sollte sein Möglichstes tun, um den Ausbruch eines weiteren Krieges in dieser Gegend zu verhindern. Insbesondere weil ein künftiger Krieg, wenn er denn ausbräche, mit den früheren Kriegen überhaupt nicht zu vergleichen wäre, mit dem Sechstagekrieg von 1967 oder dem Jom-Kippur-Krieg von 1973. Ein neuer Krieg wäre viel grausamer!

Der Weg führte über Höhen und durch Täler. Östlich der Berge erstreckte sich das Tal des Jarmuk; von oben konnte man den Ursprung der heißen Quellen sehen. Westlich der Berge lag der von Weinbergen umgebene See Genezareth. Aus den Trauben wird Wein hergestellt. Fast alle Siedlungen im Golan keltern Wein und konkurrieren miteinander in seiner Vorzüglichkeit. Bis heute sind immer wieder neue Weinberge entstanden, nur langsamer als früher. Es ist, als seien sich die Siedler einig, dass die Golanhöhen niemals an die Syrer zurückgehen werden. Nicht wegen des »ideologisch-historischen Erbes«, das auf den alten zionistischen Ehrgeiz im Golan zurückzuführen ist, sondern weil »die Herrschaft über den Golan heutzutage die Herrschaft über die Wasserquellen bedeutet« – wie es einer der Bewohner ausdrückte. Es würde Israel nicht leichtfallen, diese aufzugeben. Israel hat es von Anfang an gewagt, dort Siedlungen zu gründen. Die erste entstand bereits sieben Wochen nach der Besetzung des Golan. Man rief jüdische Siedler herbei und machte sie in den Gebieten ansässig, die sich vom Norden bis zum Süden des Golan in zwei parallelen Geländeabschnitten erstrecken und mit ihren mehr als vierzigtausend Siedlern sowohl wirtschaftliche und administrative wie auch militärische Zwecke erfüllen. Ohne weiteres könnten sie einem syrischen Angriff gegen den Golan standhalten. Die Bewohner des Golan halten diesen allerdings für unwahrscheinlich. Nach ihrer Erfahrung aus den letzten vierzig Jahren war die syrische Front die ruhigste für Israel. Es fiel kein einziger Schuss. Der einzige Zwischenfall ereignete sich, als ein einfacher Soldat das Feuer eröffnete. Man munkelt, dass er verrückt gewesen oder später in den syrischen Geheimdienstgefängnissen übergeschnappt sei. Wenn man die Bewohner der Siedlungen fragt, ob man die Lage im Golan mit der in der Westbank vergleichen könnte, verneinen sie es. Sie merken, dass von der zurückgebliebenen ursprünglichen Bevölkerung auf dem Golan keine Gefahr ausgeht. Vieles hat sich in den letzten vierzig Jahren verändert. »Es geht heute nicht mehr darum, ob Syrien oder Israel hier das Sagen hat«, erklärt mir ein junger Mann aus Madschal Schams. »Einziger Herrscher ist die Wirtschaft.« Dem jungen Mann zufolge, der in Haifa Wirtschaftswissenschaften studiert, sagt die Wirtschaft, »dass es für die Bewohner des Golan keinerlei Nutzen hätte, vierzig Jahre zurückzugehen«. Als ich daraufhin wissen wollte, ob er es für besser halte, unter der Besatzung zu leben, als »in die Tiefen des syrischen Vaterlandes zurückzukehren«, wie die Informationspolitik der syrischen Baathisten es auszudrücken pflegte, antwortete er, ich könne seine Worte interpretieren, wie ich wolle. Dann fügte er scherzend hinzu: »Vergessen Sie nicht, dass ich israelischer Staatsbürger bin.«

Der Student ist nicht der Einzige. Heute genießt die Mehrheit der Einwohner des Golan die israelische Staatsbürgerschaft. Zu Beginn beschränkte sie sich auf die dortigen Drusen. Aber durch die Änderung des israelischen Staatsbürgerschaftsgesetzes im Jahr 1980, in der der Innenminister den »Bewohnern der 1967 besetzten Gebiete« das Recht einräumte, die Staatsbürgerschaft anzunehmen, entwickelte sich das Nachsuchen um die israelische Staatsbürgerschaft für alle Bewohner des Golan zu einer Pflicht. Der krönende Abschluss war die staatliche Eingliederung des Golan, als Israel gemäß einem 1981 von der Knesset erlassenen Beschluss verkündete, das Inkrafttreten »des Staatsgesetzes und seine Durchsetzung sowie die Verwaltung in der Provinz Golanhöhen« zu garantieren. Dieser Beschluss ließ sich selbstverständlich nicht ohne Widerstand durchsetzen. Einige der Bewohner des Golan, insbesondere die Nichtdrusen, versuchten sich ihm durch Ablehnung der israelischen Staatsbürgerschaft zu widersetzen. Oder sie riefen dazu auf, gegen die »Verräter«, die die Staatsbürgerschaft annahmen, eine Politik der gesellschaftlichen und religiösen Isolierung zu betreiben – in Übereinstimmung mit dem, was man damals »nationales Dokument« nannte, das die Gegner der Einbürgerung 1980 übernahmen. Dies genügte den Verweigerern nicht. Sie riefen zu noch mehr öffentlichen Streiks auf, die nahezu sechs Monate andauerten, um »gegen den Beschluss der nach wie vor von ihnen abgelehnten staatlichen Eingliederung zu protestieren« – wie es in den damaligen Aufrufen hieß. Heutzutage wollen sich die meisten Bewohner des Golan nicht an die damalige Zeit erinnern. Nach siebenundzwanzig Jahren Arbeit und Leben in Israel wollen nur noch wenige von ihnen nach Syrien zurückkehren, insbesondere da inzwischen eine Generation mit neuer Erziehung und Identität herangewachsen ist. Zu dieser Generation gehört auch der »nichtdrusische« Student, der unterscheidet, ob jemand Syrer ist oder unter der Herrschaft des Baath-Regimes in Syrien lebt. Natürlich betrachtet die alte Generation den Süden des Golan in Syrien immer noch als »tiefes Vaterland«, in dem ihre Verwandten und Freunde leben. Aber die neue Generation weiß um die Macht der Wirtschaft, die einen stärkeren Einfluss auf die Menschen ausübt als das Vaterland. Der junge Mann, der wie die Mehrheit der Jugend einwandfrei Hebräisch sprach, erklärte, dass er nicht nach Syrien zurückkehren wolle, zumindest nicht unter die Herrschaft des syrischen Baath-Regimes, weil er sich nicht den Millionen Arbeitslosen oder den Millionen Verstummten in Syrien anschließen wollte, die »immer nur ja zum syrischen Diktator sagen müssen«. In Israel finden die Menschen nicht nur Arbeit, sie haben auch das Recht, bei den Wahlen ihre Stimmen abzugeben. Sie können ihre Meinung äußern und ihre Parlamentsvertreter wählen. Ja, einige können sogar demonstrieren und »Israel, die Besatzungsmacht« bestreiken. Auch wenn das syrische System sie anstachelt, zurückzukehren oder die besetzten Gebiete zurückzufordern, werden immer nur die leeren vaterländischen Parolen wiederholt, die nur eines im Sinn haben: das Wohl der »alewitischen« Assad-Familie. Was der junge Mann erwähnt, ist bekannt: In Syrien fehlen Demokratie und Freiheit, Unterdrückung und Verfolgung sind weit verbreitet, und syrische Staatsbürger sind zum Schweigen verdammt. Bei den Scheinwahlen, die – wie im alten umajjadischen Kalifat – eher zu einem Handelsgeschäft geworden sind, müssen sie mit »Ja« stimmen. Am Schlimmsten aber ist es um die nichtarabischen Minderheiten in Syrien bestellt, um die Aramäer und die Kurden. Die Kurden, die mehr als eine halbe Million Einwohner zählen und im Norden leben, besitzen bis heute keinen Personalausweis, von einem Reisepass oder irgendeinem Dokument, das sie als Bürger ausweist, ganz zu schweigen. In den Registern der Regierung sind sie nur eine Nummer – unbequeme Menschen zweiter Klasse, eine Schicht von Dienern, die die syrischen Kaufleute arbeiten lassen, wann und wie es ihnen passt. Weit entfernt davon, das Leben unter der »Besatzung« mit dem Leben im »Vaterland« zu vergleichen, verhehlen die meisten Bewohner des Golan nicht ihre Befürchtung, der Golan könnte an Syrien zurückfallen, zurück zu Internierung und gerichtlicher Untersuchung. Bis heute haben die syrischen Behörden an ihren Grenzen jeden Palästinenser oder Libanesen, der zuvor in israelischen Gefängnissen saß, festgenommen – unter dem Vorwurf, er habe Israel als Agent gedient. Wie aber steht es um die Bürger, die seit vierzig Jahren der Besatzung unterworfen sind? Diejenigen, die gegen die Rückgabe des Golan an Syrien sind und die israelischen Behörden wirklich unterstützen, malen ihr Schicksal im Fall einer Rückgabe lieber nicht aus: Sie würden in den Gefängnissen des »baathistischen« Syrien landen – und ihrer sind viele!

Auf unserer »untouristischen« Fahrt wurden wir in einen Unfall verwickelt. Als wir zu den Golanhöhen hinauffuhren, zerquetschte uns in der Nähe der Quellen am Grenzdreieck zwischen Jordanien, Syrien und Israel beinahe ein großer Lastwagen. Unser Wagen fuhr am Stacheldraht entlang der Grenze. Avram war damit beschäftigt, den Weg zu beschreiben. »Schaut dort unten«, rief er und deutete in Richtung Tal. Aber wir fühlten in diesem Augenblick nichts als den großen Lastwagen, der Avrams kleinen Renault – genau die Fahrertür – heftig rammte, ihn nach rechts drückte und damit zwang, von der Straße in Richtung Stacheldraht abzuweichen. Hätte der Lastwagenfahrer nicht im letzten Moment aufgemerkt, wären wir in den Grenzzaun aus Stacheldraht gefahren, das Auto wäre hindurchgestürzt, hätte sich überschlagen und wäre ins Tal gerollt. Alles geschah innerhalb weniger Sekunden. Wir bremsten am Straßenrand, wo der Lastwagenfahrer ebenfalls anhielt und ausstieg. Sein Gesicht war genauso blass wie die unseren. Er entschuldigte sich viele Male und fragte mit ruhiger und fester Stimme, ob wir die Polizei oder Sanitäter rufen sollten. In diesem Moment näherte sich eine israelische Militär-Grenzpatrouille und hielt neben uns an. Es handelte sich um einen weiblichen Offizier und zwei Soldaten in einem Jeep, allesamt bewaffnet. Ohne aus dem Auto zu steigen, fragte uns der Offizier höflich und teilnahmsvoll, ob wir Hilfe bräuchten. Vielleicht hatte die Frau mein blasses Gesicht bemerkt, weil ich am Fenster saß, und gedacht, ich sei verwundet. Sie stieg erst aus dem Auto, als Avram ihr mitteilte, dass alles in Ordnung sei. Den Satz wiederholte er auch gegenüber dem Lastwagenfahrer, der daraufhin weiterfuhr, nachdem er sich erneut mehrmals entschuldigt und verabschiedet hatte. Und nun stelle man sich vor, die gleiche Szene hätte sich auf der anderen Seite des Zauns, auf dem nördlichen Golan, auf syrischem Boden abgespielt. Dreierlei Personentypen wären zusammengetroffen: zwei nichtbaathistische Iraker, der Fahrer ein oppositioneller syrischer Verleger oder Intellektueller und der Lastwagenfahrer ein Kurde oder Aramäer (eine weitere in Syrien unterdrückte Bevölkerungsgruppe). Und dann kommt auf einmal eine baathistische Militärpatrouille daher und findet uns direkt am Grenzzaun? Kann man sich ausmalen, was da passieren würde? Ich für meinen Teil möchte nicht im Einzelnen erzählen, was uns da alles hätte zustoßen können! Mindestens hätte uns passieren können, dass wir – wie so viele – in einem der zahllosen baathistischen syrischen Gefängnisse gelandet wären – vielleicht sogar im schrecklichsten, dem »Palästina«-Gefängnis!

Wer den Golan bereist und mit eigenen Augen die bezaubernde Schönheit der Landschaft sieht, kommt um den Gedanken nicht herum, dass diese Region ohne ein Ende der Streitigkeiten zwischen Syrien und Israel immer der Anlass zu neuen Kämpfen sein wird. Eben seine Schönheit könnte aber ein Antrieb sein, einen Ausgleich zwischen Syrien und Israel herbeizuführen. Falls die Situation so schwankend bleibt, wird jeglicher Friede, den man empfindet, wenn man auf einem Berggipfel bei Kibbuz Kfar Kama oder anderswo steht, unsicher – aber nicht wegen der Eventualität eines Krieges zwischen den beiden Staaten. Niemand glaubt, dass Syrien eines Tages militärisch stark genug sein wird, einen Krieg gegen Israel anzuzetteln. Hierzu war es weder in der Vergangenheit noch ist es in der Gegenwart in der Lage, warum also in der Zukunft? Zumal Syrien immer jemanden finden wird, der eine militärische Auseinandersetzung an seiner Stelle vom Zaun bricht wie den Krieg im Irak nach April 2003 und den letzten Krieg im Libanon im Sommer 2006, bei denen es im Untergrund mitmischte. Beide zeigen, dass ein »syrischer« Krieg in der Region keine Front und keine Grenzen mehr kennt.

Die vom Wind bewegten Bäume sind das einzige vernehmbare Geräusch auf den Golanhöhen; die auf dem Gipfel stehende Kanone schweigt schon seit vielen Jahren – niemand will sich mehr an die Zeit vor diesen Jahren erinnern. Ohne einen Ausgleich mit Syrien wird dem Geschmack des Weins, den man hier – vorzüglich, wie er ist – trinkt, immer eine leichte Bitterkeit anhaften. Aber sie genügt, um auf die unsichere Zukunft aufmerksam zu machen, die auf die Menschen hier wartet – die ursprünglichen ebenso wie die neuen Bewohner des Golan, die Besatzer, die vor vierzig Jahren als Gäste in das Land einbrachen, »von denen heute aber keiner will, dass sie nur vorübergehend bleiben«, wie es der Besitzer der Weinberge ausdrückt!

Tausendundeine Stadt:
Jerusalem, die heilige Stadt der
blutrünstigen Götter

I

»Suchet Gott, denn er lässt sich finden, rufet ihn, denn er ist nahe.
Es verlasse der Frevler seinen Weg und der Mann des Unrechts
seine Pläne und kehre zum Ewigen, und er erbarmt sich sein, zu
unserem Gott, der unendlich viel vergibt. So wahr ich lebe, spricht
Gott, will ich denn, dass der Frevler sterbe? Nur dass er von seinem Wege umkehre und am Leben bleibe. Er war der gerechte,
strenge König, er war der gütige, barmherzige Vater. Und alle Menschen, die ihn anriefen, waren seine Kinder. Doch urplötzlich soll
sich der alte Gott die Sache überlegt haben: Es genügte ihm auf
einmal nicht mehr, dass die Menschen ihren Missetaten entsagten
und zu ihm zurückkehrten. Er wollte ein blutiges Opfer, sogar ein
Menschenopfer haben. Er fühlte sich außerstande, die Menschheit
zu erlösen, solange nicht ein Mensch ihm zu Ehren am Kreuze
starb. Aber um der Welt zu beweisen, wie sehr er sie liebte, sollte
dieses Opfer sein eigener Sohn sein. Ehedem waren alle Menschen
seine Kinder – nun hatte er einen eingeborenen Sohn. Und dieser
Sohn musste Menschengestalt auf sich nehmen, einen grauenvollen
Tod erleiden, um als Opfer zu seinem Vater zurückzukehren. Dann
erst war Gottes Zorn besänftigt. Sonst war Gott kraftlos, die
Menschheit zu erlösen. Doch dieser Sohn war mehr als das: Er war
Gott selbst. Gott hatte sich als Opfer für die Menschheit dargebracht. Wem aber ward dieses Opfer dargebracht? Niemandem
anders als ihm selbst. Der liebe Gott hatte den lieben Gott dem
lieben Gott geopfert. Aber mittlerweile hatte sich eine furchtbare

Tragödie abgespielt: ein schuldloser Mensch, ja viel mehr als das, ein Gottmensch, hatte einen martervollen Tod erduldet mit allen seinen Bitternissen und Demütigungen. Doch das musste so sein. Das lag im göttlichen Weltenplan. Gottes eingeborener Sohn, empfangen von Maria in unbefleckter Jungfräulichkeit, musste unter Qualen am Kreuze sterben, sein heiliges Blut musste den Sand der Richtstätte färben, damit sein Vater imstande war, die Menschheit zu erlösen. Sonst wäre die Menschheit in dem Pfuhl der Erbsünde geblieben, versunken, der Gewalt des Bösen verfallen und nimmer der Seligkeit teilhaftig geworden. Er musste also sterben. Und durch wessen Hände musste er sterben? Durch die Hände seiner eigenen Brüder, die das Volk Gottes waren, von ihm selber so bezeichnet. Sie mussten ihn martern und töten – sonst wäre Gott um sein Opfer gekommen und das Menschengeschlecht in alle Ewigkeit verdammt; die Erbsünde würde immerdar die Kinder Adams in ihrem Banne halten. Hätten sie ihn nicht getötet, sie hätten Gottes Erlösungsplan vereitelt. Sie mussten ihn töten, obgleich ihre Richter sonst grimmige Feinde der Todesstrafe waren. Es war Gottes Wille. Sie mussten sein Blut auf ihr Haupt laden, den ewigen Fluch der schrecklichen Tat auf die Häupter ihrer Nachkommen bis ans Ende der Tage. Gott wollte es so. Gott hatte sein Volk zum Henker seines Sohnes auserkoren. Du tötest meinen Sohn, und sein Blut erlöst die Welt, du aber bleibst verdammt – oder du tötest ihn nicht, ich kann die Welt nicht erlösen, und du bleibst erst recht verdammt. Das war der Dank Gottes, das war der Lohn Gottes an sein Volk, dafür, dass es ihn zuerst erkannt und geliebt, in tausendjähriger Entsagung auf staatliche Macht und Herrlichkeit verzichtend, sich zu seiner Erkenntnis durchgerungen, den Hass und den Spott einer Welt auf sich geladen, um ihn zu verkünden, seine Schlachten geschlagen, ihn treu und mutig bekannt und, tausend übermächtigen Feinden zum Trotz, sein Gesetz zum Gesetz der Welt erhoben hatte. Gott hätte seinen Sohn getrost anderwärts Menschengestalt annehmen lassen können: in den Urwäldern Germaniens, im ewigen Rom, in dem schönen und weisen Athen, die jetzt ohnehin auch sein menschlich Teil für sich in Anspruch nehmen. Aber er wollte just, dass sein Volk in das Blut seines Sohnes die Hände tauchte, um noch zweitausend Jahre nachher dafür als ›gottesmörderisches Volk‹ blutig verhöhnt und verfolgt zu werden. Gott wollte es nicht anders. Fürwahr, milder und gerechter kann selbst ein Gott nicht sein [...]«, las ich in dem Buch *Die Eselin Bileams und Kohelets Hund* von Elazar Benyoëtz. Dieser Abschnitt, den der Autor ursprünglich aus dem 1915 erschienen Buch *Morija und Golgatha* von Benjamin Segel abgeschrieben hat, ging mir seit seiner ersten Lektüre nicht mehr aus dem Kopf. Nicht wegen der Gewalt des Themas – auch wenn das sinnlose Schlachtopfer in den drei von Gott gesandten Religionen Grund genug gewesen wäre –, sondern wegen alldessen, was mich während des Lesens umgab; es war, als hätten meine Augen soeben etwas Neues entdeckt. Wir waren an jenem Tag schon früh mit dem Bus aus Afula nach Jerusalem aufgebrochen, um acht Uhr dreißig. Die Sonne schien kräftig, ich konnte ihre Strahlen durch die Fensterscheibe spüren. »Seltsam«, dachte ich bei mir. »Während der zwei Stunden, die unsere Fahrt bis zum Durchqueren des Tores Jerusalems, von dessen Besuch wir seit vielen Jahren träumen, bis jetzt gedauert hat, habe ich nichts wahrgenommen: nicht die Hitze, nicht die neben mir sitzende Person.« Ein kleiner, dünner junger Mann, der eine riesige Menge Sonnenblumenkerne in sich hineinstopfte. Vielleicht hatte ich zuvor ein- oder zweimal einen Blick auf ihn geworfen, als der Bus den Bahnhof verließ. Danach vergaß ich ihn jedoch. Vielleicht warf ich noch einen Blick auf Inaam, die in der Reihe vor mir neben einer, wie ich annehme, schwedischen Touristin Platz genommen hatte. Auch Inaam war in die Lektüre eines Buches in deutscher Übersetzung vertieft, *Lilly, die Tigerin*, ein Roman der israelischen Schriftstellerin Alona Kimhi. Die schwedische Touristin versuchte vergeblich, Inaam in ein Gespräch zu verwickeln. Und da war es, das Buch meiner Zuflucht, das mich schließlich aus meiner inneren Reise aufschreckte und in die mich umgebende Welt zurückkehren ließ: zu meinem Sitz, zu meinem

Reisebegleiter im Bus. Es waren die Worte über den »blutrünstigen« Gott, der darauf besteht, ein Menschenopfer zu bringen, um
zu erfahren, dass die Menschheit ihn liebt (oder ihm gehorcht); es
waren genau diese Worte, die mich veranlassten, innezuhalten und
ein wenig zu meditieren. Ich drückte das Buch an meine Brust und
blickte um mich: außer acht oder zehn Sitzen, deren eine Hälfte
mit Touristen aus Nordeuropa besetzt war, während auf der anderen Araber aus Israel saßen, von denen einige traditionelle arabische Kleidung trugen – außer diesen wenigen Personen befand
sich in dem Bus nur eine einzige Art Reisende: Soldaten beiderlei
Geschlechts, junge Männer und Frauen um die achtzehn Jahre alt.
Von ein oder zweien abgesehen, schliefen alle in ihrer frisch gebü-
gelten Khakiuniform, das Barett in der Hand, die Maschinenpistole »Uzi« an die Brust gedrückt. Ja, jeder hielt seine Maschinenpistole wie einen Säugling im Arm. Werden sie ihre Babys vielleicht
so in den Armen halten, wenn sie erwachsen geworden sind und
geheiratet haben? Ich habe gehört, dass die meisten Ehen zwischen
israelischen Jugendlichen in der Armee geschlossen werden. Wirklich eine dumme und sinnlose Frage; das weiß ich. In jenem Moment schoss mir aber eine andere Frage durch den Kopf, vielleicht
um mein Gemüt zu beruhigen. Wer sein Kind so an sich drückt,
wird vorsichtig sein, es nicht fallenzulassen. Aber wie ist es um ein
Gewehr bestellt? Wird derjenige, der es festhält, genauso vorsichtig sein? Das Magazin ist gewiss nicht leer, »Uzi« ist keine Vogel-
scheuche. Mit diesem Gewehr soll die größtmögliche Anzahl von
»Feinden« getötet werden. Die große weite Mündung aber ist direkt auf mich und niemand anderen gerichtet. Was geschieht, wenn
eine dieser schlaffen Hände im Schlaf auf den Auslöser drückt? Die
beiden Soldaten auf den Sitzen links von mir und die Soldaten auf
den Sitzen hinter mir schlafen allesamt tief, haben dabei aber die
Mündung ihrer Waffen auf mich gerichtet. Was geschieht, wenn
einer von ihnen träumt, ich sei ursprünglich ein weiterer »Sohn
Gottes«, dem gerade eine himmlische Sendung offenbart wird:
Gott will, dass ich in diesem Bus sitze und mich selbst als Opfer

darbringe, um die Menschheit von der Erbsünde zu erlösen. Was, wenn einer dieser Soldaten den Willen ihres Herrn »Gott« zu erfüllen bereit ist, insbesondere da diese Tat nach den soeben gelesenen Worten nicht als Sünde gilt? Es ist kein Verbrechen, wenn sie eine von Gott aufgebürdete Sendung ausführen, »seit Gott dieses Volk auserwählt hatte, dass es zum Henker seines Sohnes werde«. Sie hatten keine andere Wahl, als »sein Blut auf ihr Haupt, den ewigen Fluch der schrecklichen Tat auf die Häupter ihrer Nachkommen zu nehmen bis ans Ende der Tage.« Ist dies nicht Gottes Wille? Doch wer ist in diesem Fall der Henker, wer das Opfer? Was, wenn einer dieser Soldaten an die Worte glaubt, mit denen Gott seine Vorfahren verführte? Gibt es wirklich keinen anderen Weg, um die Menschheit von der Erbsünde zu erlösen, als den einen zum Henker, den anderen zum Opfer zu machen? Was aber ist dies für eine Sünde, die zur Vertreibung aus dem Paradies führte, diese Sünde der Rebellion gegen Gott, im Vergleich zur Mordsünde? Was für ein eitler Gott, was für ein blutrünstiger Gott ist das, der seine Gegenwart nur dazu benützt, ein ganzes Volk zum Henker zu machen? Was für ein Gott ist das, der von der Liebe der Welt nur dann überzeugt ist, wenn sie ihm ein Menschenopfer dargebracht hat? So sprach ich zu mir, als ich auf die auf mich gerichteten Waffenrohre starrte und das Schnarchen der Soldaten um mich herum hörte, als käme es aus deren Mündungen. Zweifellos waren sie müde; in der Nacht zuvor mussten sie bis zu später Stunde wach gewesen sein, und heute? Sie waren früh aufgestanden, das sah man ihren Gesichtern an, und ihre Mütter hatten sie zum Busbahnhof gebracht. Avram Kanturs Frau Hagar hatte mir erzählt, wie ihre Kinder, die seit kurzer Zeit ihren Wehrdienst ableisteten, jeden Freitag nach Hause kämen und wie sie sie im Auto des Kibbuz jeden Samstagabend zum Busbahnhof von Afula brächte. Jedes Mal, wenn sie sich am Ende des Wochenendurlaubs von ihnen verabschiede, lege sie die Hand aufs Herz, sagte Hagar. Und so legen Millionen von Müttern die Hände auf ihre Herzen, wenn sie sich von ihren Söhnen und Töchtern verabschieden, die sich auf den Weg zu ihren militärischen Einheiten machen. Frührer waren Armee und Krieg den Männern vorbehalten. Mit der Gründung des Staates Israel vor sechzig Jahren hatten jedoch beide Geschlechter in der Armee zu dienen. Die orientalischen Juden erinnern sich noch, wie schwer ihnen das damals fiel, als sie erfuhren, dass ihre Töchter den Wehrdienst ableisten mussten. Die irakischen Juden sprechen bis heute davon; einige bereuen deshalb sogar, nach Israel ausgewandert zu sein. Heute gehört der Wehrdienst im ganzen Nahen Osten zur Normalität. Ich kenne die Sorge der Mütter, ich habe sie am Ende eines jedes Urlaubs von dem Gesicht meiner Mutter ablesen können. Ich kenne auch die Müdigkeit, die meine Kameraden damals auf dem Rückweg zu ihren Einheiten übermannte, so dass auch sie im Bus in den Tiefschlaf versanken. Vielleicht unterscheiden sich die Soldaten auf der Welt nur in Gesichtszügen und Haarfarbe. Eines haben sie alle gemeinsam: die Härte des Gesichts, die Müdigkeit, die traurigen, sorgenvollen Blicke, ganz gleich, wo sie sich befinden und an welcher Front sie stehen. Die Gesichter all dieser jungen Männer und Frauen, die ihre Körper dem betäubenden Schlaf hingeben und die Maschinenpistole mit den Händen umklammern, sind genauso müde wie die Gesichter meiner früheren Kameraden. Jede Linie in ihren Gesichtern beweist mir, dass wir den einen Kuchen der Hoffnungslosigkeit teilen, hier wie dort. Hier wie dort gibt es keinen Unterschied, solange es eine »göttliche« Macht gibt, die vom Blut, vom Menschenopfer, vom Tod des anderen lebt, solange es jemanden gibt, der sich für das Opfer hält und den anderen beschuldigt, der Henker zu sein. Ich glaube nicht, dass diese jungen Männer und Frauen sich dessen bewusst sind. Aber jetzt, unterwegs zu ihren über ganz Palästina verstreuten Einheiten, haben sie keine Zeit nachzudenken. Einige dienen in den von Israel besetzten Gebieten, auf der Westbank oder im Gazastreifen. Diese Gegenden stellen für ihr Leben die größte Gefahr dar. Vielleicht ist es der einzige Trost bei diesen Einsätzen, dass dein ganzes Land sich in einen unsicheren Ort verwandelt hat. Warum begleitet einen die Angst nicht nur, seit man zu Hause Khakiuniform trägt, sondern auch, wenn man zur Taxihaltestelle geht? Ist es nicht dies, was einen schlafen lässt? Die Angst, die einen selbst und alle Soldaten um einen herum unterwegs begleitet? Ja, ohne Angst würden sie alle mit Sicherheit nicht schlafen. Alle geben sich dem süßen Schlaf hin, und alle wollen beim Aufwachen feststellen, dass die Welt sich verändert hat. Der Soldat möchte nicht, dass man ihm erzählt, was sich auf dieser Strecke ereignet hat, auf dem Weg von Afula nach Jerusalem, als sich im Frühling 1994 einer der muslimischen Söhne Gottes in die Luft sprengte, ein Gläubiger aus Westjerusalem, in einem Bus wie diesem, in dem wir uns befinden, einem Bus, der Soldaten und Zivilisten transportierte. Was wäre, wenn jetzt nach zwölf Jahren der Sohn des Selbstmörders käme oder sein Bruder oder seine Tochter oder seine Schwester – allesamt »muslimische« Kinder Gottes, denn auch die Muslime haben angefangen, ihre Töchter in den Krieg oder den Dschihad zu schicken? Was wäre, wenn der Gläubige mit seinem Herrn sprechen würde, der Gläubige, der wie er davon überzeugt ist, dass »Gott« mit denselben »honigsüßen« Worten mit ihm spricht, mit denen er schon sein auserwähltes Volk verführte und es anschließend von seinen »Henkern« erlösen ließ, die ihre Hände freiwillig in das Blut »seines Sohnes« Jesus Christus tauchten? Was wäre, wenn der palästinensische Gläubige, der aus Jerusalem oder Ramallah oder sonst woher kommt – wichtig ist nur, dass Gott ihm den Gedanken eingepflanzt hat, sich einen Sprengstoffgürtel um den Bauch zu schnallen –, was wäre, wenn dieser nur gekommen wäre, um sich in diesem Bus in die Luft zu sprengen, egal, wer gerade darin sitzt? Wichtig wäre nur, dass der Mord »an den Mördern des Gottessohnes« gelingt, um seinem Herrn die Erlösung der Welt zu erleichtern. Oder um sich selbst den schnellen Weg ins Paradies zu bahnen und sich dort einen Platz zu reservieren, neben seinen Kollegen, den Selbstmordattentätern, die schon das Glück im Paradies genießen, essen und trinken, was ihnen schmeckt? Um sich die letzte Belohnung zu sichern, die Gott ihm versprochen hat, nämlich mit siebenundsiebzig Jungfrauen eine gewaltige Orgie zu feiern? Was wäre, wenn der Sprengstoffgürtel nicht explodierte und es zu einem blutigen Kampf zwischen den beiden Gruppen käme: auf der einen Seite die, die um mich herum im Bus schlafen und ihrerseits mit einer göttlichen Aufgabe betraut wurden, als ihr Herr ihnen vor mehr als zweitausend Jahren aufbürdete, den Weg zu Gott durch die Erlösung der Menschheit zu erleichtern; auf der anderen Seite die, denen ihr Herr sagte: Euer Tod hat keinen Wert, wenn er nicht im Dienst eurer Religion, des Siegels der Religionen, geschieht; denen, die glauben, dass ihnen eine umso größere Belohnung zuteil wird, wenn sie nur die größtmögliche Anzahl von Feinden töten? Was wäre, wenn diese beiden Gruppen in einen Kampf treten, in dem es außer dem »blutrünstigen« Gott keinen Zeugen gäbe? Welcher Gott würde siegen? Und was wäre, wenn die beiden Gruppen nicht mit Worten kämpften – ich sehe in diesem Bus außer Inaam und mir selbst niemanden ein Buch halten –, was wäre, wenn diese beiden Gruppen, die von Gott zur Erfüllung der ihnen auferlegten Pflicht mit Waffen gegeneinander kämpften? Wer würde den Willen seines Herrgotts erfüllen? Der Soldat der israelischen »Verteidigungsarmee« oder der Selbstmordattentäter in einem »heiligen« Dschihad? Welches göttliche Recht haben sie sich zu eigen gemacht? Und wo ist in diesem Tohuwabohu der »vermeintliche« Gott? Braucht er zwei neue Menschenopfer? Reicht ihm nicht das Blut seines Sohnes, wie manche behaupten?

Wen auch immer man in Israel trifft, der behauptet, Jerusalem unterscheide sich von allen anderen Städten Israels. Einige nennen sie »eine verrückte Stadt« oder »die Stadt der Verrückten«. Ich musste meinen zweiten Besuch abwarten, um herauszufinden, dass es keine bessere Art gibt, in die »heilige« Stadt hineinzufahren, als in einem Bus voller Soldaten beiderlei Geschlechts. Dies liegt daran, dass wegen der ständigen religiösen Auseinandersetzungen Jerusalem nie eine Stadt des Friedens war, wie man sie paradoxerweise gerne nennt, sondern sich in eine riesige militärische Festung verwandelt hat, insbesondere seitdem sie zur Hauptstadt Israels deklariert wurde. Vielleicht ähneln die alten Viertel mit ihren Suqs und engen Gassen einer alten byzantinisch-türkischen Stadt, vielleicht kann man die Kasbah mit den Altstädten von Rabat oder Tunis vergleichen. Jerusalem bleibt aber einzigartig, weil es keine andere Altstadt mit Vierteln gibt, in denen die großen Weltreligionen nebeneinander ansässig sind. Gewiss, die Anhänger dieser Religionen haben sich im Lauf der Geschichte bekriegt, doch letztlich haben sie beschlossen, nebeneinander zu leben und einander mit Respekt zu begegnen. Dies zieht als Erstes den Blick des Besuchers auf sich: Abgesehen von den vier traditionellen Stadtvierteln (deren gegenwärtige Grenzen im neunzehnten Jahrhundert gezogen wurden) – dem muslimischen, dem jüdischen, dem christlichen und dem armenischen Viertel – fällt der Blick auch auf zahlreiche andere, von verschiedenen Menschengruppen gemeinsam bewohnte Stadtteile. Viele meiner Freunde, Israelis wie Palästinenser, bestätigten meine Worte, als ich diese Viertel mit Ghettos verglich. Sie meinten aber auch, dass sie mit Ghettos im traditionellen Sinn nichts zu tun hätten. Sie seien eher kulturelle Zentren, die sich im Lauf der Zeit entwickelt hätten, was dazu geführt habe, dass jede Gruppe in räumlicher Trennung von den anderen lebe. Diese nehme immer dann zu, wenn sich die Lage in der Stadt verschärfe, vor allem in den letzten Jahren nach der ersten und zweiten Intifada. Heute hat sich Jerusalem zu einer militärischen Festung entwickelt, nicht nur in den Straßen, wo man jederzeit und überall bewaffneten Soldaten begegnet, sondern auch außerhalb wegen der geschützten Siedlungen, die wie Bastionen um die Stadt herum gebaut wurden.

Wer nach einem romantischen Friedensbild von Jerusalem sucht, muss sich in die Neustadt begeben, nach Westjerusalem, in die »deutsche Kolonie«, um genau zu sein, und sich dort in ein Café oder ein modernes italienisches Restaurant setzen. Natürlich gibt es auch in der Altstadt gemütliche Ecken, verstreute Inseln, kleine Falafel- oder Hummus-Restaurants, enge Pflasterstraßen, saubere,

mit Mosaiken verzierte Wände, schöne junge Frauen, die mit
großen schwarzen Augen neugierig den von weither kommenden
Fremden anstarren. Natürlich kann man sich auch dort in kleine
Cafés setzen, eine Wasserpfeife rauchen oder neben einem Menschen anderer Religion einen arabischen Kaffee trinken, neben
einem Juden mit Kippa auf dem Kopf, einem christlichen Mönch,
einem Touristen in Jeans. Aber dieses friedliche Bild verschwindet,
sobald man das Café oder das kleine Restaurant verlässt und den
Suq betritt. Man muss nicht einmal die Verkäufer klagen hören,
dass die Touristen so spärlich geworden seien, wegen der häufigen
Zusammenstöße zwischen israelischer Polizei und Palästinensern,
seitdem die Israelis die umstrittenen Grabungsarbeiten am zum
Tempelberg führenden Tunnel begonnen hätten. Bei einem Streifzug durch die leeren Suqs der Altstadt spürt man förmlich die
Ängstlichkeit der Menschen. Dieses Unsicherheitsgefühl erreicht
seinen Höhepunkt, wenn man zu einem der »heiligen« religiösen
Portale kommt. Bis vor kurzem konnte man um die Altstadtmauer
herumgehen. Früher gab es acht Tore, um die Stadt zu betreten,
heute gibt es nur noch drei: das Damaskustor, das Jaffator und das
Zionstor. Doch auch der Verkehr durch diese Stadttore ist eingeschränkt oder kann sich von einem Tag auf den anderen ändern.
Heute ist auch das Betreten der Stadtmauer aus Sicherheitsgrün-
den nur noch zwischen dem Jaffator und dem Zionstor erlaubt.
Wenn man in die Nähe der Klagemauer kommt, verstärken sich
die Sicherheitsvorkehrungen noch. Insbesondere am Freitag und
Samstag sieht man viele schwerbewaffnete israelische Polizeistrei-
fen, die die Zufahrtswege zur Klagemauer bewachen. Das Gleiche
gilt für die Wege, die zum Felsendom führen. Bevor man die Moschee betritt, trifft man auf Patrouillen der israelischen Armee, die
den Eingang sichern. Dort wird man gefragt, ob man Muslim sei,
und wenn dies der Fall ist, wird man gebeten, einen Koranvers
aufzusagen. Fast witzig wird die Angelegenheit, wenn man israelische Soldaten und Soldatinnen Suren oder Verse aus dem Koran
aufsagen hört. Zu einem Paradox wird es, wenn jemand wie ich

mit deutscher Sorgfalt »Nein, in dem Sinne bin ich kein Muslim« antwortet. Denn dann ist es mir nicht gestattet, die Moschee zu den Gebetszeiten zu betreten. Glücklicherweise haben die militärischen Kontrollen an den Kirchen abgenommen oder sind ganz verschwunden, so etwa am Eingang der Grabeskirche oder der Auferstehungskirche.

Wenn man nach Besichtigung der Altstadt vor den Mauern, vor einem der Tore steht, muss man unweigerlich daran denken, wie viele Königreiche die Stadt in ihrer Geschichte beherrscht haben: Kanaaniter, Römer, Byzantiner, Umajjaden, Mamelucken, Osmanen, Briten − und jetzt? Wie nennen wir die hier herrschende Macht? Sind es Henker oder Opfer? Wer die Prediger zu Dutzenden sieht, die durch die Straßen streifen und ihre »prophetischen«, von Gott aufgetragenen Botschaften zur Rettung der Welt verbreiten, kann die ewige Frage, diese Frage, die an jedem Ort der Stadt eingraviert ist, nicht beantworten: Wem wird diese Stadt überantwortet? Er wird zweifellos wissen, dass diese Stadt keiner Religion gehört, keinem Herrn, keinem Gott, keiner Macht: Jerusalem gehört sich selbst. Dies hat dazu geführt, dass es im Lauf der Geschichte immer wieder erobert wurde; dies hat jeden Herrscher angespornt, eine Mauer um sie herum zu erbauen. Jerusalem kann nur zu einer Stadt des ewigen Friedens werden, wenn die Söhne des jüdischen »Gottes«, des christlichen »Gottes« und des muslimischen »Gottes«, wenn Söhne des gestaltlosen »Gottes« anerkennen, dass die Stadt einfach nur sich selbst und damit der ganzen Menschheit gehört.

Die Mauern, die die Stadt vor Angriffen von außen verteidigten, konnten sie nicht vor inneren Konflikten schützen. Die von außen kompakt wirkende Stadt ist in allen Lebensbereichen geteilt. Die palästinensischen Bewohner sind gesetzlichen Regelungen unterworfen, die nicht in den offiziellen Statuten der anderen Bewohner des Staates Israel zu finden sind, nicht einmal in denen der »palästinensischen Brüder« in der Westbank und im Gazastreifen. Jerusalem ist Israels größtes Problem. Es in den israelischen Staat einzugliedern würde bedeuten, den Bewohnern Ostjerusalems die israelische Staatsbürgerschaft zu verleihen, was mehr als einer Million Menschen die vollen Bürgerrechte übertragen würde; sie könnten zum Beispiel an den Wahlen teilnehmen. Dies würde jedoch die Demographie Israels grundlegend verändern. Aber was soll man tun? Man hat den Bewohnern Ostjerusalems schon erlaubt, bei den Kommunalwahlen ihre Stimme abzugeben. Doch auch heute gibt es keine palästinensische Mehrheit, die darum bittet, in den Staat Israel eingegliedert zu werden; nicht einmal unter den wenigen Palästinensern, die eine Ehe mit Israelis geschlossen haben. Andererseits beklagen viele Palästinenser unverhohlen ihre gegenwärtige Lage: die israelische Besatzungspolitik und die Wirtschaftsblockade. Sie leiden unter dieser Blockade, seit Jordanien sie aufgegeben und König Hussein verkündet hat, dass die Palästinensische Befreiungsorganisation im Namen der Palästinenser sprechen und dass das früher einmal zusammen mit der Westbank vom haschemitischen Königreich verwaltete, seit Juni 1967 aber von Israel besetzte Ostjerusalem keine Verbindung zu Jordanien mehr haben soll. König Hussein beanspruchte weiterhin lediglich die Verwaltung des Felsendoms und machte geltend, dass die Moschee der Autorität des jordanischen Muftis unterstellt und es Vertretern des jordanischen Staates erlaubt sei, sich im Innenhof dieser Moschee aufzuhalten. Wer die Moschee besichtigt und sich einem der »inoffiziellen« palästinensischen Fremdenführer anvertraut, wird von ihm oder von den Arbeitern in der Moschee erfahren, dass sie den jordanischen Behörden misstrauen. Ein Teil untersteht dem palästinensischen Mufti und konkurriert »wirtschaftlich« mit jenen, die unter der Autorität des jordanischen Muftis arbeiten, insbesondere da Baumaßnahmen und Reparaturen – in Übereinstimmung mit Israel – nur über Jordanien ausgeführt werden. Israel kann die Anlieferung von Material natürlich behindern, wenn es das will. Doch nicht nur die Verwaltung der Moschee ist geteilt, sondern auch die islamische Rechtsprechung in Jerusalem. Es gibt in der Stadt verschiedene Rechtsschulen und Gerichtshöfe, die sich stark voneinander unterscheiden: Die Gerichtshöfe entscheiden in Ehe- und Scheidungsverfahren entweder nach jordanischem oder palästinensischem Scharia-Gesetz. Daneben gibt es noch eine dritte Art von Gericht, das dem Staat Israel unterworfen ist. Da die von den beiden erstgenannten Gerichten getroffenen Entscheidungen nicht offiziell bindend sind, folgt man eher zwischenmenschlichen, mündlichen Absprachen. Werden die Urteile von allen drei Gerichten nicht beachtet, schreiten israelische Polizei und Staat ein. Ihren Gipfel erreicht die Teilung im Zusammenhang mit den Personalausweisen und bei den Voraussetzungen für die Staatsbürgerschaft. Die palästinensischen Bewohner Westjerusalems, deren Zahl im Endeffekt klein ist, sind israelische Staatsbürger. Die Palästinenser in Ostjerusalem hingegen führen den gelben Ausweis mit sich und sind der palästinensischen Autorität in Ramallah unterstellt. Dann gibt es einen weiteren Teil, der der Verwaltung des haschemitischen Königreichs Jordanien obliegt, obwohl die Bindungen mit Jordanien gelöst sind. Diese beiden Bevölkerungsgruppen sind an eine einzige Bedingung gebunden: Wer die Stadt verlässt und nicht innerhalb von sechs Monaten zurückkehrt, verliert das Wohnrecht für Jerusalem; die Bewohner also werden eigentlich zu freiwilligen Gefangenen gemacht. Es ist ihnen zudem nicht erlaubt, ihr Eigentum zu mehren, und ihre Bewegungsfreiheit ist eingeschränkt. Sie dürfen die Grenzen von Ostjerusalem nur mit einer Sondergenehmigung der israelischen Behörden verlassen und durften bisher weder an den israelischen noch an den palästinensischen Wahlen teilnehmen oder gewählt werden. Um dem wachsenden Einfluss der Islamisten und dem steigenden Ansehen der Hamas-Bewegung Einhalt zu gebieten, beschloss Israel allerdings, sie zu den letzten Jerusalemer Kommunalwahlen und den letzten allgemeinen palästinensischen Parlamentswahlen zuzulassen, bei denen trotzdem die Hamas gewann.

Aber, wie mir die meisten meiner Gesprächspartner in Jerusalem bestätigten, bieten diese Maßnahmen keinen Ausweg aus dem Dilemma, in dem sich Israel befindet. Sollte Jerusalem in den Staat Israel eingegliedert werden, müsste Israel der Wahrheit ins Auge blicken und den palästinensischen Einwohnern von Jerusalem die israelische Staatsbürgerschaft verleihen (obwohl die Mehrheit von ihnen die Einbürgerung offiziell ablehnt). Diese würde nicht nur die demographische Bevölkerungsstruktur in Israel verändern, sondern den Staat auch vor eine schwere Prüfung stellen, weil die Palästinenser automatisch das Wahlrecht erwerben würden. Kann man sich ein schrecklicheres Szenario vorstellen, als dass die islamistische Bewegung die israelischen Parlamentswahlen gewinnt? Könnte sich Israel auf demokratischem Wege in einen islamischen Staat verwandeln? Andererseits will Israel Jerusalem zu seiner Hauptstadt machen, aber natürlich nur als ein geeintes Jerusalem. Was soll dann mit den ursprünglichen Bewohnern der Stadt geschehen? Sollen sie nach Jordanien vertrieben werden, wie es die rechtsradikale Bewegung in Israel vorschlägt?

Das »israelische« Dilemma lernt der Besucher in Gesprächen mit Vertretern der verschiedenen Schichten kennen. Wer nach einer Lösung fragt, wird erstaunt sein, dass die Antworten – wo auch immer in der Stadt – in einem Punkt meistens übereinstimmen: Teilung. Dieses Wort hört man wieder und wieder von Arabern und Israelis, von Muslimen und Christen, von Juden und Armeniern, von Verkäufern im Suq und Cafébesitzern, von Intellektuellen und Journalisten. Ja: »die Teilung«. Sie würde bedeuten, die Grenzen der alten Stadt beizubehalten, auf deren Boden zwei Städte entstanden sind: Ostjerusalem und Westjerusalem, die eine für die Araber, die andere für die Juden. Nur Danny Gibson, der Ehemann von Etta Prince-Gibson, Chefredakteurin der Zeitschrift *Jerusalem Post,* geht in seinem ironischen Vorschlag noch weiter. »Statt Jerusalem zweigeteilt zu lassen, sollte man es – nach allen Entwicklungen der letzten Jahre – in drei Segmente teilen: einen für die Araber, einen für Israel, einen dritten für die Orthodoxen.« Damit meinte er natürlich die orthodoxen Juden. Leider traf

Danny nicht mit Su'ad, »Susu«, zusammen, einer neuen Einwoh-
nerin Jerusalems, der ich wenige Tage nach dem Abendessen mit
ihm begegnete. Vielleicht hätte er seinen Standpunkt, den er uns an
jenem Abend anvertraute, revidiert, wenn er gewusst hätte, welches Bild sich dieses reife Mädchen, von dem ich später noch erzählen werde, von der Stadt Jerusalem macht.

2

Zum ersten Mal begegnete ich Avner Goren auf der Konferenz
»Quo vadis, Irak?« in Haifa, wo Professor Amatzia Baram uns
einander vorstellte. Damals war mir nicht bewusst, dass ich einen
der weltweit herausragenden Archäologen vor mir hatte. Der
Mann war einfach gekleidet, als er am Eingang zur Ruinenstätte
Caesarea stand, der ehemaligen Hauptstadt zur Zeit der Römer,
die ihren Namen zu Ehren von Kaiser Augustus erhielt und in der
Herodes die Juden – im Geiste des imperialen Hellenismus – zum
vorherrschenden Volk machen wollte. An jenem Tag hatte Avner
in einer einfachen Stofftasche ein paar touristische Pläne und Ab-
bildungen der Ruinen dabei, die, anders als die gewöhnlich bunten
Bilder und Landkarten der Fremdenführer, schwarzweiß waren.
Avner braucht eigentlich keine Pläne. In frei vorgetragenem Englisch mit New Yorker Akzent erläuterte er mit leiser Stimme, aber
auf interessante Weise dem Zuhörer sofort vertraut vorkommende
Einzelheiten. Die Ausgrabungsstätte von Caesarea ist nicht groß,
wuchs aber unter seiner Führung.

Viele israelische Intellektuelle beneideten uns – Inaam und
mich – um die Ehre, von Avner durch die Gassen und Straßen der
Jerusalemer Altstadt geführt worden zu sein. Nicht nur wegen Avners ungeheuren archäologischen Kenntnissen, sondern wegen seines kritisch-prüfenden Blicks. Ich konnte diese Erfahrung persönlich machen: bei unseren Rundgängen durch die Ruinenstadt
Caesarea und die Altstadt von Jerusalem oder auch während des

gemeinsamen Abendessens mit seiner Familie. Nie mangelte es in unseren Gesprächen an Kritik, besonders wenn es darum ging, dass die Menschen über historische Kenntnisse sprächen, als handle es sich um Wahrheiten. Dies würde ihn manchmal zum Lachen bringen, sagte er, und genau dies geschah, als wir zusammen die »Via Dolorosa« hinuntergingen. Er zeigte auf die Stelle, von der man im Allgemeinen annimmt, dass dort das römische Gericht zusammengekommen sei, das Jesus zum Tod durch Kreuzigung verurteilte. »Die Menschen hier behaupten dies«, spottete er, bevor er uns die eigentliche Stelle zeigte, die seine Beweise belegten. Was kann man dagegen machen, wenn die Touristenfolklore darauf besteht? Was, wenn die offiziellen Stellen zusammen mit den archäologischen Instituten die Ausgrabungen durchführen wollen, manchmal ohne Rücksicht auf die Gefühle der Menschen (er meint natürlich die Araber)? Man nehme nur die Ausgrabungen an der Brücke, die an der Al-Aqsa-Moschee vorbei zum Tempelbezirk führt. Statt den Mufti der Moschee zu konsultieren, begannen die Grabungsleiter nach ihrem Gutdünken mit den Arbeiten. »Die Menschen verlangen Respekt. Sie wollen, dass man ihre Meinung hört. Warum sonst sind sie da? Jetzt hat sich die Angelegenheit ein wenig beruhigt, weil die meisten Mitglieder im nationalen Komitee für Archäologie, ich an ihrer Spitze, darauf bestanden haben, sich mit den Verantwortlichen der Moschee zu beraten, bevor die Arbeit fortgesetzt wird. Deshalb wurde die Arbeit unterbrochen.« Und was ist mit dem Geschrei auf allen Seiten? »Ach, jede Seite will die Krise doch nur für die eigenen Zwecke ausnutzen.« Seine Offenheit wurde noch deutlicher, als er über Herodes den Großen sprach. Für ihn ist Herodes nicht nur ein großer König, sondern eine jener historischen politischen Persönlichkeiten, die immer wieder neuen Interpretationen unterworfen sind. Für die Christen hat die Bibel (das Matthäus-Evangelium) ihn, den König von Jerusalem, nicht seiner Tapferkeit, sondern seiner Grausamkeit wegen bekannt gemacht. Er war es, der die Weisen seines Landes anstachelte, ihm ihr Wissen über den angekündigten König der Juden zu offenbaren, und aus Angst vor ihm alle neugeborenen Juden in Bethlehem töten ließ. Für die Juden hingegen ist er der von den Römern in Palästina eingesetzte König, der die letzten vier Jahrzehnte vor Christus über sie herrschte.

All dies erzählte Avner mir, als wir zusammen im Restaurant am Mittelmeer bei Caesarea saßen. Er berichtete mir, dass er unter den Archäologen in der arabischen Welt viele Freunde hätte, insbesondere einen Archäologieprofessor aus dem Sultanat Oman, den er bis jetzt zwar noch nicht in der omanischen Hauptstadt Muskat besucht, aber auf vielen internationalen Konferenzen getroffen hätte. Auch kenne er jordanische, marokkanische und ägyptische Archäologen. Sein Wunsch sei es, diese Wissenschaftler aus dem Nahen Osten eines Tages zusammenzubringen, zu einer Konferenz oder zu einem Treffen für den Frieden. »Der Archäologe ist wie der Erzähler«, erläuterte er. »Er untersucht die Dinge aus unterschiedlichen Perspektiven.« Vielleicht meinte er, dass die Religionen nicht an der historischen Wahrheit interessiert sind, die Archäologen dagegen sich mit der »umfassenden Wahrheit des Menschengeschlechts« beschäftigen. Insgesamt haben alle Religionen recht. Was fehlt, ist das Verständnis untereinander, dass es nur eine Wahrheit gibt: dass sie allesamt recht haben! Auf alle Fälle bleibt sein Hauptwunsch, einmal das Zweistromland zu durchstreifen und »jeden Stein dort zu inspizieren«, wie er es ausdrückt. »Ich weiß nicht, was mit mir geschähe, wenn meine Füße bei dem Besuch des Ortes, an dem Abraham geboren wurde, den Boden der Stadt Ur beträten.« Irgendwie hatte ich so etwas schon zuvor vermutet, wollte es aber aus seinem eigenen Mund hören. In Wirklichkeit gibt es keinen Archäologen oder sonst einen Spezialisten auf diesem Feld, der sich nicht wünschte, diese Reise zu unternehmen: nicht nur nach Ur, sondern ins Zweistromland insgesamt, nach Babylon, mit den Resten der hängenden Gärten und dem Turm zu Babel, mit der Prozessionsstraße, auf der das babylonische Heer den jüdischen Gefangenenzug an König Nebukadnezar vorbeiführte – Avner Gorens Vorfahren, die vor etwa zweitausend

Jahren lebten –, aber auch in die sumerische Provinz Tell al-Lahm, die noch älter ist als Babel, in die Stadt Hadr und dann in den Norden des Wadis, nach Assur, wo die Kulturen der Assyrer und Chaldäer blühten. Ich verstand Avners Sorge, dieses Gefühl, das er mir gar nicht erklären musste. Gleich, wie viele Kenntnisse er besaß und noch erwerben würde – eine Reise in das Zweistromland würde für ihn immer ein weit entfernter Wunsch bleiben, zumindest in der Gegenwart. So war es Inaam und mir bis zum Frühjahr 2007 mit Jerusalem ergangen, und so ergeht es Millionen von Arabern, die wenigstens einmal die Altstadt von Jerusalem besuchen wollen. Wenn es Muslime sind, wünschen sie sich nichts sehnlicher, als einmal im Felsendom zu beten, von wo aus Muhammad zu ihrem Herrn aufgestiegen ist. Sie wollen um die Glasvitrine herumgehen, die den heiligen Stein zeigt, auf dem Muhammad stand, und ihn mit ihrer Hand durch die kleine, zu diesem Zweck geschaffene Öffnung berühren und sie einen Augenblick dort ruhen lassen. Sie wollen die Augen schließen und ihre Fürbitten vorbringen, den Stein zu sich heranziehen, an ihr Gesicht heben und den am Griff haftenden Duft in sich aufnehmen, bevor sie den Ort wieder verlassen. Wenn es Christen sind, wollen sie eines Tages auf der Via Dolorosa wandeln, auf der einst ihr Herr, der Messias, schritt, bevor er ans Kreuz geschlagen wurde. Wenigstens wollen sie die Grabeskirche besuchen und vor dem Stein innehalten, hinter dem der blutüberströmte Leichnam Christi eine Nacht lang aufgebahrt war, und die kleine Zelle betreten, in der sich angeblich Christi Grab befand. Sie wollen ihren Blick vor dieser Pracht senken, ihre Stirn an den kalten Marmor der Grabstätte pressen und dem Sohn von Maria und Josef ihre Fürbitten darbringen, damit er ihnen ihre Sünden vergebe.

Ich erinnere mich, dass mich in diesem Moment der Kulturredakteur des Feuilletons der Zeitung *al-Hayat* anrief, um sich zu vergewissern, dass die Neuigkeit, ich sei überraschend nach Israel und vor allem nach Jerusalem gereist, der Wahrheit entsprach. Zu meinem Erstaunen bat er mich, für die Zeitung über meine Reise zu schreiben. Ich erinnere mich auch an seinen tiefen Seufzer, nachdem er meine Beschreibung von der Grabeskirche angehört hatte. Mit ungewöhnlich kraftloser und trauriger Stimme äußerte er: »Wie sehr ich dich beneide, Najem. Ich wünsche mir so sehr, eines Tages dort sein zu können; es ist der größte Wunsch meines Lebens. Ach wenn doch endlich Frieden in der Region herrschte und ich diese Stadt ganz natürlich besuchen könnte!« Der Kulturredakteur sprach so, weil er ein »maronitischer« Christ aus dem Libanon und wie alle gläubigen Maroniten sehr fromm ist. Seine Worte über den Frieden kamen unzensiert direkt aus seinem Herzen. Auch sprach er so, weil er wusste, dass er vor mir kein Blatt vor den Mund nehmen musste. Aber eigentlich waren seine Worte auch für ihn neu. Er hatte sie nie geschrieben, nicht in der Zeitung *al-Hayat* und auch nicht woanders. Im Gegenteil: In seinen Artikeln ist er niemals als Verfechter der kulturellen Normalisierung mit Israel aufgetreten, weil er seinen Posten behalten wollte. Eben dies ist ja das Problem bei uns. Die meisten Intellektuellen und besonders die Feuilletonisten, von denen übrigens die meisten Dichter sind, wenden sich am entschiedensten dagegen – gegen die kulturelle Normalisierung und den Austausch zwischen Intellektuellen beider Seiten. Dessen waren sich auch Avner und die anderen auf Frieden hoffenden Israelis bewusst, die diesen Wunsch bei den meisten unserer Intellektuellen vermissen. »Wenn nicht einmal ein Intellektueller seine Rolle des Friedenspropagandisten erfüllt – was erwartet man dann erst von den Politikern?« Dies fragte mich der Besitzer einer Galerie in der Altstadt von Jaffa. Es führe dazu, dass man umso erstaunter über den Besuch von jemandem wie mir sei, der das Tabu einfach breche. Avner erzählte mir, dass ein Gespräch oder ein Treffen mit einem arabischen friedenswilligen Intellektuellen für sie einem Traum gleichkomme. Ich erkannte diesen Traum auf den Gesichtern vieler Menschen, die ich in Israel traf. Wir tauschten uns im Gespräch aus, unternahmen gemeinsam Spaziergänge oder aßen zusammen, wobei sie mich ins Restaurant oder in ihre Häuser einluden. Und bei all diesen Gelegenheiten redeten wir miteinander, als würden wir uns schon lange kennen. Sie setzten voraus, dass derjenige, der Israel besucht und sich mit ihnen trifft, den Willen zum Frieden haben muss. Zumindest konnte man Meinungen austauschen und die Denkweise des anderen kennenlernen.

Ich sprach mit Avner nie direkt über den Frieden, als herrsche das allgemeine Einverständnis zwischen uns, dass man nicht über Selbstverständlichkeiten sprechen sollte; und der Frieden ist in diesem Sinn eine menschliche Selbstverständlichkeit. Auch seine Frau, Asnat Cohen, die früher seine Studentin an der Schule für Tourismus war und heute als Fremdenführerin arbeitet, strahlte aus ihren großen Augen, als ich zum Abschied ihrem Säugling einen Kuss gab und sagte: »Ich wünsche mir, dass es keinen Krieg mehr geben wird, bevor er erwachsen, bevor er volljährig geworden ist!« Und während sie uns die Hand schüttelte, antwortete sie: »Das wünschen wir uns auch von ganzem Herzen.« Diese Worte wiederholte sie mehrmals, ich hörte sie noch, als wir schon die Treppe hinunterstiegen. Asnat hatte es ebenso wenig nötig, uns mit den Worten, sie sei auch für den Frieden, zu verabschieden.

3

Der Ort »Abu Gosh«, der früher ein kleines arabisches Dorf war, mit der Zeit aber zu einer Kleinstadt herangewachsen ist, liegt an der Autobahn Nummer 1, etwa dreizehn Kilometer westlich von Jerusalem. Früher war hier das Dorf Kiryat Yearim zu finden, von dem die Bibel spricht. Diese Bezeichnung wurde jedoch nach dem Namen eines 1770 aus dem Hedschas eingewanderten Beduinenführers in »Abu Gosh« umgewandelt, einem Wegelagerer, der die Menschen, vor allem die Pilger auf dem Weg zu den heiligen Stätten, in Angst und Schrecken versetzte. Wegen seiner berühmten Quelle war der Ort schon lange vor der Ankunft der Beduinen besiedelt. Seit römischer Zeit gibt es hier einen kleinen See; die Kreuzfahrer setzten ihn später mit dem biblischen Emmaus gleich, wo Jesus und seine Jünger nach der Auferstehung ein gemeinsames Mahl eingenommen haben sollen. Die Kreuzfahrer haben mit zahlreichen prachtvollen Kirchen deutliche Spuren hinterlassen. Einige sind im romanischen Stil erbaut, andere folgen armenischen, byzantinischen und hellenistischen Mustern. Daneben gibt es einen anderen gewichtigen Grund, der einen Besuch lohnend macht und alle Touristen in Jerusalem sowie die Israelis aus den umliegenden Dörfern und Städten zu einem Abstecher nach »Abu Gosh« veranlasst: das für sein mannigfaltiges Hummus- und Falafel-Angebot berühmte Restaurant Abu Schukri. Das Restaurant liegt direkt am Ortseingang. Früher gab es nur ein Restaurant, heute sind daraus zwei geworden: Restaurant Nummer 1, das in den Besitz von Abu Schukris Schwiegersohn übergegangen ist, der seine Tochter geheiratet hat; und das neue Restaurant Nummer 2, das von Abu Schukris Sohn geleitet wird, der die Schwester des Restaurantbesitzers von Nummer 1 geheiratet hat. Wie es scheint, hat Abu Schukris Familie das moderne Marketing gut verstanden. Wenn sich jemand dem Restaurant nähert, kommen sogleich Mitarbeiter beider Restaurants auf ihn zu, die mit theatralischen Stimmen die Vorzüge der Hummus- und Falafel-Sorten anzupreisen beginnen, die sie von dem jeweils anderen Restaurant unterscheiden. Wenn der Kunde verwirrt ist, beginnen die beiden Parteien untereinander mit Geschrei und Geschimpfe zu streiten. Obwohl sie zu ein- und derselben Familie gehören und durch Verwandtschaft und Heirat miteinander verbunden sind, steigert sich der »öffentliche« Streit doch in einem Ausmaß, dass der Gast meint, sie würden gleich mit Fäusten aufeinander losgehen. Aber dies geschieht natürlich nicht. Es ist nur eine Show und die beiden Parteien verstehen sich hervorragend auf die Regie dieser Darbietungen. Das Seltsame ist, dass an der Fassade von Restaurant Nummer 1, von dem man annehmen muss, dass es das ursprüngliche Restaurant ist, ein Foto von Abu Schukri hängt, das ihn als Verlierer in einem hitzigen Wettkampf zeigt. Da aber der Sohn von Abu Schukri Restaurant Nummer 2 leitet, entscheiden wir uns, dieses Restaurant aufzusuchen. Dort hängt ein anderes Foto von Abu Schukri an der Wand, auf dem er Hand in Hand mit einem Kippa tragenden Juden abgelichtet ist. Dies ist nicht das einzige Foto, das auf den Frieden hinweist. Alle anderen die Wände des Restaurants schmückenden Bilder wollen diese Friedensbotschaft aussenden: das Zusammenleben von Arabern und Juden. Die israelische und die palästinensische Flagge wurden sogar zu einer Flagge zusammengefügt. Der Christ Abu Schukri weiß ebenso gut wie seine Kinder, dass das Marketing des Friedens unweigerlich auch wirtschaftlichen Nutzen haben muss, wenn es zu einer alltäglichen Angelegenheit wird, die die Menschen mit eigenen Augen sehen. Am Wochenende ist das Restaurant voll mit Gästen jeglicher Couleur. Viele sind Juden der verschiedensten Richtungen und Arten. Alle essen sie mit Appetit und loben die Speisen. Und da das Restaurant zu einem wichtigen Aushängeschild der Stadt geworden ist, bringen die Israelis gern ihre Gäste hierher. Als Henri Somekh, der jüngere Bruder Sasson Somekhs, von unserer Ankunft erfuhr, rief er uns an und lud uns für einen Samstag dorthin zum Essen ein. Auch Badri Fattal, ein aus der Stadt Babylon stammender irakischer Jude, ergriff die Gelegenheit, sich uns anzuschließen. Er war früher Naturwissenschaftler, gab diesen Beruf aber auf, um Rechtsanwalt zu werden. Auch die Ehefrauen waren mit von der Partie. Es war eine wirklich internationale Runde: vier Juden irakischer Herkunft, zwei Juden britischer Herkunft, eine Jüdin italienischer Herkunft, eine nichtjüdische Irakerin (Inaam) und ein nichtjüdischer Iraker (ich). Die ganze Welt kann man auf der kleinen Strecke vom Eingang zum Suq, wo man sein Auto abstellt, bis zur Tür des Restaurants erleben. Man kann auf dieser Strecke freundliche Gespräche mit anderen Gästen führen und politische Ereignisse oder die letzten Sportwettkämpfe kommentieren. Ja, es ist sogar denkbar, eine vorübergehende Freundschaft einzugehen. Und warum? Weil alle Gäste, die dieses Restaurant besuchen, den Gedanken des Zusammenlebens im Hinterkopf haben. Die Geschichte von Abu Gosh besagt dies. Politisch-geographisch lag Abu Gosh in einer Gegend, die auf allen Seiten von jüdischen Städten, Dörfern und Siedlungen umgeben war. Im Krieg von 1948 trafen die Einwohner jedoch die Entscheidung, sich im Kampf gegen die palästinensischen 'Izzad-din-al-Qassam-Brigaden auf die jüdische Seite zu schlagen. Die rebellischen Brigaden konzentrierten sich auf die umliegenden Berge, umzingelten das Tal und sperrten die Schnellstraße. Die Bewohner von Abu Gosh standen den belagerten Juden bei; die israelische Regierung ließ sie daher nach Ende des Krieges von 1948 in ihrem Dorf. Niemand musste auswandern, wie es der Bevölkerung anderer palästinensischer Dörfer widerfuhr. Die Bewohner des Dorfes und die aus dem Dorf stammenden Mitarbeiter von Abu Schukris Restaurant sagen, sie hätten diesen Beistand geleistet, um zusammenleben zu können. Ihr Leben lang hätten sie, so sagen sie, mit den Juden Tür an Tür gewohnt. Der wirtschaftliche Austausch und Nutzen sei zu einer allgemeinen Erscheinung in ihrem Leben geworden. Wirklich, der gesamte »arabische Suq« entwickelte sich zu einem Handelszentrum für die Juden der Umgebung – so wie sich das Restaurant Abu Schukri am Wochenende in ein Mekka für die jüdischen Gäste verwandelte. Ohne Juden könnte das Restaurant nicht existieren, sie sind seine Haupteinnahmequelle – doch am meisten freut sich die israelische Steuerbehörde.

4

Das Jahr 1982 sollte nicht nur für die Israelis, sondern auch für die Libanesen in die Geschichte eingehen. Im Sommer dieses Jahres erreichte die Vorhut der israelischen Streitkräfte unter der Führung von General Ariel Scharon, der später – bevor er in ein Koma fiel, dessen Ende nicht absehbar ist – Ministerpräsident war, die Außenbezirke von Beirut. Die Belagerung der Stadt vom Meer, vom Land und aus der Luft dauerte sechs Wochen. Zum Schluss hisste der palästinensische Führer Jassir Arafat die weiße Flagge. Er versammelte seine Kämpfer auf einem großen Schiff und verließ die Stadt. Erst floh er nach Aden, später nach Tunis. Die israelische Armee hielt sich nicht lange in Beirut auf, sondern verließ die libanesische Hauptstadt nach wenigen Wochen. Sie zog sich in den Süden des Libanon zurück und machte am Fluss Litani Halt. Die israelische Besetzung des Südlibanons dauerte acht Jahre. In dieser Zeit entstand am Grenzstreifen mit israelischer Unterstützung der »Freie libanesische Staat« unter der Führung Sa'ad Haddads, eines ehemaligen christlichen Majors der libanesischen Armee, der sich seinen Vorgesetzten zunächst widersetzt hatte.

Der im Jahr 1975 ausgebrochene libanesische Bürgerkrieg bedeutete für die libanesische Armee den vollständigen Zusammenbruch. Die militärischen Kampfverbände trennten sich von ihr entsprechend der religiösen Zugehörigkeit ihrer Führer. Einer dieser Verbände war der unter der Führung Sa'ad Haddads. Dieser Verband zog seine Kräfte in zwei kleinen benachbarten Städten im Süden des Landes zusammen: 'Alia und Mardschajun. Als sich Sa'ad Haddad entschloss, gegen die libanesische Militärführung zu rebellieren, sagte er seinen Verband von der offiziellen Armee los und gab ihm den Namen »Freie libanesische Armee«. In der ersten Phase bestand die Brigade hauptsächlich aus Christen, die gegen zahlreiche Organisationen kämpften: gegen die Palästinensische Befreiungsorganisation, gegen die Organisation Amal und nach dem Überfall Israels im Jahr 1982 gegen die Hisbollah. Der erste Einmarsch Israels in den Süden des Libanon 1978 ermutigte die Armee Sa'ad Haddads, einen weiten Teil des Südens ihrer Befehlsgewalt zu unterwerfen. Paradox ist es, dass die Soldaten Sa'ad Haddads von 1976 bis zum 18. April 1979 weiterhin ihren Sold von der libanesischen Regierung erhielten, bis zu dem Tag also, da Sa'ad Haddad seinen Staat, den »Freien libanesischen Staat«, ausrief. Am Tag darauf enthob die libanesische Armee Sa'ad Haddad seines Amtes, doch der Beschluss kam zu spät und hatte keinen Einfluss auf die Aktivitäten des rebellischen Generals. Mai 1980 befahl Sa'ad Haddad, den Namen seiner Armee in »Südlibanesische Armee« umzuändern. Als er 1984, nachdem er die Führung seiner Streitkräfte und die Präsidentschaft seines kleinen Staates an einen neuen Militärführer namens Antoine Lahad übergeben hatte, an Krebs starb, begann die Armee sich durch Rekrutierung von Freiwilligen aus den beherrschten Gegenden zu vergrößern, die in erster Linie von Schiiten und Drusen bewohnt waren. Es ist demnach nicht verwunderlich, wenn sich unter den Soldaten der südlibanesischen Armee eher Schiiten und Drusen als Christen befanden. Die Offiziere jedoch, insbesondere der höheren Ränge, waren weiterhin mehrheitlich Christen. Nach dem Rückzug Israels auch aus der Sicherheitszone 1985 begann der hebräische Staat die Armee Antoine Lahads mit Waffen, Ausrüstung und Geldmitteln auszustatten. Im selben Jahr richtete die Armee des »Freien libanesischen Staates« ein Lager ein, das Chajjam-Lager genannt wurde, in dem Häftlinge, wie später von ihnen bezeugt, auf die schlimmste und verschiedenste Art gefoltert wurden – Gegner des »Freien libanesischen Staates« oder Schützlinge des libanesischen Widerstands. Israel versuchte vergeblich, die Verantwortung für die Geschehnisse in den Folterzellen zu leugnen, und behauptete, das Lager stehe allein unter libanesischer Führung. Die Beweise, die internationale Menschenrechtsorganisationen wie »Amnesty International« und »Human Right Watch« zusammentrugen, widerlegten diese Behauptung jedoch und unterbreiteten der Welt die entsprechenden Beweise, dass Israel nicht nur im Bilde über die dort ausgeführten Greueltaten war, sondern aktiv daran mitwirkte.

Die Südlibanesische Armee entwickelte auch ein besonderes militärisches Programm, das allen Bewohnern der von ihr kontrollierten Gebiete ab Erreichen des achtzehnten Lebensjahrs die Wehrpflicht vorschrieb. Die Südlibanesische Armee blieb ein Alliierter Israels, gleich ob in den ersten Kämpfen gegen die Palästinensische Befreiungsorganisation im Südlibanon oder in den späteren Kämpfen gegen den libanesischen Widerstand, der von 1982 bis 2000, also achtzehn Jahre andauerte. Nach dem Abzug Israels im Jahre 2000 reduzierte sich dann ihre Macht immer mehr.

In den achtzehn Jahren israelischer Besetzung des Südlibanon entstand ein nationaler Widerstand im Libanon, der zu Beginn etliche politische Parteien und verschiedene Ideologien und religiöse Gruppen umfasste. Der Widerstand beschränkte sich anfangs nicht auf die Schiiten und die Bewohner des Südens oder, enger gefasst, auf die schiitische Organisation Amal und die Hisbollah (die sich im Jahr 1982 von der Amal abspaltete). Es gab Kommunisten und Nationalisten, Sunniten und Christen. Im Lauf der Zeit begannen die beiden schiitischen Parteien – Amal und Hisbollah – die Südregion jedoch von anderen Konkurrenten zu bereinigen, um das »Privileg« des Widerstands an sich zu reißen. Tatsächlich gelang es den beiden Parteien, diese Region des Libanon zu ihrer Bastion zu machen; mit der Unterstützung Syriens und Irans entwickelte sie sich zu einem nicht offiziell ausgerufenen Staat. Die Bewohner des Südens wurden zu vollkommener Loyalität gezwungen. Wer nicht auf ihrer Seite im »heiligen« Kampf gegen Israel stand, wurde des Verrats bezichtigt, selbst wenn er Schiit war. Es gab kein Entrinnen mehr für die Bewohner des Südens, die sich ohne jegliche Alternative entsprechend der Kämpfer im Namen des »schiitischen« Gottes in zwei Gruppen aufteilten: in patriotische und schwarze Schafe, in Widerständler und Verräter, in die Organisationen Amal und Hisbollah, die den Libanon im Widerstand repräsentierten, und in die Verräter, die nicht die beiden bewaffneten Organisationen unterstützten. Verräter war erst recht, wer sich sogar verführen ließ, mit dem »Freien libanesischen Staat« zu kollaborieren. Der wurde dann nicht nur von den Gerichten des »Widerstands« gesucht, die die Kämpfer im Namen Gottes einrichteten, sondern auch vom libanesischen Staat. Da die meisten Militärangehörigen zu dem unter dem Befehl General Lahads operierenden Verband gehörten und entsprechend dem Militärgesetz fahnenflüchtig, also mit dem »zionistischen« Feind kollaborierende Verräter waren, wurden sie nach den härtesten vom Gesetz vorgesehenen Strafen verurteilt. Verrätern wie ihnen musste man mit der äußersten Strafe begegnen: der Todesstrafe. Wie aber sollte man ihrer habhaft werden, wenn sie unter dem Schutz Israels standen? Man musste auf den Abzug Israels warten. Die »Verräter« wussten, dass der Abzug Israels ihren sicheren Tod bedeutete. So verfielen sie in Angst und Schrecken, als Israel im Jahr 2000 tatsächlich begann, seine Truppen aus dem Südlibanon abzuziehen. Da sie wussten, welches Schicksal sie erwartete, flehten sie Israel an, sein Versprechen zu halten und sie mitzunehmen; anfänglich ließ sich Israel jedoch Zeit. Sie hatten zwar mit Israel kollaboriert. Aber was sollte der jüdische Staat mit libanesischen Staatsbürgern anfangen, dieser seltsamen Mischung aus Christen, Drusen und Schiiten, die für Israel doch Araber blieben, auch wenn sie alles Erdenkliche unternahmen, um die jüdische Staatsbürgerschaft zu erwerben? Dies verursachte Israel neue Kopfschmerzen und damit ein Übel, auf das man gerne verzichtet hätte. Was sollte andererseits geschehen, wenn man sie ihrem Schicksal im Südlibanon überließ? Würden dann nicht die Glocken der Gefahr in den Ohren der Kollaborateure in den anderen Regionen klingeln? Wer würde Israels Versprechen in Zukunft noch Glauben schenken, wenn er kollaborieren wollte?

Auch für die Südlibanesische Armee und die Bewohner des »Freien libanesischen Staates« war das Jahr 2000 schicksalhaft. Viele wussten nicht, was tun, als die israelische Armee sich aus der Sicherheitszone zurückzog, die Kämpfer der Hisbollah aber auf dem Vormarsch waren. Für Israel war der Rückzug aus dem Südlibanon kein leichter Entschluss, insbesondere wegen der schiitischen Soldaten, die die Südlibanesische Armee unterstützt hatten. Diese Soldaten befürchteten, auch in Israel Vorwürfen ausgesetzt zu sein, sollten sie es als Zufluchtsort wählen. Im Libanon hingegen erwartete sie ein ungewisses Schicksal. Wen die Hisbollah oder die libanesische Regierung festnahm, den überantworteten sie einem Militärgericht. Wer seine Haut vor den Verfolgungen der Hisbollah retten konnte, dem fehlten dennoch die Möglichkeiten, den Libanon zu verlassen. Eine beträchtliche Anzahl bat Europa um politisches Asyl, viele leben heute in Deutschland. Zweitausendsiebenhundert Personen jedoch konnten nicht fliehen und fielen schließlich in die Hände der libanesischen Regierung, die sie dem Militärgericht überstellte. Ein Drittel wurde mit einem Jahr, ein weiteres Drittel mit weniger als einem Monat Gefängnis bestraft. Zwei bekamen eine lebenslängliche Freiheitsstrafe, weil ihnen Verantwortung für die Folterungen im Chajjam-Lager nachgewiesen werden konnte. Zwanzig wurden zum Tode verurteilt; ihnen warf man vor, Libanesen umgebracht zu haben. Doch kamen alle mit einer Milderung der Strafe davon.

Die meisten Angehörigen der Südlibanesischen Armee hatten jedenfalls das Gefühl, von Israel verraten worden zu sein, da es ihnen nach seinem Rückzug keine Sicherheit garantierte und nur eine sehr begrenzte Anzahl von Soldaten aus ihrer Armee mitführte, die noch heute in Israel leben. Einige nahmen die angebotene israelische Staatsbürgerschaft wie auch finanzielle Unterstützung an und beschlossen, sich in Israel niederzulassen. Andere zögerten, ob sie auf das israelische Angebot eingehen oder der Hisbollah glauben sollten, die öffentlich verkündete, all jenen zu vergeben, die die israelische Staatsbürgerschaft und die finanzielle Hilfe ablehnten und in den Libanon zurückkehren wollten. Der Finanzausschuss der Knesset hatte der israelischen Regierung empfohlen, jeder Familie eines Angehörigen der libanesischen Armee vierzigtausend Schekel auszuzahlen – als Ausgleich für die sieben Jahre, die diesem Beschluss vorausgingen.

Wer heute nach Jerusalem fährt und in einem der Fünf-Sterne-Hotels unterkommt oder ein Restaurant besucht, wird wenigstens auf zwei oder drei jugendliche Angestellte libanesischer Herkunft treffen – Mädchen und Jungen, Christen, Schiiten und Drusen –, die vor sieben Jahren, als sie selber noch Kinder waren, mit ihren

Familien nach Israel kamen. Und heute? Sie sind israelische
»Staatsbürger«, der Libanon ist für sie nur noch ein ferner, dunkler Begriff, aber größer als der Staat, der auf seiner Fläche entstand:
der »Freie libanesische Staat«, dieser Staat, der mit Unterstützung
Israels noch dafür sorgte, dass sie sich in Jerusalem niederlassen
konnten, und der bis 2000 darauf bestand, sich der Welt als legiti-
mer Repräsentant des Libanon zu präsentieren. Der Besucher mag
verwundert den Kopf schütteln, wenn er die Geschichte der Südlibanesischen Armee hört und erfährt, wie die Familien schließlich
nach Israel gelangten. So reagierten auch einige Verlegerfreunde
auf der internationalen Buchmesse von Jerusalem: Sie waren überrascht, als ich ihnen die Geschichte der Angestellten unserer Hotellobby erzählte. Aber warum überrascht? Ist das nicht Jerusalem?
Und ist Jerusalem nicht die Stadt der Wunder?

Su'ad oder »Susu«, wie sie mir später bekannt wurde, ist eine von
ihnen, eine der jungen schiitischen Frauen aus dem Süden des Libanon, die am Ende ihrer Odyssee in Israel landeten. Sie traf vor
sieben Jahren ein, als sie dreizehn Jahre alt war. Einen Tag vor unserem Kennenlernen hatte sie ihren zwanzigsten Geburtstag gefeiert. »Aber Sie merken ja selbst«, sagte sie, »wie alt und erschöpft
ich aussehe.« Gewiss machte sie einen Scherz, denn so alt, wie sie
behauptete, wirkte sie nun auch wieder nicht. Ihr Scherz war aber
auch nicht frei von bitterem Ernst. Wer sie sieht, kann wirklich
nicht glauben, dass sie erst einen Tag zuvor zwanzig Jahre alt geworden ist. Nicht wegen ihrer kleinen dünnen Gestalt und der langen schwarzen Haare, in die sich früh graue Strähnchen eingeschli-
chen haben, oder wegen ihrer schwarzen Kleidung, sondern eher
wegen der Falten, die ihr Gesicht unterhalb der Augen in kleinen
Furchen durchzogen und nicht zu dem Gesicht einer jungen Frau
ihres Alters passten. Im ersten Moment meint man, sie hätte in der
vergangenen Nacht schlecht geschlafen oder sie mit Freunden
durchgemacht, dabei geraucht und ein paar Gläser zu viel getrunken, vielleicht aber auch zu viel gearbeitet. Aber nein. Su'ad raucht

nicht und trinkt keinen Alkohol. Man muss ihrer Erzählung erst gut zuhören, um die schlimme Geschichte zu erfassen, die sich in ihr Gesicht eingegraben hat.

Zum ersten Mal begegnete ich ihr auf meiner ersten Israelreise in einem der Restaurants der »deutschen Kolonie« Jerusalems in der Emek-Refaim-Straße. Es war etwa zehn Uhr nachts, an einigen benachbarten Tischen war das Abendessen bereits beendet, aber auf den Tischen standen noch Schüsseln mit Speiseresten. Der Tisch, an dem ich saß, stand in einer Ecke im Garten des Restaurants. Auch ich war gerade fertig mit dem Essen, als sie sich mir näherte und fragte, ob sie die in den Schüsseln übriggebliebenen Reste einsammeln könnte. Ich nickte und lächelte ihr ein wenig zu. Dann wandte ich den Blick ab, weil ich ihr nicht den Eindruck vermitteln wollte, sie während des Zusammentragens des Essens zu beobachten. Nach kurzer Zeit beobachtete ich, wie sie das Gleiche an den anderen Tischen tat. Vorsichtig nahm sie die Speisereste auf, kramte ein paar Aluminiumschüsselchen hervor und ordnete die Überbleibsel separat darin ein: Fleisch in ein Schüsselchen, Fisch in ein anderes, Gemüse in das nächste und Brot in eine kleine Plastiktüte. All das steckte sie in einen kleinen Rucksack. Sie bedankte sich und ging. Ich erwartete nicht, sie am nächsten Tag wiederzusehen, diesmal in der Lobby des Crown-Plaza-Hotels. Als sie auf mich zukam, trank ich gerade ein Bier mit ein paar Freunden. Sie grüßte mich und begann mit derselben Tätigkeit wie am Abend zuvor. »Heute haben Sie leider keine Schüssel mit Speiseresten für mich«, sagte sie. Hätte sie während des nahezu routinemäßigen Sammelns der Reste nicht lächelnd diese Worte geäußert, hätte sie nicht meine Neugier geweckt. Was genau machte sie da? Sammelte sie die Reste nur für sich? Oder für ihre Familie? Wirkte es nicht so? Außerdem schienen die Angestellten der Bar und des Restaurants sie zu kennen und mit einem Respekt zu behandeln, der Bettlern im Nahen Osten in der Regel verwehrt ist. Einer rief sie bei ihrem Namen »Su'ad«, ein anderer schien noch vertrauter mit ihr umzugehen; er nannte sie mit einem Kosenamen: »Susu«. Als hätte sie erraten, was in meinem Kopf vorging, kam sie vor dem Verlassen der Hotellobby auf mich zu und sagte, sie kenne mich vom Abend vorher. »Sie sind ein neuer Besucher in der Stadt.« Es war, als wären ihr nicht nur die Stadt Jerusalem, sondern auch ihre Bewohner vertraut. Als ich sie fragte, woran sie mich als einen neuen Besucher erkenne, erwiderte sie: »Das entnehme ich Ihren Gesichtszügen.« Sie fügte hinzu: »Ihre Gesichtszüge ähneln nicht denen der Menschen hier. Seltsam, sie sind wie …« Sie musste ihren Satz nicht beenden. Nachdem sie auf mein Gesicht gedeutet hatte, sagte sie, immer noch lächelnd: »Wissen Sie … Sie ähneln meinem Vater. Ist das nicht verrückt?«

Wir hatten an der Theke Platz genommen. Zunächst hatte sie mich um Erlaubnis gebeten, sich zu mir zu setzen, hatte ihren Rucksack auf den Boden gestellt und ein kleines Glas Leitungswasser bestellt. »Vor zwei Tagen habe ich Sie schon in der Bar der amerikanischen Kolonie gesehen«, begann sie. »Aber Sie haben mich nicht wahrgenommen. Sie waren mit Ihren Kollegen von der Buchmesse beschäftigt.« Dann berichtete sie, wie einer ihrer hier arbeitenden Freunde ihr von mir erzählt hätte. Lächelnd ergänzte sie: »Leider haben Sie mich gestern nicht gefragt, warum ich Essensreste einsammle. Aber heute meine ich: Ich muss Ihnen meine Geschichte erzählen!« Als wir an jenem Abend – ich weiß nicht, wie lange – zusammen an der Theke der Bar saßen, erfuhr ich nicht nur die Geschichte, die hinter dem Einsammeln der Essensreste steckte, sondern auch ihre persönliche Geschichte und die ihres Vaters, der mir ihren Worten zufolge sehr ähnelte und sich nur in einem Aspekt von mir unterschied: dass er immer noch darauf bestand, Kommunist zu sein.

Su'ad war gerade dreizehn Jahre alt geworden, als die Hisbollah in ihr Dorf, dessen Namen sie nicht erwähnen wollte, einmarschierte. Anders als die anderen Libanesen, die aus dem Süden ihrer Heimat nach Israel gekommen waren, traf Su'ad nicht mit ihrer Familie ein. Ihre Eltern lebten noch im Südlibanon, und sie wollte ihnen nicht noch mehr Sorgen zufügen. Die schreckliche Erfahrung ihres Vaters in einem Konzentrationslager war schon genug. Gewiss würde es ihn schmerzen zu erfahren, dass seine Tochter im Land des Feindes lebte, zumal ihm als Kommunist ohnehin immer noch misstraut wurde. Außerdem würde er ihrer Mutter sicher heftige Vorwürfe machen, die für ihre Tochter keine andere Lösung gefunden hatte, als sie nach Israel ziehen zu lassen. Dank sei dem Mann ihrer Tante, der ein hoher Offizier in der Südlibanesischen Armee gewesen war und sie mit nach Israel genommen beziehungsweise gerettet hatte. Denn gleich wie schlimm die Begleiterscheinungen zu ihrer Geschichte auch waren, gleich wie schlimm die Umstände, unter denen sie jetzt lebte – insbesondere die Trennung von ihrer Familie und der Mangel an Aufenthaltspapieren waren für sie eine große Last –, sie lebte wenigstens in Freiheit und musste nicht unter der Drangsal eines religiös fanatischen Ehemanns leiden, mit dem man sie im Alter von dreizehn Jahren gewaltsam verheiraten wollte, nur weil er der Sohn ihres Onkels war!

Su'ads Geschichte begann nicht erst im Sommer des Jahres 2000, als Israel seine Armee aus dem Südlibanon abzog und der »Freie libanesische Staat« zusammenbrach. Ihre Geschichte begann nicht mit ihrer Übersiedlung nach Israel, sondern lange davor. Seit sie zum ersten Mal durchschaut hatte, dass man ihr die Bindung mit ihrem Cousin, dem Sohn ihres Onkels, aufzwingen wollte. Die meisten Familien in den Dörfern des südlichen Libanon heiraten untereinander. Viele Kinder der armen Bauern erhalten nicht einmal eine Grundschulausbildung, insbesondere dort, wo natürliche Hindernisse die Dörfer von den nahe gelegenen Städten isolieren; die meisten dieser Kinder werden als Arbeitskräfte auf den Feldern gebraucht. Su'ads Cousin war eines von ihnen. Er beendete nicht einmal die sechste Grundschulklasse. Er war der Sohn des ältesten Bruders ihres Vaters, der aus einer Familie mit sieben Geschwistern, zwei Jungen und fünf Mädchen, stammte. Ihr Vater war das mittlere der Kinder und neben seinem älteren Bruder einer der beiden Söhne. Nach allem, was Su'ad aus den Familien ihres Onkels und ihrer Tanten hörte, setzte ihr Klan alles daran – »opferte Gut und Blut«, wie ein Sprichwort sagt –, um den jüngeren der beiden Brüder studieren zu lassen. Als er es geschafft hatte, wollte er jedoch mit den Familientraditionen brechen und lehnte es ab, seine Tochter mit dem Sohn seines älteren Bruders zu verheiraten; er verweigerte es schlichtweg. Wenn er nicht so stur und hartnäckig studiert hätte, wäre er vielleicht nicht so weit gekommen, Grundschullehrer zu werden. Aber diese Gunst, von der seine Familie immer noch sprach, ließ seinen Bruder den Entschluss fassen, Su'ad im Kindesalter mit dem erstgeborenen seiner Söhne, der zehn Jahre älter war als sie, zu verheiraten – gleich, ob sein Bruder zustimmte oder nicht. Aber weder der Altersunterschied noch die ablehnende Haltung ihres Vaters, des Grundschullehrers und Kommunisten, noch die spätere Ablehnung des jungen Mädchens selbst konnten Su'ads Onkel von seinem Entschluss abbringen. In ihrem Dorf wurde seit ihrer Kindheit alles in diesem Sinne vorbereitet. Selbst Geschenke, die sie von der Familie ihres Onkels erhielt, wiesen auf die spätere Hochzeit hin. Wie sehr hasste sie diese Geschenke und wie sehr hasste sie es, die Rolle der Fröhlichen zu spielen, wenn sie sie entgegennahm! Glücklicherweise standen ihre Eltern ihr zur Seite, vor allem ihr Vater, der über den unverrückbaren Entschluss seines Bruders ganz verzweifelt war und schließlich keinen anderen Ausweg sah, als ihm den Zutritt zu seinem Haus zu verbieten. Su'ad war die einzige, verhätschelte Tochter ihrer Eltern; sie träumten davon, sie an der Universität von Beirut studieren zu lassen, damit sie Ingenieurin oder Ärztin werden könnte.

1999, ein Jahr vor dem Rückzug Israels, als Su'ad noch in die erste Klasse der Mittelstufe ging, suchte ihr Onkel ihren Vater auf, um ihm mitzuteilen, dass für Su'ad die Zeit gekommen sei, sich zu verschleiern. Täte sie dies nicht, müsste sie als zukünftige Ehefrau seines Sohnes die Schule verlassen. Dies war das letzte Gespräch zwischen den Brüdern. Ihrem Vater blieb angesichts der Entschlossenheit seines Bruders nichts anderes übrig, als ihn erneut zu bitten, das Haus zu verlassen. Zwei, drei Wochen später tauchte ein Trupp einfacher Soldaten der Südlibanesischen Armee auf und nahm ihren Vater fest, angeblich weil er eine Widerstandszelle der kommunistischen Partei organisiert hatte. Die Kommunisten verfolgten damals keinerlei nennenswerte Aktivitäten im Südlibanon. Ihren Widerstand zu Beginn der israelischen Besetzung hatten sie unter den Milizen der Organisation Amal und der Hisbollah beendet, da diese keinen anderen Widerstand als den ihren zuließen. Su'ads Vater wurde eingesperrt. Lange Zeit hörten sie nichts von ihm, bis eines Tages ihr Onkel zu Besuch kam und ihr und ihrer Mutter mitteilte, dass ihr Vater in einem der Konzentrationslager, dem Chajjam-Lager, interniert sei. Die Umstände seien nicht schlecht, und er täte alles in seiner Macht Stehende, um die Entlassung seines Bruders zu erreichen. Er, der Onkel, habe versprochen, zur Hochzeit der Tochter seines verhafteten Bruders anwesend zu sein. Su'ads Onkel war fest davon überzeugt, dass die Internierung ihres Mannes Su'ads Mutter dazu bringen würde, der Hochzeit zwischen ihrer Tochter und seinem Sohn zuzustimmen. Er hatte nicht erwartet, dass sie daraufhin ein Geschrei anstimmen und ihn bitten würde, das Haus zu verlassen. Der Onkel gab aber natürlich nicht nach. Er berief einen Familienrat ein und stattete Su'ad und ihrer Mutter in Begleitung von Verwandten einen weiteren Besuch ab. Dabei teilte man mit, dass die Erziehung der Tochter in die Verantwortung ihres Onkels übergehe und man auf alle Fälle die Hochzeit feiern wolle. Dies geschah im Winter 1999. Su'ads Mutter war nicht mehr in der Lage, das Unheil von ihrer Tochter abzuwenden. Weinend rief sie: »Diese Hochzeit findet nur über meine Leiche statt!«, obwohl sie wusste, wie mächtig der Bruder ihres Mannes war. Dies ging so weit, dass die Menschen sich vor seinem Sohn, Su'ads zukünftigen Ehemann, zu fürchten begannen. Ihre Mutter versuchte zwar, über die Umstände der Internierung ihres Mannes nicht zu sprechen, vielleicht um Su'ad nicht zu verletzen, ihr nicht das Gefühl zu geben, für die Geschehnisse verantwortlich zu sein. Aber irgendwie ahnte Su'ad, dass ihr Cousin hinter der Verhaftung steckte, weil er sich ihren Vater vom Hals schaffen und sie um jeden Preis, selbst um den der Verleumdung, heiraten wollte. Su'ad wusste jedoch nicht, dass dies alles auch ihrem Onkel klar war, der trotz seiner offenkundigen Frömmigkeit im Dorf Spitzeldienste für die Südlibanesische Armee leistete – der eigentliche Grund für die Macht der Familie. Im Frühling 2000 wurde die Ehe zwischen Su'ad und ihrem Cousin dem Koran entsprechend geschlossen, die Hochzeitszeremonien sollten im Sommer desselben Jahres stattfinden. Drei Wochen vor dem Tag der Hochzeit verbreitete sich die Nachricht, Israel wolle sich aus dem Südlibanon zurückziehen. Was zuerst nur ein Gerücht war, bestätigte sich, als der Zusammenbruch des »Freien libanesischen Staates« und die Flucht seiner Repräsentanten im Dorf offenkundig wurden. Su'ads Cousin verließ das Dorf und hielt sich zwei Wochen lang versteckt. Dann tauchte er auf einmal wieder auf, diesmal an der Spitze einer kleinen Einheit der Hisbollah. Er trug eine Waffe über der Schulter und hatte sich ein grünes Tuch mit dem Motto der Hisbollah um den Kopf gewickelt. Im Dorf erzählte er herum, er habe ursprünglich eine geheime Zelle gegen die Besatzung und gegen die Vertreter des »Freien libanesischen Staates« aufgebaut und nur deshalb mit den Agenten kollaboriert, um diese Verbindung für seine geheime Tätigkeit nutzen zu können. Su'ads Mutter sah voraus, dass ihrer Tochter noch mehr Unheil drohte als je zuvor, weil diesmal niemand die Hochzeit verhindern konnte. Also forderte sie ihre Tochter auf, sie umgehend zu einem Besuch bei ihrer Schwester in einem Dorf nahe der israelischen Grenze zu begleiten. Diese Schwester war mit einem Offizier der Südlibanesischen Armee verheiratet. Su'ads Mutter, die in politischen Dingen unerfahren war und keine Ahnung hatte, dass ihre Schwester zwei Tage nach der Übergabe Su'ads mit ihrem Mann abreisen würde, kehrte ins Dorf zurück. Auf diese Weise verschwand Su'ad, ohne sich von ihrer Mutter verabschiedet zu haben. Sie besaß nichts; die Wege von und zur Grenze waren gesperrt. Und wie hätte sie zurückkehren können, da ihr Ehemann, der der Hisbollah angehörte, auf sie wartete? Das Wichtigste war, dass sie den Libanon sofort verließ, egal wohin. Die Hisbollah lauerte hinter ihr, Israel lag vor ihr! »Israel war die Lösung!«, sagte sie zu mir, als wir zusammen an der Theke saßen. Sie wollte damit das Motto der ägyptischen Islamisten zur Lösung der Probleme in ihrem Land, »Der Islam ist die Lösung«, nicht in sein Gegenteil verkehren, sondern gab diesen Satz von sich, weil ihre Tante ihn am Tag ihrer Abreise ausgesprochen hatte, ohne ihm irgendeine politische Bedeutung beizumessen.

Su'ad wollte nicht über die Umstände ihrer Auswanderung sprechen. Das war nicht leicht für sie, vor allem weil sie aus einer schiitischen Familie stammte, denen man in Israel anders begegnet als den christlichen Familien. Am Anfang unterstützte sie ihre Tante, der die Ehe mit einem christlichen Offizier, damals im Rang eines Majors, half, an Privilegien zu gelangen, die anderen verwehrt blieben. Der Mann ihrer Tante arbeitete im Büro der Regierung des »Freien libanesischen Staates« in Jerusalem, die immer noch darauf bestand, Sprachrohr der Libanesen zu sein. Damals verstand Su'ad noch nicht viel von Politik. Im Lauf der Zeit, nach Abschluss der katholischen Sekundarschule in Jerusalem, begann sie jedoch eine Menge davon zu verstehen. Sie begriff, wie dumm die Behauptung des »Freien libanesischen Staates« gewesen war, der legitime Repräsentant des Libanon zu sein. Sie begriff die Ignoranz Israels, das diese Behauptung unterstützt hatte, auch wenn manche unterstellten, es habe ursprünglich gar keinen Staat namens Libanon gegeben. Trotzdem fühlte sie, dass die Dinge im Fall des »Freien libanesischen Staates« anders lagen: Diesen Staat führte eine mehr und weniger faschistische Bande, die die Bewohner ihres Dorfes durch Machtmissbrauch und materielle Anreize genötigt hatten, mit ihnen zu kooperieren. Die Konzentrationslager waren der Beweis für ihre faschistischen Tendenzen. Dies behauptete sie nicht, weil ihr Vater unschuldig eingesperrt worden war. Hunderte wurden ebenso unschuldig wie ihr Vater unter den schlimmsten Umständen gefangen gehalten und waren den übels ten Foltermethoden ausgesetzt, nur weil sie sich geweigert hatten, mit der Regierung und der israelischen Besatzungsmacht zusammenzuarbeiten. Aber über dieses Thema wollte sie nicht gern sprechen. Der Libanon gehöre nur noch einer fernen Vergangenheit an, einer Vergangenheit, die eng mit ihrem Onkel und ihrem Cousin, mit den Konzentrationslagern und der Hisbollah verknüpft war. Jetzt habe sie andere Sorgen. Als sie mit mir zusammensaß, wollte sie nicht im Namen des Libanon sprechen, um nicht über Politik sprechen zu müssen. Die Politik habe im Nahen Osten alles zerstört; es gebe wichtigere Probleme. Dies sage sie nicht zum ersten Mal. Oft habe sie diese Worte dem Mann ihrer Tante gegenüber erwähnt, der ihr immer geantwortet habe, sie müsse dem »Freien libanesischen Staat« dankbar sein, der sie in Freiheit leben lasse. Ohne ihn wäre sie jetzt eine gehorsame verschleierte Ehefrau!

Bis vor einigen Jahren stand ihre Tante ihr zur Seite. Nach ihrem Krebstod komplizierte sich allerdings das Verhältnis zu ihrem Onkel, vor allem, als er erneut heiratete, diesmal eine Christin, die selbst aus dem Libanon geflohen war. Ihr vorheriger Ehemann war von der Hisbollah ermordet worden. Die neue Frau klagte, die Schiiten hätten ihn getötet; sie könne das Wort »Teufel« hören, das Wort »Schiiten« aber ertrage sie nicht. Su'ad jedenfalls wollte das neue Eheleben ihres Onkels nicht stören und verließ die Villa, die in einem Dorf stand, dessen Namen sie nicht nennen wollte. Es liege in der Nähe von Jerusalem und sei vor allem von Juden bewohnt. Auch einige Offiziere des »Freien libanesischen Staates« hätten dort Unterschlupf gefunden, mehrheitlich Offiziere der höheren Ränge, die im Jerusalemer Büro des Staates beschäftigt gewesen seien. Su'ad suchte nach einem Zufluchtsort und fand mit Hilfe einer Freundin die Bleibe, in der sie jetzt noch wohnt. Glücklicherweise muss sie für ihr Zimmer dort keine Miete bezahlen, sondern deckt die Kosten durch das tägliche Sammeln von Essensresten, die sie den Frauen bringt, die schon vor ihr in dem Haus untergekommen waren. Es sind Jüdinnen, keine Schiitinnen, frü-

here Ehefrauen, die das »Paradies« des ehelichen Hauses verließen, als das Maß voll war und sie die Gewalt ihrer Ehemänner
nicht mehr ertragen konnten. Die meisten kamen mit blau ange-
laufenen Schwellungen auf der Haut – Spuren der noch frischen
Schläge auf ihren Körpern, Schläge mit den verschiedensten Mitteln. Doch niemand hörte auf ihre Klagen, niemand nahm ihre
Probleme ernst. Deshalb mussten sie heimlich in diesem Haus Zuflucht suchen. Niemand darf die Adresse erfahren, und arbeiten
können sie hier auch nicht. Ihre Männer würden sie verfolgen.
»Wissen Sie, dass die meisten Männer früher Soldaten waren und
manche es immer noch sind?«, fragte mich Su'ad. »Merken Sie,
wie schwierig das Nahostproblem wirklich ist?« Dann fügte sie
hinzu: »Hier in Israel finden die Frauen wenigstens einen Unterschlupf. Aber wie steht es um die Frauen auf der anderen Seite?«
Sie ist überzeugt, dass es im Libanon, in Syrien, in Palästina und so
weiter tausende solcher Frauen gibt. Wenn sie einer nach ihrem
größten Traum fragte, würde sie antworten: All diese Frauen zu-
sammenbringen und auf Lastern zur Grenze fahren. Dort sollen sie
anhalten und laut gegen den Krieg anschreien, der ihre Männer in
Mörder und Bestien verwandelt hat.

Und jetzt? Was ist aus ihr geworden? Was sind ihre Zukunfts-
pläne? Als ich ihr diese Fragen stellte, antwortete sie: »Sehen Sie
die Angestellten in der Hotellobby?« Sie stammen allesamt, wie
Su'ad, aus dem Süden des Libanon. Eine seltsame Mischung, wie
sie sagt. Christen, Schiiten und Sunniten, die hierherkamen, weil
ihre Familien verfolgt wurden – wie die Juden, die zu Tausenden
vor ihnen kamen oder nach ihnen kommen werden. Wer wisse das
schon? Und die Zukunft? Keiner könne sie vorhersagen, und keiner frage im Nahen Osten nach ihr. Man könne über die Gegenwart sprechen, aber die Zukunft hat man den Sterndeutern und
Quacksalbern überlassen. Heute studiert Su'ad an der Universität
von Jerusalem im dritten Jahr Soziologie. Und sie hat seit zwei
Jahren einen Freund. »Daniel ist Jude aus Bosnien; der Jüngste aus
einer Familie, die vor dem Krieg von dort geflohen ist. Er erzählt

mir oft von Sarajevo, der Stadt, in der sie lebten. Er schwärmt, es sei eine schöne Stadt.« Dann fragt sie plötzlich: »Waren Sie schon einmal dort?« Ich erinnerte mich an eine Reise nach Bosnien vor fünf Jahren und einen dreitägigen Aufenthalt in Sarajevo. »Daniel hat recht«, antwortete ich. Auch ich war bei meinem damaligen Besuch erstaunt. Ich erzählte ihr von der Kirche, der Moschee und der Synagoge, die all die Jahre nebeneinander standen. Ich erzählte ihr von der Wasserpfeife, die ich in einem alten Antiquitätenladen im alten Suq kaufte und wie der muslimische Ladenbesitzer mir riet, zum Rauchen statt Wasser Wodka in den Pfeifenbauch zu füllen. Ich erzählte ihr von dem Satz Kaffeetassen, den ich mit einem bronzenen Tablett erstand; auf diesem Tablett waren die drei Symbole der Stadt eingraviert: die Kirche, die Moschee und die Synagoge, so wie man sie in der Nähe des Suqs stehen sah. »Die Menschen diskutieren Lösungsmöglichkeiten für Jerusalem«, sagte ich zu ihr. »Aber niemand will aus dem Modell Sarajevo lernen. Warum nimmt man diese Stadt nicht als Vorbild? Der Stadtrat ist unabhängig vom Staat, ein Stadtrat, in dem alle Religionen, Ethnien und Gruppierungen vertreten sind, selbst jene, die nicht an Gott glauben; ein Stadtrat, über den in jährlichem Turnus einer ihrer Vertreter präsidiert.« Aber auch Su'ad hatte keine Antwort parat. Sie wusste nur, dass sie die Stadt eines Tages besuchen möchte, denn sie liebt sie, seit sie Daniel kennengelernt hat. Seit jenem Moment kann sie zwischen Daniel und der Stadt nicht mehr unterscheiden!

Bevor wir unser Gespräch beendeten, musste sie lachen. Sie erklärte, sie wisse nicht, was ihre Familie denken würde, wenn sie erführe, dass sie einen Juden liebt und ihn eines Tages heiraten würde! Wie gern würde sie die Gesichter ihres Onkels und ihres Cousins, ihres angeblichen Ehemanns, sehen. Sicher würden sie ihrem Vater den Vorwurf machen, dies sei das Ergebnis ihrer kommunistischen Erziehung. Aber warum sich den Kopf zerbrechen? Sie fühle sich keiner Religion oder Konfession mehr zugehörig. Religions- und Konfessionsgruppen unternähmen Versuche, sie auf ihre Seite zu ziehen, aber vergeblich. Sie habe die Religionen auf ihre Seite gezogen, denn im Endeffekt bestehe sie aus den Religionen, von denen die Stadt überquelle. Bis vor etwa zwei Jahren sei sie verzweifelt gewesen, aber jetzt fühle sie sich stark. Sie sei nicht allein, Daniel denke wie sie. Sei es nicht das, was er bis heute von Sarajevo mitgenommen habe?

»Die Frauen warten auf mich. Ich darf mich nicht verspäten«, beendete sie mit einem Blick auf die Uhr unsere Unterhaltung. Sie erhob sich, nahm den Rucksack auf und schüttelte mir zum Abschied die Hand. Bevor sie ging, wandte sie sich noch einmal zu mir und bemerkte: »Hoffentlich war dies nicht Ihr letzter Besuch in Israel.« Sie hielt kurz inne, dann erhob sie erneut ihre Stimme und zitierte den Vers eines alten Liedes des Ägypters Sajjid Darwisch: »Besuchen Sie uns einmal im Jahr.«

Bevor Su'ad die Drehtür der Hotellobby aufstieß, schaute ich sie mir noch einmal genau an. Im Gegensatz zum ersten Eindruck, den ich von ihr gewonnen hatte, erschien sie mir jetzt hochgewachsen, lebhaft und voller Energie, jünger als zwanzig, aber weiser als jeder Weise; eine fremde Persönlichkeit für die Umgebung, in der sie sich bewegte. »Ein Mädchen, das nur schwer nach Glaube, Konfession oder Religion einzuordnen ist«, dachte ich bei mir. »Wie die Stadt, in der sie lebt, gehört sie einfach nur sich selbst.«

5

Ich betrete die Messe durch den Haupteingang und werde von zwei Sicherheitsbeamten kontrolliert, die auch meine Tasche durchsuchen. Der eine ist Araber und fragt mich einiges auf Hebräisch, der andere ist Israeli und spricht Arabisch mit mir. Ich gehe in die Halle und gelange in einen Gang, an dessen Seiten arabische und hebräische Stände ordentlich nebeneinander aufgereiht sind. Beinahe überall höre ich die Besitzer der Stände, die nur durch einen schmalen Gang voneinander getrennt sind, miteinander reden. Sie sprechen über die Verkaufszahlen und über ein paar andere Dinge. Am Nachmittag begeben sie sich in die Cafeteria, um zusammen zu essen: die Israelis arabische Kost, die Araber koscher.

Das Bild, das ich hier entwerfe, ist fast eine Utopie. Es ist weit entfernt von der Erfüllung unseres Wunsches, eines Morgens aufzuwachen, das Radio einzuschalten und in den Morgennachrichten nicht zum tausendsten Mal den neuesten Stand der Nahostkrise zu hören: die wechselseitigen Beschuldigungen von Israelis und Palästinensern, die Bedingungen des Osloer Friedensabkommens zu verletzen, ein neues Selbstmordattentat an irgendeinem friedlichen Ort in Israel oder die Zerstörung eines palästinensischen Dorfes durch israelische Panzer.

Man kann nicht über Jerusalem sprechen, ohne die internationale Buchmesse zu erwähnen, die alle zwei Jahre stattfindet. Wer die Messehallen durchstreift, wird mit einem gänzlich anderen Bild als dem oben beschriebenen konfrontiert. Er wird israelische Sicherheitsbeamte erleben, die alles durchsuchen, was der Besucher dabeihat. In den Ausstellungshallen für Einheimisches wird er Stände mit Büchern in hebräischer Sprache sehen. Die drei Stände, die Bücher in arabischer Sprache ausstellen, bilden eine Ausnahme. Der erste ist verhältnismäßig groß; hier sitzt Salih 'Abbasi, Direktor des Instituts »Kull Schai'« für Veröffentlichung und Druck, dem wichtigsten israelischen Verlag, der arabischsprachige Literatur vertreibt. An diesem Stand findet man alle in Beirut und Kairo erschienenen Bücher. Die beiden anderen Stände sind kleiner. An einem sitzt Samih Natur, Präsident des die israelischen Drusen repräsentierenden »Asien-Instituts für Publicity«, das die Monatszeitschrift *al-Amama* für Kultur herausgibt. Den anderen führt ein Vertreter der palästinensischen Autonomiebehörde aus Ramallah. Hier findet der Besucher alle palästinensischen Bücher, die in der Westbank und im Gazastreifen erschienen sind. Wer an diesem dritten Stand stehenbleibt, wird hauptsächlich israelische Besucher entdecken, die sich neugierig mit dem Standbesitzer unterhalten.

An diesem Stand wäre mehr zu erreichen, wenn nicht nur eine Person präsent wäre und die Palästinenser sich wirksamer darstellen und weniger furchtsam auftreten würden. »Es ist seltsam«, ging es mir durch den Sinn. »Die palästinensische Teilnahme läuft immer so ab: hier ein Fuß ›auf Seiten des Friedens‹, dort ein ›revolutionärer‹ Fuß auf Seiten der offiziellen öffentlichen Meinung in Palästina und in den arabischen Staaten.« Bei dem Treffen zwischen israelischen und palästinensischen Filmemachern und Schriftstellern im ökumenisch-protestantischen Studienzentrum in Jerusalem verhielt sich die palästinensische Delegation aus der Westbank genauso seltsam. Wären die Schriftsteller und Künstler arabische Einwohner der von den Israelis nach 1948 besiedelten Gebiete gewesen, hätte es ein Gespräch mit den israelischen Kollegen gegeben, vielleicht weil beide Seiten den wechselseitigen Respekt im Gespräch gewöhnt sind. Die Kollegen aus Ramallah, wo Meinungsverschiedenheiten mit den Waffen ausgetragen werden, nahmen an dem Treffen teil, als erwiesen sie den anderen durch ihre bloße Anwesenheit eine Gnade. Die palästinensische Schriftstellerin Liana Badr, Präsidentin des dortigen Kinoinstituts und verheiratet mit einem bekannten palästinensischen Politiker, der jahrelang als Berater Jassir Arafats arbeitete und anschließend einen Ministerposten in der Regierung Abu Mazens bekleidete, Liana Badr also war aus Ramallah angereist, um an einer Versammlung über »Kino und Literatur« teilzunehmen. Sie sollte ihren auf einem ihrer Romane basierenden Film *Ranas Hochzeit* diskutieren. Dieser Film wurde bei der Versammlung mit einem anderen palästinensischen Film von dem aus Tel Aviv angereisten Palästinenser Taufiq Abi Nail und dem Film *Beaufort* des Israelis Joseph Cedar gezeigt, der gerade den Preis für die beste Regie auf der Berlinale gewonnen hatte. In der Diskussionsrunde in einem von Publikum überquellenden Saal erweckte Liana den Eindruck, sie sei nur erschienen, um über sich, ihre Projekte und Bücher zu sprechen. Als die Diskussion mit ihren vier israelischen Kollegen schon begonnen hatte, betrat sie wie jeder palästinensische Führer heimlich den

Saal und verließ ihn später ebenso heimlich. Es war, als wollte sie zum Ausdruck bringen, man habe sie genötigt, mit Israelis zu diskutieren. Ein Fuß hier, ein Fuß dort – schon vor ihr haben sich andere Palästinenser so verhalten, Edward Said beispielsweise. Jahrelang verkaufte Edward Said hier »im Westen« seine Liebe für den Frieden als Ware, indem er mit dem argentinischen Dirigenten jüdischer Herkunft, Daniel Barenboim, Preis auf Preis erntete. Dort, in den arabischen Ländern jedoch, hatte noch nie jemand von dem Orchester »West-Östlicher Diwan« gehört, das junge israelische und palästinensische Musiker zusammenbrachte. Ich erinnere mich, wie überrascht der Feuilletonchef von *al-Hayat* war, als ich ihm von dem Orchester erzählte. Wie sollte der Mann auch wissen, dass Said seinen Neffen »hier« in dem Orchester Klavier spielen ließ, während er selbst »dort« mit einem anderen Neffen »an der libanesischen Grenze« stand und Steine auf israelische Soldaten warf?

Diese Art von Widerspruch kann man auch in der Bar des Hotels der amerikanischen Kolonie erfahren, die Rick's Café in dem Film *Casablanca* ähnelt. Die Bar ist der nächtliche Treffpunkt der Messebesucher, Schriftsteller und Journalisten. Die arabischen Besucher, die in der Lobby und in der Bar sitzen und hauptsächlich reiche Palästinenser sind, sind hohe Beamte in der Palästinensischen Autonomiebehörde. Sobald diese Besucher herausfinden, dass der andere ebenfalls Araber ist, beginnen sie zuallererst Saddam Hussein zu preisen, den sie für den Retter der Araber halten. Naiv fragen sie: »War die Lage zu Saddams Zeiten nicht besser?« Eine wirklich dämliche Frage, denn Unglück, Tod und Zerstörung kann man nicht vergleichen, sie bleiben immer Einzelfälle. Zu Saddams Zeiten gab es eine »grausame« Diktatur; heute, zu Zeiten der Besetzung, herrscht eine »grausame« Anarchie. Grausamkeit in zwei Epochen. Wenn die Leute merken, dass man in ihren Lobpreis auf Saddam Hussein nicht einstimmt, wenn sie merken, dass jemand wie ich ein Gegner Saddams war, fangen sie an, über Israel zu sprechen, etwa darüber, wie man – wie ich – eine Einladung nach Israel akzeptieren konnte. Sie verlangen, dass die arabischen Intellektuellen sich gegen die Normalisierung wehren. Aber sie selbst sind ja auch vor Ort, oder? Die Palästinenser sind dazu gezwungen worden, heißt es, weil sie in ihrem Land leben, und sie klagen fortwährend über die Besatzungspolitik! Aber wenn man sie fragt, wie sie sich verhalten würden, wenn die Hamas an die Macht käme und es keine Bars und keinen Alkohol mehr gäbe, antworten sie, dass sie doch Palästinenser seien und sich untereinander verständigen würden. Wenn man sie daran erinnert, wie gut sie sich verständigt hatten, als das Rattern der auf ihre Brüder im Gazastreifen und in der Westbank gerichteten Maschinengewehre noch zu hören war, erwidern sie mit revolutionären Parolen. Die übliche Propaganda! Die meisten von uns wissen von Kindheit an, dass man sogar in einem Schulaufsatz über die Sommerferien über Palästina schreiben müsse: »Ich saß einst mit meinem Großvater im Café. Als plötzlich eine Bettlerin vorbeikam, fragte ich meinen Großvater: ›Warum bettelt diese Frau?‹ Und er antwortete: ›Weil sie aus Palästina geflüchtet ist, weil die ›Zionisten‹ sie vertrieben haben.‹« So beginnt ein Schüler zu reden, über Palästina …

Alles war Palästina: der Diktator, der ein Leben lang regierte, Menschen hinter Gitter brachte und im Namen der Freiheit Palästinas willkürlich tötete; der Offizier, der einen Soldaten in seinem Bataillon im Namen Palästinas drangsalierte; der Diktator, der zahllose Kriege im Namen Palästinas führte: »Der Weg nach Jerusalem führt über 'Abadan«: Dies war die Devise, die Saddam Hussein im iranisch-irakischen Krieg ausrief, bevor er später nach der Besetzung Kuwaits 'Abadan durch Kuwait ersetzte – alles im Namen Palästinas. Dies ging so weit, dass das Baath-Regime in Syrien eines seiner vielen entsetzlichen Geheimdienstgefängnisse »Palästinagefängnis« nannte. Alles im Namen Palästinas. Auf diese abgedroschene Phrase stößt der Leser in all unseren Feuilletons. Der Intellektuelle, der sich gegen Selbstmordattentate erhebt und zu Frieden und Dialog aufruft, wird als feige bezeichnet, als jemand, der die Kapitulation vor dem Feind akzeptiert. Wer hingegen Israel besucht, wird plötzlich verstehen, welchen Preis er zahlen muss: Er wird als Zionist beschimpft. Und wenn er fragt, wie es ohne direkten Dialog, ohne Kenntnis der Lebensumstände der anderen Frieden geben soll, antwortet man ihm, die israelischen Intellektuellen wollten dies nicht.

Stefan von Holtzbrinck, Schirmherr von » Voices from Hilltop«, des Treffens der israelischen und palästinensischen Schriftsteller und Filmemacher, an dem ich teilnahm, erzählte mir von seinem Wunsch, dieses Treffen in eine arabische Hauptstadt zu verlegen. Er berichtete, er habe schon oft mit seinem ägyptischen Freund Ibrahim al-Mu'allam, dem Präsidenten der arabischen Verlegerunion in Kairo, gesprochen, aber al-Mu'allam habe diesen Vorschlag zurückgewiesen. Was Herr von Holtzbrinck nicht weiß, ist, dass al-Mu'allam so reagieren muss, um seinen Posten für Jahrzehnte zu behalten. Handelte er dem zuwider, würde er seine Stellung einen Tag später los sein. Der offizielle Markt bei uns verlangt revolutionäre Parolen. Wer einen Posten erlangen oder einen Preis gewinnen will, muss unweigerlich von der »Befreiung Jerusalems« reden und es ablehnen, »sich mit den zionistischen Schriftstellern zusammenzusetzen«. Trotz allem sagt Herr von Holtzbrinck, er lasse sich nicht entmutigen. Vor drei Jahren habe er allein die Schirmherrschaft über das jährliche Treffen übernommen; heute nähmen drei weitere Institute daran teil: das italienische Kulturinstitut, der Wohltätigkeitsverein für Jerusalem und das Zentrum für Frieden und Entwicklung in Amman. Sein Traum bleibe jedoch, das Treffen eines Tages nach Beirut zu verlegen, weil diese Stadt, so sagte er mir, unter den arabischen Hauptstädten am besten für ein solches Treffen geeignet sei. Vielleicht ist diese Vorstellung nahe an einer Utopie – wie das Bild der Buchmesse, die voll ist von gemeinsamen Ständen. Aber war meine Vorstellung, durch die Stadtteile von Jerusalem-Jeruschalajim-al-Quds zu flanieren – besonders durch die vier alten Viertel, das christliche, das jüdische, das muslimische und das armenische –, bis vor kurzem nicht auch näher einer Utopie als der Wirklichkeit?

Wie zu Hause:
Im Bett einer israelischen Soldatin

Ich konnte mir alles vorstellen, außer in dem Bett einer israelischen Soldatin zu schlafen. Das Zimmer, das Avram und seine Frau Hagar uns während unseres Besuchs in Mizra überließen, gehörte eigentlich ihrer älteren Tochter Neta, die gerade ihren Wehrdienst in der Armee ableistete. Es war ein kleines Zimmer mit einem einfachen Bett, einem kleinen Computer, einem einzigen Sofa und neben dem Bett einem Tischchen – natürlich mit einem Wecker darauf – wie bei jedem Soldaten. Mit anderen Worten: Das Zimmer war bescheiden. Es war März, und da die schattigen Bäume vor dem Fenster die Sonne kaum ins Zimmer hereinließen, war es recht kühl. Im Mai würde Neta ihren zwanzigsten Geburtstag feiern. Ich versuchte mir die Situation vorzustellen. Wie gewöhnlich würde sie am Wochenende nach Hause kommen. Ihre Familie würde ihr erzählen, welcher Herkunft die Menschen waren, die in ihrem Bett geschlafen hatten: ein Ehepaar aus dem Irak – dem Feindesland, dem einzigen Land in der arabischsprachigen Welt, das Raketen auf Israel abgefeuert hatte. Und nicht nur das, sie hätten vielleicht auch noch schiitische Wurzeln. Wie würde sie reagieren? Was würde sie sagen? Ich dachte darüber nach, sie später aus Berlin anzurufen und sie nach ihren Gefühlen zu fragen. Es wäre schön, sich diese Gefühle gegenseitig zu erzählen. Mir ist klar, dass nichts Seltsames daran ist, wenn ein fremder Gast in einem Bett schläft, das jemand Bestimmtem gehört, in jedem Haus. Es gibt Gästebetten; die Gäste kommen und gehen. Man erinnert sich jedoch nur an einige, weil sich die Tatsache, dass sie in diesem Bett schlafen, eine symbolische Bedeutung hat und weil unser Leben im Nahen Osten geprägt ist von Kampf, Krieg, Gewalt, Tod, Zerstörung und Verrat und allem, was das Lexikon der Qualen an Vokabular bereithält. Alles, was uns mit jemandem vereint, der bis vor kurzem noch ein Fremder für uns war, verwandelt sich in ein Symbol.

Auf meiner letzten Reise in den Irak berichtete mir mein Vater von einem Erlebnis, das er bis heute nicht vergessen kann. Am Abend, bevor der Aufstand gegen die Baath-Regierung und Saddam Hussein im Frühjahr 1991 die Stadt 'Amara erreichte, weckte ihn zu später Stunde ein Klopfen an die Haustür. Dort standen zwei junge Soldaten, Mitte zwanzig, mit müden Gesichtern und abgetragener Kleidung. Alles wies darauf hin, dass sie eine lange Strecke zu Fuß marschiert waren. »Wir wollen nur ein bisschen schlafen, Onkel«, erklärten sie meinem Vater. Mein Vater stellte ihnen zwei Matratzen im Salon des Hauses zur Verfügung. Er wollte sie nicht zu früh wecken, sondern befahl allen, sie in Ruhe so lange wie möglich schlafen zu lassen. Gegen zehn, elf Uhr vormittags beschloss er jedoch, nachzusehen und sie aufzuwecken. Zu seinem Erstaunen waren sie im Salon allerdings nicht mehr zu finden. »Als hätten sie sich in Luft aufgelöst.« Wenn er nicht die Matratzen, auf denen sie geschlafen hatten, und die sorgfältig zusammenfaltete Bettwäsche gesehen hätte, hätte mein Vater die Geschichte für ein Hirngespinst gehalten. »Weißt du, warum ich die beiden sofort ohne Bedenken, ohne Wenn und Aber, beherbergt habe?«, fragte mein Vater. »Weil sie mich an dich als Soldaten erinnert haben. Ihre müden Gesichter sahen deinem damaligen Gesicht ähnlich, müde und voller Sorgen. Es war, als hätten sie dein Antlitz angenommen.« Mein Vater diente selbst keinen Tag in der Armee, weil er den Abgeltungsbetrag von fünfzig Dinar bezahlte (was damals, 1954, viel Geld war). Mein Großvater legte das Geld für ihn aus, weil er seinen Sohn retten wollte. Als ich klein war, erzählte er mir, er habe nicht gewollt, dass sein Sohn in der Armee diene, um im Norden des Landes beim Kampf gegen die Kurden zu sterben. Mein Vater hatte bis dahin nicht gewusst, dass Soldaten ungeachtet der ethnischen Zugehörigkeit, der Religion, des Staates und all jener Merkmale, die Menschen normalerweise voneinander unterscheiden, dieselben Gesichtszüge tragen. Sie ähneln sich gewaltig, überall in der Welt, vor allem in Krisenlagen. Deshalb hatten die beiden Soldaten so viel Ähnlichkeit mit mir. Ich diente von August 1978 bis August 1980 in der irakischen Armee – in einer Zeit, als die Verfolgungen und Vertreibungen von Oppositionellen immer schlimmere Formen annahmen. Jeder Tag in der Armee glich einem Tag in der Hölle. Alle Tage meines Wehrdienstes, die ich zählen könnte, waren Tage der Krise. Ich erwartete jeden Tag meinen Tod, aber nicht im damaligen Krieg gegen die Kurden im Norden des Landes, an dem auch ich kurz teilnahm. Sondern in einem der Sicherheits-, Nachrichtendienst- oder Geheimdienstgefängnisse, in einer der grausamen baathistischen Folterzellen. Und die beiden Soldaten? Auch die beiden Soldaten, die nach Mitternacht an die Tür gepocht hatten, waren müde und befanden sich auf dem Rückzug. Der Kuwait-Krieg war gerade zu Ende gegangen, und die irakische Armee zog sich gebrochen und gedemütigt zurück. Man suchte Schutz unter freiem Himmel, um nicht von einem der Flugzeuge der alliierten Streitkräfte getötet zu werden, deren Bomben alles auf den Straßen in Schutt und Asche legten. Dabei wussten General Schwarzkopf, Oberbefehlshaber im Krieg zur Befreiung Kuwaits, und seine Kameraden, die anderen Generäle, nur zu gut, dass diese Soldaten wehrlos waren, nur von Angst und dem Wunsch zu leben beseelt. »Todesstraße« nannte man die Route, auf der sich die irakische Armee von Kuwait City bis zur irakischen Grenze bei Umm Qasr zurückzog. Der erste Soldat, der Basra erreichte und das Feuer auf Saddam Husseins Monumentalgemälde eröffnete – auf eines von Hunderten über das ganze Land verteilten Monumentalgemälden dieser Art – und damit die Lunte an den Aufstand vom März 1991 legte, dieser verzweifelte, aber auch mutige Soldat gab mit seiner Tat einen verhohlenen Notschrei für all jene Soldaten von sich, die sinnlos im Krieg des Diktators gefallen waren. Und die beiden Soldaten? Waren sie aus Kuwait oder Basra geflüchtet? Auf welcher Seite hatten die beiden gekämpft, auf Seiten der Staatsmacht oder auf Seiten der Rebellen? Mein Vater stellte diese Frage nicht. Vielleicht konnte er sich vorstellen, was geschehen würde, wenn die beiden auf der Seite der Machthaber kämpften, insbesondere da die Neuigkeit über den Aufstand aus Basra eingetroffen war – am Morgen desselben Tages, an dem sie in 'Amara aufwachten, das selbst an diesem Tag rebellieren sollte. Meinem Vater bedeutete es nichts, auf welcher Seite die Soldaten kämpften. Für ihn sahen sich alle Soldaten ähnlich: Alle waren müde, und alle verdienten es zu leben. Der Mensch wird nicht aus dem Bauch seiner Mutter geboren, um danach zu schreien, Soldat zu werden. Soldaten sind ein Fabrikat des Nationalismus, leider mit allem, was dieser Begriff an Tyrannei und Demagogie enthält. Und mein Vater wusste das. Das Vaterland verteidigen? Ein Betrug, den all jene Politiker großmäulig begehen, die das Vaterland tagein, tagaus wie eine Milchkuh melken. Eben dies brachte ihn auch dazu, mir in der ersten Woche nach Ausbruch des irakisch-iranischen Krieges am 22. September 1980, als mein Jahrgang eingezogen wurde, vorzuschlagen, mich im Haus von Verwandten auf dem Land in der Nähe des kleinen Städtchens Maimuna zu verstecken. Und genau dies war es auch, was ihn meine Züge in den Gesichtern der Soldaten finden ließ, die er ohne Kenntnis ihrer Namen in seinem Haus schlafen, ihnen neue Bettwäsche geben ließ, in der zuvor noch nie jemand geschlafen hatte. Am Morgen des nächsten Tages, als sie das Haus verlassen hatten, kam ihm der »geniale« Einfall, die Bettwäsche bis zu meiner Rückkehr für mich aufzuheben. Es war wie ein Gelübde vor Gott, meine Heimkehr zu beschleunigen. Aber Gott beeilte sich nicht mit meiner Heimkehr; ich kehrte erst dreizehn Jahre nach jenem Morgen heim. »Am Ende bist du aber heimgekehrt«, sagte mein Vater. »Und die Bettwäsche, in der du im Zimmer unter dem Dach im Januar 2004 geschlafen hast, ist dieselbe Bettwäsche, in der deine Kameraden in Qual und Leiden geschlafen haben.« Bei uns wird alles zu einem Symbol. Ich schlief mehr als zwei Wochen in diesem Bettzeug, und jede Nacht, als ich meinen Kopf auf das Kissen legte, um zu schlafen, starrte ich an die Zimmerdecke und sah sie dort, sah, wie meine Kameraden durchs Zimmer schwebten und sich wie Lichtflecke in der Dunkelheit verteilten, als wollten sie meinen Schlaf bewachen. Was mochte ihnen zugestoßen sein, nachdem sie an jenem Morgen das Haus verlassen hatten? Waren sie noch am Leben? So stellte ich mir Fragen über Fragen, bis ich schließlich, ohne es zu merken, einschlief. Mehr als zwei Wochen praktizierte ich diese Übung – eine Übung, die mich an meine überall verstreuten Kameraden erinnern ließ: diese unbekannten Soldaten, meine Gefährten im Unglück. Es war, als bereitete ich mich selbst auf diese zukünftigen Nächte vor, in denen ich, drei Jahre nach dem Besuch in meinem Elternhaus, im Kibbuz Mizra schlafen würde, in einem Haus, in dem ich mir die Ehre, dort zu schlafen, nie ausgemalt hätte, in einem Zimmer, das bis vor kurzem Neta gehört hatte, der jungen Frau, die an einen anderen Ort ziehen würde. Solange sie jedoch ihren Militärdienst ableistete, würde sie jedes Wochenende zum Schlafen in ihrem Bett nach Hause zurückkehren. Neta, diese junge Israelin, von der ich zumindest wusste, wer sie war, nämlich die Tochter meiner Freunde Avram und Hagar. Wenigstens hatte ich ihr Bild in einem Fotoalbum gesehen, das mir ihre Eltern gezeigt hatten. Wenigstens hatte ich die Stifte gesehen, die sie zum Zeichnen verwendet und auf dem Tisch in ihrem Zimmer liegengelassen hatte. Wenigstens hatte ich ihren Wecker gesehen, der sie früh aufweckte, und ein Foto von ihr, auf dem sie lachte, stand vor mir auf dem Tisch. Was, wenn jetzt ein Krieg ausbräche? Was, wenn Neta in den Krieg in der Westbank oder im Gazastreifen geschickt würde, in eines der von Israel besetzten Gebiete? Jeden Abend, bevor ich den Kopf auf das Kissen legte und die Bettdecke über mich zog, fühlte ich ihre Lebenskraft, die Zartheit ihrer Haut, die Frische ihres Atems. Ich fühlte, wie sie sich – Lichtflecken gleich – in der Dunkelheit des

Zimmers ausbreitete, als wollte sie Inaam und mich beschützen, wie es meine beiden Kameraden, die Soldaten in 'Amara, gemacht hatten. Was würde mein Vater sagen, wenn ich ihm diese Geschichte erzählte: die Geschichte, wie ich im Bett einer israelischen Soldatin schlief? Welche Züge würde er in ihrem Antlitz entdecken? Meine oder die meiner Reisegefährtin Inaam, die ebenso der irakischen Hölle entkommen war; Inaam, die auch in der Armee dienen musste? Sie musste zwar keine khakifarbene Kleidung tragen, arbeitete aber auf Befehl der Machthaber ein Jahr lang in einem Zivilkrankenhaus. Würde er mir wie bei meinem letzten Besuch sagen: »Die Seite, auf der die beiden Soldaten kämpfen, ist mir egal. Für mich ähneln sich alle Soldaten in ihrem Leiden. Sie sind alle müde, und alle verdienen sie es zu leben. Der Mensch wird nicht aus dem Bauch seiner Mutter geboren, um danach zu schreien, Soldat zu werden. Die Soldaten sind ein Fabrikat des Nationalismus.« Oder würde er eine andere Antwort finden, die besser zu Neta passen mochte, der israelischen Soldatin, die sich eines Tages in die Reihe der unbekannten Soldaten einfügen würde? Und ich? Was sollte ich sagen, wenn ich ihr beim nächsten Mal begegnete? Wenn ich die Augen schließe und den Kopf auf das Kissen bette, wünsche ich ihr, dass sie am Leben bleibt, damit ich ihr wenigstens von meinen Kameraden erzählen kann, den unbekannten Soldaten wie sie, die es an so vielen Orten auf der Erde gibt, einige ganz in ihrer Nähe, an den an ihr Land grenzenden Fronten, während andere in Kriegen in fernen Ländern sterben. Um in das Lied Inaams einzustimmen, die auf der anderen Seite des Kissens, dicht neben mir, schlief, singe ich: »Läge es in meiner Hand, diesen Stern zu verändern und ihn von den Übeln der Erde zu befreien, diesen Stern mit der Saat der Liebe zu füllen und die Welt überall mit Bäumen der Liebe zu bepflanzen … dann wird die Liebe die Welt, dann wird die Liebe der Weg.« Dieses Lied, ein Gedicht der verstorbenen palästinensischen Dichterin Fadwa Tokan, sang Inaam im September 2002 im Schauspielhaus von Mainz vor einem aus aller Welt angereisten Publikum – bevor sie auch nur ahnte, dass sie vier Jahre später im Bett einer israelischen Soldatin schlafen würde.

2

Aber wie ist es, in einem Bunker zu schlafen, fragte ich mich zu Beginn unseres Besuchs bei Professor Sasson Somekh und seiner Frau Terry. Sie wohnen in einer neuen Wohnung im Norden Tel Avivs, in der Levy-Ashkol-Straße nahe der Universität, dem Arbeitsplatz von Professor Somekh bis zu seiner Pensionierung. Es ist wirklich merkwürdig, dass man, wenn man bei einem Freund in Israel schläft, im Bett eines Soldaten oder einer Soldatin oder auf einem Lager in einem Bunker landet. Wir waren sehr erstaunt, als wir von der kleinen, nicht einmal zehn Quadratmeter großen Kammer hörten, die ursprünglich als Bunker geplant worden war. Nach unserer Vorstellung liegt ein Bunker in einem Keller, unterhalb des Hauses, und die Menschen flüchten sich bei Bombenangriffen dorthin. Aber auch dieses Bild sagte uns – Inaam und mir – nicht viel, da wir in unserem ganzen Leben noch nie einen Bunker betreten hatten. Dies mag so manchen in Erstaunen versetzen: Wie konnte gerade euch das geschehen, die ihr aus dem Irak stammt – dem Land, das vom 22. September 1980 bis zum 9. April 2003 einen Krieg nach dem anderen durchgemacht hat? Der irakisch-iranische Krieg dauerte acht Jahre und endete 1988 am gleichen Jahrestag, an dem er begann, nämlich am 8. August. Nur zwei Jahre später brach der Kuwait-Krieg aus. Nach der irakischen Niederlage und dem Rückzug aus Kuwait begann ein anderer Krieg, der fast zwölf Jahre dauerte: der Krieg des ständigen Embargos und – hin und wieder – der alliierten Bombenangriffe auf irakische Städte. Schließlich der zweite amerikanische Krieg. So viele Kriege, und keine Bunker im Irak? Ja, das ist die Wahrheit. Saddam Hussein und seine Militärentourage interessierten sich nicht für den Schutz ihrer Mitbürger. Sie hatten nur ein Ziel vor Augen: den

Feind, den sie meinten bekämpfen zu müssen oder – mit einem mittelalterlichen Ausdruck, den Saddam gern verwendete – gegen den sie »in die Arena« meinten »ziehen« zu müssen. Vielleicht gab es hier und da sogar Bunker. Aber sie blieben verstreut, begrenzt. Einige waren berüchtigt, aber nicht weil sie die irakischen Landsleute so gut schützten, wie der Bunker von 'Amarija etwa, sondern weil die irakische Militärführung sie zu Gefechtsständen für ihre Operationsführung machte. Auch vor dem Blutbad in 'Amarija, das amerikanische Kampfjets 1991 verursachten, vermieden es die Leute, in die Bunker zu flüchten. Erstens hatten die Menschen kein Vertrauen in ihre Widerstandsfähigkeit, und zweitens war ihnen zu Ohren gekommen, dass die irakische Militärführung Menschen als Schutzschilde gegen die Angriffe amerikanischer Flugzeuge einsetzte. Selbst ich, der ich von 1978 bis 1980 immerhin zwei Jahre in der irakischen Armee diente, habe nie in einem Bunker geschlafen und im Unterricht während des Wehrdienstes nichts über sie in Erfahrung gebracht. Eine Kultur, die an den Tod als vorherbestimmtes Schicksal glaubte, konnte mit Bunkern, die sie für von den Machthabern für die Menschen aufgestellte Fallen hielt, wenig anfangen. Vielleicht hatte Inaam ein- oder zweimal in einem Bunker übernachtet: in dem offiziellen Gebäude der Kino- und Theaterverwaltung, wo auch das Zentrum des nationalen Theaterensembles einquartiert worden war, bei dem sie damals tätig war. Für mich hingegen war es das erste Mal, dass mir die Ehre zuteil wurde, in einem Bunker zu schlafen. Und wo? In Tel Aviv, in Israel!

Eine kleine Kammer mit dicken Wänden. Ein Neonlicht hängt an der Decke, fällt aber zwei Tage später von selbst herunter. Ein dickes Fenster, das sich nur mit Mühe öffnen lässt. Sasson erzählte uns, dass alle modernen Wohnungen in Israel mit solchen Bunkern ausgestattet seien. Je nach Betrag, den man ausgibt, lässt sich die Art des Bunkers festlegen. Es gibt bestens ausgestattete Bunker, in denen alles zu finden ist, was der Mensch begehrt; sie sind größer als dieser unser Bunker. Offenbar ist das Bauen von Bunkern ein wichtiger Wirtschaftssektor in Israel geworden. Eine Verwirklichung des Friedens würde aber auch bedeuten, dass das Heer der Arbeitslosen in Israel Zuwachs bekäme, weil die kleinen Baufirmen keine Bunkeraufträge mehr erhielten. Dieser Wirtschaftszweig ähnelt einem anderen, den die »feindlichen Händler« in der Westbank und dem Gazastreifen ausüben: dem Handel mit dem »Selbstmord«, bei dem man sich einen Sprengstoffgürtel umschnallt oder Autos in die Luft jagt. Auch dieser Job hat mit dem Krieg zu tun, ist in jenen Gebieten weit verbreitet und braucht viele Mittelsmänner. Man sagt – und dies entstammt nicht nur der Gerüchteküche –, die Warteliste der freiwilligen Selbstmordattentäter sei lang, man müsse manchmal monatelang warten. Deshalb sind manche bereit, Provisionen zu bezahlen, um ihre Namen auf der Liste weiter vorrücken zu lassen. Sie haben es eilig mit dem Tod, weil sie rechtzeitig im Paradies eintreffen wollen, um in aller Freiheit mit siebenundsiebzig Huris schlafen zu können. Eine furchtbare »selbstmörderische« Geilheit, als fürchteten sie, dass die schönen Paradiesjungfrauen, die sie erwarten, aus dem Paradies verschwinden könnten. In Israel steht der »Bunkerhandel« dem »Selbstmordhandel« in Palästina gegenüber. Dies musste ich denken, als ich die Tür des Bunkers hinter uns schloss, bevor wir uns schlafen legten.

»Hier haben wir geschlafen«, sagte Sasson, »als Saddam Hussein seine Raketen auf Israel abfeuerte.« Daraufhin führte er mich auf den Balkon des Hauses und zeigte auf einen nahe gelegenen Platz zwischen dem Strand und dem Gebäude. Dort sei eine Bombe eingeschlagen. Er musste mich nicht auffordern, mir das vorzustellen. Jedes Mal, wenn ich unser Zimmer, den Bunker, betrat, erinnerte ich mich an den Krieg – selbst wenn ich nur eine Kleinigkeit holen, mich umziehen, ein Nickerchen machen oder ein Buch lesen wollte. Immer kam mir der Krieg in den Sinn. Seltsamerweise musste ich an die ersten Stunden des irakisch-iranischen Krieges am Montag, dem 22. September 1980, denken, als am frühen Abend etwa sechzig iranische »Phantom«-Flugzeuge am Himmel über Bagdad auftauchten. Sie flogen niedrig und mit ungeheurem Gedröhne. Ein oder zwei stürzten ab, die anderen setzten ihre Angriffe fort; dann kehrten sie unbeschadet zu ihrer Basis zurück. Alles, um uns zu sagen: Ab heute werdet ihr keine Ruhe mehr haben. An jenem Tag trat der Irak in den Krieg ein, ohne Bunker für die Bevölkerung bereitzustellen. Die Menschen flüchteten rennend und mit eingezogenen Köpfen, als könnten sie sich so vor den Tieffliegern schützen. Sie liefen wie gejagte Stiere umher, ohne zu wissen, wohin. Einige, die sich als Experten in Militär- und Kriegsdingen aufspielen wollten, drängten die Leute, sich zum Schutz vor den Angriffen flach auf den Boden zu werfen. Aber sie fanden nicht viele Zuhörer. Ein Teil von ihnen musste sich als Reaktion auf ihre Anweisung sogar den Hohn oder die hysterischen Schreie einiger junger Leute und von Frauen anhören, die verlangten, sie sollten sich selber hinlegen, bevor sie die anderen dazu aufforderten, und nicht einfach stehen bleiben. In ihrem Geschrei und ihrer Hysterie ahnten die Menschen, dass der erste Tag eine Übung für die kommenden Tage sein würde. Aber welche Übung? In den ersten sechs Wochen, die ich vom Krieg erlebte, bevor ich ins Exil ging, gab es eine Serie von konzentrierten Angriffen, die keinen Tag zur Ruhe kamen. In 'Amara, wo ich mich vom 22. September bis zu meiner Ausreise aus dem Land am 28. Oktober 1980 befand, aber auch, als ich mit einem Freund fischen ging und wir unsere Angeln in der Nähe des Maschru'-Damms am Kahla-Fluss auswarfen und die Flugzeuge den Damm beschossen. Die Flugzeuge tauchten auf, kreisten über uns und verschwanden innerhalb von Sekunden. Es war das erste Mal, dass ich mit eigenen Augen scharfe, bei der Berührung heiße Granatsplitter bemerkte, die dreißig Zentimeter neben der Stelle, an der ich mich hingeworfen hatte, eingeschlagen waren. Ähnliches geschah auf der Schnellstraße zwischen Basra und 'Amara in der Nähe der Zuckerfabrik, als ich nach Basra fuhr, um mich vor meiner Ausreise von einer Freundin zu verabschieden. Alles warf sich zu Boden. In jenem Moment sah ich den Splitter nicht; ich hielt meinen Kopf bedeckt. Aber der alte Mann, der vor meinem Kopf stand, traf ihn mit dem Fuß weit weg von mir. Als ich ihn fragte, warum er sich nicht hinlege, erwiderte er, er müsse lernen, dem Tod entgegenzutreten, weil er einen Plan hege, der ihm dies abverlange. »Was für einen Plan?«, hakte ich nach. »Zu Chomeini zu gelangen und ihn zu bitten, den Krieg zu beenden.« Als ich ihn fragte, ob er glaube, dass Chomeini mit ihm übereinstimme, antwortete er, er sei sich dessen sicher, weil er ihm sagen würde: »Wenn unser Präsident nur den Krieg will, muss er, der weise, gottesfürchtige Alte, den Präsidenten diese schlimme Gelegenheit verpassen lassen.« ... Welche Erinnerung hat dieser Bunker also bei mir hinterlassen? Was ist mit der Erinnerung an jene Nacht, als die Schatten der Verdunkelung auf Stadt und Gesichter lagen? Als die ganze Familie in einem einzigen Zimmer zusammenhockte, in einem Bau aus Ziegelsteinen und nicht aus Beton, wie es für Bunker üblich ist. Es war ein altes Zimmer in einem alten Haus im Süden, ein Zimmer, vor dem wir uns fürchteten, denn wenn es in Strömen regnete, konnte es einstürzen. Was also, wenn es von Flugzeugen bombardiert wurde? Wir saßen eingezwängt in diesem Zimmer, die ganze Familie, acht Personen. Wir hatten die iranischen Flugzeuge erst spät gehört, weil sie wie immer überraschend auftauchten. 'Amara lag in der Nähe der iranischen Grenze. Die Flugzeuge brauchten nach dem Start von ihren in Grenznähe gelegenen Stützpunkten immer nur wenige Minuten, um die Stadt zu erreichen. Sie flogen sehr schnell, wir hörten das laute Brummen. Sie kreisten und drehten in Ruhe ihre Runden über der Stadt, während wir wie festgenagelt auf unseren Plätzen hockten, jeder in seine kleine Ecke gekauert. Wir warteten darauf, dass sie endlich ihre Fracht abwarfen und verschwanden und uns von dieser Qual befreiten. Es gibt nichts Schrecklicheres als diese Momente, in denen man nicht weiß, ob man nach wenigen Sekunden noch am Leben sein wird oder einen Querschläger in den Kopf bekommen hat. So erging es uns allen. Wir glaubten die Herzen der anderen klopfen zu hören, wir hatten keinen anderen Trost, als beim Eintreten zu behaupten, dass die Flugzeuge ihre Arbeit schnell verrichten und verschwinden würden. Nicht einmal das Rattern der Flugabwehr brachte uns Trost. Und auch ich, als ältester Sohn der Familie, konnte meinen fünf jüngeren Geschwistern keine Erleichterung verschaffen, nicht einmal meiner jüngsten Schwester, die erst drei Jahre alt war. Bis zu jener Nacht hatte sie Angst, sich mir zu nähern, weil meine Mutter ihr stets damit drohte, dass ich »sie nach Bagdad bringen und zum Schlafen zwingen würde«, wenn sie nicht einschlafen wollte. Diese kleine Schwester kam in jener Nacht zitternd vor Angst zu mir und barg ihr Köpfchen an meiner Brust. Sicher dachte sie, dieser »furchteinflößende« Bruder, mit dem die Mutter ihr stets drohte, sei der Einzige, der sie beschützen könnte. Als sie jedoch spürte, dass eine Träne aus meinem Auge auf ihren Kopf tropfte, schrie sie auf: »Mama, schau! Sogar die Großen weinen!« Ja, sogar die Großen weinen wegen des Krieges, und selbst ein kleines Mädchen wie sie würde größer werden und mit dem Krieg und den täglichen Angriffen wachsen. Ihr großer Bruder würde fortgehen, ins Exil, und die Erinnerung an die Luftangriffe der ersten sechs Wochen des Krieges würde in seinem Gedächtnis haften bleiben. Er würde diese Erinnerung mitnehmen, und vielleicht würde es keine andere Erinnerung mit ihr aufnehmen können, wenn nicht an ihrer Stelle eine andere eintrat: die der amerikanischen Bomben auf Bagdad im ersten Golfkrieg. »Wer vergisst die Nacht vom 16. Januar 1991, als sich der Himmel über Bagdad in eine glühende Fläche verwandelte?«, fragte Sasson Somekh. Er erzählte uns, wie er die Nachrichten über den Golfkrieg im Fernsehen verfolgte und die schrecklichen Bilder von Häuser- und Brückenzerstörungen in Bagdad sah. »Wie so viele aus Bagdad stammende Leute in Israel und an anderen Orten war ich sehr bestürzt von den unerbittlichen Szenen: Da war der Fluss; seine Brücken – Symbole für meine Heimat, mein Geburtsland – und alles, was in ihrer Nähe war, wurde von tödlichen Schlägen getroffen; Menschen fielen und fanden den Tod. Als hätte der Tyrann aus Bagdad, der gar nicht dort geboren wurde, nicht schon genug Blut Tausender Menschen seines Volkes und anderer Völker vergossen, als hätte er nicht schon Skut-Raketen auf Israel abgefeuert, die genau dort einschlugen, wo viele Menschen aus dem Irak lebten.« Sassons Stimme klang traurig. Aber wer außer Inaam konnte besser verstehen, was dieser Verlust für ihn bedeutete, der Verlust der Brücken von Bagdad? Sie antwortete ihm auf seine Erzählung: »Ich habe diesen Anblick, den du beschreibst, mit eigenen Augen gesehen … Er ist tief in mein Herz gedrungen, und ich werde ihn mein Leben lang nicht vergessen … Gibt es etwas Schöneres als die Brücken von Bagdad?« Dann brachen sie beide in Tränen aus, wie ich es zuvor noch nicht erlebt hatte. Ein trocknes Weinen, wie ein heimliches, fast lautloses Heulen.

Seit unserem Kennenlernen hatte ich Inaam eigentlich nach dieser Nacht fragen wollen. Aber wann immer ich daran dachte, ließ ich von dem Thema ab: Warum sollte ich eine Erinnerung in ihr aufwirbeln, die im Verborgenen ruhte? Die Menschen begraben die Vergangenheit, sobald für sie eine andere Gegenwart beginnt. Aber gibt es eine andere Gegenwart als den Krieg im Nahen Osten? Inaam wusste das selbst. »Viele Jahre sind vergangen, und ich habe diese Nacht vergessen, während ich in Deutschland war. Und jetzt, in diesem Bunker, erinnere ich mich auf einmal an sie.« Diesmal fragte oder bat ich sie nicht, die Geschichte auf später zu verschieben, denn sie begann ganz einfach, von den Geschehnissen zu berichten. Wir lagen seelenruhig auf dem Bett, unsere Augen waren gegen die Zimmerdecke gerichtet, als sie in der Dunkelheit zu erzählen begann. ›Es ist besser, sie die Geschichte auf ihre Weise erzählen zu lassen‹, dachte ich mir, ›anstatt sie immer wieder zu unterbrechen.‹

»Es war eine grauenvolle Nacht. Verrückt, wie ich mich jetzt erinnere, als sei sie erst gestern gewesen. Ich erinnere mich an alle Einzelheiten. Jeder Augenblick dauerte eine Ewigkeit. Die Prophezeiungen und Reden Saddams waren voll von klangvollen Parolen, die den Sieg im kommenden Krieg verkündeten. Schon Tage vorher war der bevorstehende Krieg bejubelt worden. Dem offiziellen baathistischen Vokabular zufolge handelte es sich um einen heiligen Krieg zur Befreiung Jerusalems via Kuwait, obwohl es Saddam war, der Kuwait besetzte, Saddam, der Führer der arabischen Nation, wie ihn seine Anhänger nannten. Ich wollte es nicht wahrhaben. Vielleicht hatte ich eine etwas naive Vorstellung vom Krieg; er konnte einfach nicht ausbrechen, weil wir doch gerade erst einen acht Jahre dauernden blutigen Krieg mit unserem Nachbarn Iran hinter uns hatten und auch die Wirtschaftsblockade schon zehn Jahre dauerte. Aber trotz meiner naiven Erwartungen brach der Krieg in jener Nacht aus. Ich lebte mit meinen Eltern und dreien meiner Geschwister in einem einfachen Haus im fünften Polizeibezirk von Bagdad. Meine verheiratete Schwester wohnte mit ihrer Familie in einem großen Haus in der Nähe unseres Viertels. Man hatte den Kriegsbeginn auf den Tag des 16. Januar gelegt, was meine Annahme stützte, der Krieg würde nicht in jener Nacht ausbrechen! Andererseits wurde viel Aufhebens gemacht um die amerikanische Strategie, sich auf die Armee des Führers der Nation stürzen zu wollen. Viele Menschen nahmen daher an, der Krieg sei unvermeidlich. Sogar meine Familie war dieser Ansicht. Meine Mutter beispielsweise bekam in der folgenden Nacht Angst und beschloss, meine Brüder ins Haus meiner Schwester zu verlegen. Dort gab es einen sicheren Ort, besonders für meinen jüngsten Bruder Rabi', der beinahe seine zwei kleinen schwachen Nieren verloren hätte; er hatte gerade erst eine Niere von meinem anderen, etwas älteren Bruder Hussein bekommen. Ich machte mich etwas über ihre Angst lustig, aber auch mein Spott war nicht frei von versteckter Furcht. Ich flüchtete nur vor mir selbst. Sie gingen alle zusammen, während ich mit meinem Vater allein zu Hause blieb. Ich weiß auch nicht. Obwohl ich seltsam beruhigt war, dass der Krieg nicht ausbrechen würde, konnte ich in jener Nacht nicht schlafen. Dabei musste ich am nächsten Morgen früh aufstehen, um an einer Probe des nationalen Theaterensembles teilzunehmen; wir bereiteten uns gerade auf die in wenigen Tagen geplante Aufführung eines neuen Stückes vor! Mein Vater war derselben Ansicht und erwartete keinen Kriegsausbruch. Ich blieb die ganze

Nacht wach und war optimistisch, dass es keinen Krieg geben würde. Meine Augen waren auf die Wanduhr gerichtet, ich hörte ein Ticken nach dem anderen. Die Nacht war sehr ruhig, der Himmel mit den lebhaft funkelnden Sternen war klar. Mal warf ich einen Blick auf diesen klaren Himmel, mal auf die Bewegungen des Minutenzeigers der Wanduhr, stets mit dieser naiv-optimistischen Freude. Die Zeit für den Ausbruch des Krieges kam immer näher – zwei Uhr dreißig in der Früh –, und auch mein Vertrauen nahm zu. Ich erinnere mich noch, welch ein Bild sich zwei oder drei Minuten nach halb drei bot. Beim Zählen der Minuten war ich immer näher auf das Fenster zur Straße zugegangen, durch das mir derselbe Nachthimmel ins Auge fiel wie zuvor, klar und rein. In dem Moment jedoch, da ich mein Gesicht an die Fensterscheibe klebte, spürte ich, wie mich eine blitzartige Erschütterung des Fensters und der Wand weit wegschleuderte. Das Ticken der Uhr hörte ich nicht mehr. Erneut zog es mich an mein Zimmerfenster; ich wollte nachsehen, was draußen geschah – noch konnte ich diese Momente nicht fassen: Der Himmel war nicht mehr klar und rein, wie vor wenigen Minuten; er hatte sich mit einem anderen zugedeckt. Die funkelnden Sterne waren verschwunden. In meinem ganzen Leben habe ich noch nie einen derart rot glühenden Himmel gesehen. Ich war so überrascht, dass ich in einen Strudel der Emotionen geriet und an gar nichts mehr denken konnte. Ich hörte nichts außer den furchtbaren Explosionen, die durch meine Ohren gellten. Ich schrie, ohne es zu wollen. Ich erinnere mich noch genau, wie mein Vater auf mich zustürzte; auch er war erschüttert durch den sich bietenden Anblick. Auch ihm fehlten die Worte. Die Explosionen und das Feuer waren so grell, als ob in dieser Nacht die Sonne am Himmel aufblitzte. Ich sank auf die Knie und starrte auf diese Blitze, die den Himmel wie die Sonne erleuchteten. Ich wollte meinen Augen nicht trauen. In unserem Haus gab es keinerlei sicheren Ort, an dem mein Vater und ich uns hätte verstecken können. Wir hatten keinen Bunker wie diesen hier.« Als sie die letzten Worte gesprochen hatte, streckte Inaam ihre Hand aus und suchte in der Dunkelheit des Zimmers nach der meinen. Dann fragte sie abschließend: »Glaubst du, dieser Bunker hier wäre im Fall eines Krieges wirklich zu etwas nütze?« Ihre Frage war nicht ohne Angst, als könnte in jenem Augenblick tatsächlich ein Krieg ausbrechen. Auch ihre Hand, die in der meinen lag, fühlte sich sehr kalt an. Ich brauchte sie nicht zu fragen, ob ihre Hand auch in jener Nacht kalt gewesen sei. Sicher hatte sie gezittert, und Angstschweiß hatte sie frieren lassen. Wahrscheinlich wäre ich aus Sorge um sie wach geblieben, wenn ich nicht ihre flüsternde Stimme gehört hätte: »Ich hoffe, dass es diese Nacht keinen Krieg gibt und du in Frieden aufwachen mögest.« Und ich antwortete: »Das wünsche ich dir auch.« Es war, als käme auch meine Stimme aus Zeiten des Krieges. Aber welchen Krieges? Ich weiß es nicht!

Mit diesem Eindruck schliefen wir ein. Ich glaube nicht, dass es in Israel oder einem sonstigen Krisengebiet jemanden gibt, der ohne diese Worte auf den Lippen einschläft, als erwarte er, dass jeden Augenblick ein Krieg ausbrechen könnte. Und wenn er am folgenden Morgen aufwacht, wird er behutsam die Augen öffnen, um sich zu vergewissern, dass er noch lebt und nicht träumt – wie Inaam, als sie am Morgen des 17. Januar 1991 in ihrem Haus im fünften Polizeibezirk in Bagdad aufstand. Sie war erleichtert aufgewacht, als ihr bewusst wurde, dass sie noch lebte. »Danke«, murmelte sie, ohne jemanden anzusprechen, vielleicht sprach sie einfach mit sich selbst. Sie wusch sich das Gesicht, zog elegante Kleidung an und legte das nötige Make-up auf. Dann weckte sie ihren Vater, brühte ihm Tee auf und frühstückte mit ihm. Mit einem Kuss auf die Stirn verabschiedete sie sich von ihm, verließ das Haus und fuhr mit ihrem Auto in den Bezirk Salhije, wo sich das Rundfunk- und Fernsehgebäude befand, in dessen Nähe sich zu der Zeit das nationale Theaterensemble zu seinen Proben traf. Oder wie ich, als ich am zweiten Tag nach den historischen Bombenangriffen am 22. September 1980 aufstand und auf die Sa'dun-Straße hinausging, um nach einem Restaurant für das Frühstück zu suchen. So machten es viele Bewohner der Stadt, die an jenem

Morgen zur Arbeit gingen oder vor Arbeitsbeginn frühstückten. So machen es viele Millionen Menschen, die am Morgen nach einer schrecklichen Bombennacht in Tel Aviv oder Beirut oder irgendeiner anderen bedrohten Hauptstadt aufwachen: Sie betasten sich selbst und sagen: »Danke, dass ich noch lebe.« So war es früher, und so ist es heute. Im Irak und in Israel, in Palästina und im Iran. Und nicht nur dort. Sondern an anderen Orten der Welt, überall.

Auch wir, Inaam und ich, wachten am nächsten Morgen in Tel Aviv im Bunker eines Hochhauses in der Levy-Ashkol-Straße auf, berührten einander und sagten: »Danke, wir leben noch.« Wir standen voller Elan auf, öffneten das Fenster und schauten aufs Meer, um uns zu vergewissern, dass es noch dort war. Wir zogen uns an und gingen schnell und ohne zu frühstücken aus dem Haus. Wir wechselten kein einziges Wort, als hätten wir es mit der Besichtigung von Tel Aviv sehr eilig, als wollten wir nicht glauben, als hätte uns ein Zweifel beschlichen, dass die Stadt noch dort wäre, an ihrem Platz, und kein Bombenangriff sie zerstört habe. Bis heute.

Schluss: Die drei Säulen der Weisheit

Ich wurde in Basra geboren, wuchs aber in einer anderen Stadt auf, 'Amara, die ich von jetzt an mit ihrem Kosenamen 'Amaria nennen werde. Die Stadt, von der ich hier spreche, gibt es nicht mehr, sie ruht in den Windungen meines Gedächtnisses. Mit dem Verrinnen der Jahre hat sie sich jedes Mal neu gegründet. Ruft Basra eine zarte Sehnsucht hervor, hat 'Amaria mir das Licht der Weisheit mitgegeben – einen Leuchtturm, der bis zum heutigen Tag meinen Weg bestrahlt, während ich – einem Matrosen auf Landgang gleich – in der Welt umherstreife. 'Amaria ähnelt in ihrem Ursprung und ihrer Entwicklung vielen Grenzorten auf der Welt. Weil es an der südöstlichen Grenze des Landes liegt, wurde es schon früh zu einem großen Handelszentrum. Händler der verschiedensten Nationen, Volksgruppen und Religionen kamen mit ihren Familien wegen der wirtschaftlichen Vorteile aus allen Winkeln des Landes. Nachdem diese Stadt vier oder fünf Jahrhunderte lang ein »Kurort« war, gleicht sie heute einer ausgetrockneten Oase, die langsam zur Wüste wird. 'Amaria wurde von seinen Bewohnern einst das Paris des Irak genannt – nicht wegen der Lage, nicht wegen der Schönheit der Gebäude, Gärten, Parks und Promenaden, nicht wegen seiner einst ausgesuchten Basare, in der alle Läden auf bestimmte Art und Weise angeordnet waren, auch nicht wegen der zahlreichen Flüsse, reich an süßem Wasser, das zum sofortigen Trinken einlud. Der Grund ist ein anderer und die wenigen Alten der Stadt, die heute noch am Leben sind, betonen ihn unermüdlich: Wegen der Mannigfaltigkeit ihrer Einwohner wurde es mit Paris verglichen, dem Zentrum der Welt, wo man an jeder Ecke andere Gesichter sah und andere Sprachen hörte! Ja, so war es auch in 'Amaria, man sah alles Erdenkliche an Volksgruppen und Religionen: Mandäer, Juden, Muslime diverser Konfessionen, Christen, Chaldäer, Armenier, Assyrer, Tel Kaifin, Araber, Kurden, Turkmenen und Failija. Es gab sogar verstorbene Engländer, an deren Seite verstorbene »Girga«-Soldaten ruhten, Afghanen, Inder und australische Aborigines, die allesamt in den Kriegen der britischen Krone gefallen waren.

Oft fragte ich mich, ob ich die Geschichten, die ich jetzt erzähle, auch geschrieben hätte, wenn ich nicht dort aufgewachsen wäre. Wann immer ich darüber nachdenke, kehre ich zu den ersten Jahren zurück, in denen mein Bewusstsein geformt wurde.

Einer Geschichte zufolge, die mein Vater erzählt, habe ich im Alter von fünf Jahren etwa einen Viertel Liter weißes Erdöl, Petroleum, getrunken. Dieses Erdöl kauften die Hausfrauen, um es für die kleinen Petroleumlampen zu verwenden. Die getrunkene Menge hätte ausgereicht, um einen Dinosaurier zu töten. Mein Vater behauptet, ich hätte zusammen mit einem Freund die Erwachsenen nachahmen wollen, die ich täglich am Eingang des nahegelegenen Parks des britischen Friedhofs vorbeikommen sah. Auf diesem Friedhof, der eigentlich aus zwei Friedhöfen besteht, begann mein Großvater im Juni 1914 als Gärtner zu arbeiten – an dem Tag, an dem die Briten einmarschierten und das türkische Heer aus dem Süden des Landes vertrieben. Die beiden Friedhöfe liegen einander gegenüber im Garten Bait Gani. Der elegante englische Friedhof umfasst die Gräber der englischen Soldaten. Auf dem anderen, dem armen indischen Friedhof, wurden die »Girga«-Soldaten begraben: afghanische, indische, australische Aborigines-Soldaten, die man wegen der Laute ihrer unbekannten und unverständlichen Sprache »giiiir gaaaa« nannte. An dem Platz, der zwischen den beiden Torkuppeln liegt, kamen täglich Männer der verschiedensten Herkunft vorbei. Sie trugen ihre Ausrüstung mit sich, einen Eimer mit Wasser oder Eis, eine Flasche Arrak – Bars waren damals noch nicht weit verbreitet – und machten sich auf zum Hadsch-Mahmud-Park, der dem Friedhof gegenüberlag und sich bis zum Tigris erstreckte. Sie setzten sich aufs Feld und hielten ein Picknick auf dem Boden ab, mit Bauerngemüse, vor allem Salat. Mein Vater konnte mir nicht erklären, wie ich auf die Idee kam, statt des auf seine Weise tödlichen Arraks der Christen Petroleum zu trinken! Als er mir die Geschichte erzählte, starrte er mich an, als wolle er sich vergewissern, dass ich tatsächlich noch am Leben sei. Ein halber Liter reicht aus, um einen Stier zu töten. Das wusste mein Vater schon, bevor er diese Worte von dem Arzt hörte, zu dem er mich brachte, Doktor Dawud Gabbay.

Ich erinnere mich noch gut an ihn. Er war groß, hatte weizenfarbene Haut, kurzes Haar und trug einen schwarzen Anzug. Wenn er mich anblickte, dachte ich, er würde schielen. Während des Sprechens wichen seine Augen ab. Man dachte unwillkürlich, er spreche mit jemand anderem, ohne zu begreifen, dass dies seine Art war, einen zu zwingen, sich auf seine Worte zu konzentrieren. Seine Stimme war sanft und trocken. Ich mag im Leben Tausende von Sätzen vergessen haben, nicht aber den Satz, den Doktor Gabbay damals zu meinem Vater sagte. Er ist mir noch heute im Ohr: »Von jetzt an müssen Sie keine Angst mehr um ihn haben. Wer so viel Petroleum trinkt, dem wird ein langes Leben gewährt.« Darauf zitierte er einen Vers des irakischen Dichters al-Dschawahiri, dessen Bedeutung ich damals nicht verstand: »Während er lange am Leben bleibt, wird das Leben der Despoten immer kürzer.« Ich erinnere mich noch, wie er sich zu mir herabbeugte, als ich auf der Untersuchungspritsche aus weichem Leder lag, und mich in die Wange kniff. Weil ich an jenem Tag einen Matrosenanzug trug, sagte er: »Ist es nicht so, du Matrose auf Landgang?«

Doktor Gabbay war der berühmteste Arzt der Stadt. Offiziell war er Kinderarzt, aber für die Leute war er vor allem Allgemeinmediziner, der Engel, der in die Stadt herabgestiegen war, um sie alle von ihren Krankheiten zu heilen, nicht nur die Kinder. Wurde einer krank, gab es keinen anderen Arzt als ihn, lag eine Frau in den Wehen oder erkrankte ein Greis, wurde nach Doktor Gabbay gerufen: Er war auf alles spezialisiert. Seine Praxis lag im Tora- oder Seifenmacher-Viertel, das nach der ersten Seifenfabrik der Stadt so hieß, deren Besitzer Jude war. Sie war stets voll von Dörflern, selbst nachts. Ich erinnere mich noch, wie die damaligen Terroristen seine Praxis im Jahr 1962 angriffen, den Tisch zertrümmerten, die Medikamente zerschmetterten und ihn anschrien, er solle sofort die Stadt verlassen. Man sagt, dem Präsidenten Abd al-Karim Qasim sei die Geschichte damals zu Ohren gekommen und er habe den Polizeipräsidenten von 'Amaria beauftragt, seinen Freund, mit dem er zwei Jahre am zentralen Gymnasium in Bagdad studiert hatte, zu beschützen. Ich erinnere mich, dass mein Vater ihn damals fragte, warum er so viel Niedertracht ertrage und ob er nicht darüber nachdenke, auch wegzugehen. Da blickte Doktor Gabbay meinen Vater an und sagte lächelnd: »Ich bin Arzt, noch bevor ich Jude bin. Wie können Sie von mir erwarten, dass ich meine Patienten im Stich lasse?« Er konnte nicht wissen, dass es noch eine andere Art von Krankheit gab, die den Menschen mit ihren Krallen das »Virus des Hasses« einpflanzte, gegen das noch kein Heilmittel erfunden worden war. »Die Medizin kann den durch dieses Virus verursachten Tod nur hinausschieben.« Das weiß ich aus Doktor Gabbays Erfahrung. Ich erinnere mich noch heute, wie traurig ich war, als es den am Hass Erkrankten gelang, Doktor Gabbay zu verbannen. Zuerst ging er in die Hauptstadt Bagdad und eröffnete dort im Batawain-Viertel eine Praxis. Meine Eltern und Großeltern änderten ihre Gewohnheit keineswegs und legten gern die dreihundertsechzig Kilometer zurück – damals eine lange Strecke, die zwei Tage dauern konnte –, um die Praxis von Doktor Dawud Gabbay aufzusuchen.

Ich habe Doktor Gabbay gewiss nicht vergessen. Aber es gibt noch eine andere Person, die in jenen Tagen auftauchte und mir Stoff zum Nachdenken gab: 'Asla. 'Asla, die Jüdin, der Honigtropfen, die Schöne. Auch sie war groß gewachsen und hatte weizenfarbene Haut. Sie trug stets schwarze Kleider; man sagte aus Trauer über den Tod oder die Flucht ihrer Familie. Ich weiß es nicht. All diese Geschichten erschienen mir damals rätselhaft. 'Asla, die Frau mit den honigfarbenen Augen und den sinnlichen Lippen, der großen, für heutige Begriffe sportlichen Figur. 'Asla kam jeden Tag. Unter der Abaja, ihrem Gewand, hatte sie vier oder fünf Stoffbahnen verschiedener Farbe und Machart, trug die schönsten und berühmtesten durch die Gassen 'Amarias. Ihre Kundinnen erwarteten sie schon, nicht nur die modernen verheirateten Frauen wie meine Mutter, sondern alle Frauen, die davon träumten, einen Stoff zu kaufen, der nicht auf dem Markt feilgeboten wurde, einen Stoff, den erstanden zu haben sie sich später rühmen konnten, einen Stoff, besonders und einzigartig in seiner Art, wie nur 'Asla ihn aussuchen konnte. Denn sie verfügte über einen unübertrefflichen Geschmack. Wie kam 'Asla an diese seltenen Stoffe, an Seide und Samt? »Dies ist ein Geheimnis, das nie jemand anderer als sie kennen wird«, sagte meine Mutter. Als ich sie fragte, was sie mit Geheimnis meine, lachte sie und erwiderte, als erteile sie mir eine erste Lektion in Sachen Schönheit: »Um das zu erfahren, musst du die Stoffe mit deiner Hand befühlen.«

Ich rieb meine Finger, wie jetzt, während ich diese Worte niederschreibe, aber ich habe keinen Stoff. Jemand, der 'Aslas Stoffe nicht berührt hat, kann sich kaum vorstellen, dass ich jetzt nicht nur die Gewebe der von 'Asla feilgebotenen Tücher vor mir sehe, sondern auch die hübschen jungen Frauen, die sich um sie scharten, die Stoffe mit ihren Fingerspitzen betasteten und voll des Erstaunens über ihre zauberhafte Schönheit waren! Schließe deine Augen, lieber Leser, und stelle dir mit mir zusammen die schönen verbleibenden Bilder aus deiner Kindheit vor. Nur auf diese Weise wirst du verstehen, was ich meine.

Im Januar 2004 besuchte ich 'Asla in demselben alten Haus, in dem sie damals allein lebte. Sie bestand darauf, ledig zu bleiben, behauptete, sich nicht einsam zu fühlen, da ihr Leben aus diesen bunten, ihr Haus füllenden Stoffen bestand. Wie alt mag sie jetzt sein? Achtzig? Neunzig? Ich habe sie nicht nach ihrem Alter gefragt. Es wäre töricht, eine schöne Frau nach ihrem Alter zu fragen. 'Asla lag hinten im Zimmer auf dem Sofa. Ich ging auf Zehenspitzen und ohne ein Wort zu sagen auf sie zu, weil ich dachte, sie schliefe. Mir war nicht klar, dass sie blind war. Als ich mich neben sie setzte und spürte, wie sie mir mit den Worten: »Da bist du also nach all den Jahren zurückgekehrt« über den Kopf strich, fragte ich sie, woher sie wisse, dass ich es sei. Sie antwortete mit einer Gegenfrage: »Riechst du denn nicht den alten Schweiß, das Fieber, das dich damals, vor vierundzwanzig Jahren, ans Bett gefesselt hat?« 'Asla hatte also die Tage nicht vergessen, an denen sie mir ein eingeweichtes buntes Stück Stoff auf die glühende Stirn gelegt und mir mit leiser Stimme, fast einem Flüstern, gesagt hatte: »Du wirst älter werden und erzählen, was geschehen ist, nicht wahr?«

Es waren die schwarzen Tage, in denen das Virus des Hasses um sich griff, den Doktor Gabbay zu behandeln träumte. Er schlug im Winter des Jahres 1970 zu. Bevor ich für etwa ein knappes Jahr mit Fieber flach lag, bekam unsere Klasse einen neuen Englischlehrer namens 'Abdalilah. Ich erinnere mich, dass er vom ersten Tag an wie berauscht in unsere Klasse trat. Er war groß und dick; wenn er lachte, zitterte sein ganzer Bauch, der Schweiß lief ihm über die Stirn, er begann zu stinken. Noch bevor wir uns an ihn und seine seltsamen Ausdünstungen gewöhnen konnten, verkündete er, für jeden hingerichteten »jüdischen Spion« werde er jedem Schüler eine Eins in Englisch geben. Wer diese frohe Botschaft vor den anderen erführe, der würde noch eine Eins extra bekommen. In jenen Wintertagen des Jahres 1969, am 26. Januar, um genau zu sein, begann Radio Bagdad, eine Auswahl von Schauprozessen auszustrahlen, die die Baathisten gegen mehr als dreißig Landsleute betrieben, die unter dem Verdacht standen, als Spione für Israel zu arbeiten. Am 27. Januar brüllte der Präsident des Militärsondergerichts, 'Ali 'Abbas Hadi, dass vierzehn der verdächtigten Verräter zum Tode verurteilt worden seien. Zu diesem Zweck wurden auf dem Platz der Befreiung in Bagdad elf, auf dem Umm-Brum-Platz in Basra drei Galgen errichtet. Am 8. Februar 1969, sechs Jahre nach der ersten baathistischen Revolution, beschrieb der damalige irakische Diktator Ahmad Hassan al-Bakr (oder Ahsan Hamad al-Bakr – »Hamad al-Bakr der Beste«, wie er auch verspottet wurde) die zornigen weltweiten Reaktionen gegen diese Hinrichtungen als Hundegebell, das darauf abziele, die Revolution zu bekämpfen, was ihn aber nicht von seiner Politik abbringen könne. Am 19. März 1969 endete die gerichtliche Verfolgung weiterer Angeklagter, von der man erst hörte, als das Todesurteil vollstreckt wurde. Diesmal handelte es sich nur um Landsleute schiitischer Herkunft, nicht um Juden. Später wurden allerdings drei Männer jüdischer Abstammung hingerichtet, zwei davon am 18. August 1969, einer am 21. Januar 1970. Dieser sollte als letzter hingerichteter Jude in die Geschichte des Landes eingehen. Damals fragte ich mich, was das Fach Englisch und die Note eins mit den in Auszügen in Radio und Fernsehen übertragenen Schauprozessen zu tun hatten. Es kam mir merkwürdig vor. Wenn man weiß, dass die meisten Schüler der Klasse Schwierigkeiten in Englisch hatten, wegen dieses Fachs sitzengeblieben waren und nur noch ein Jahr vor sich hatten, bevor sie von der Schule geworfen und zum Militär eingezogen würden, kann man sich vorstellen, welch ein Jubel nach der Ankündigung des Englischlehrers in der Klasse ausbrach. Der Lehrer kam aus Qurna, einem Kaff südlich von 'Amaria, wo Euphrat und Tigris zusammentreffen und sich der gewaltige Baum erhebt, von dem Adam angeblich den Apfel aß, den Eva ihm reichte. 'Abdalilah war der einzige Lehrer der Stadt, der auf eine solche »geniale« patriotische Idee kam. Ich erfuhr erst zwei Jahre nach diesen Ereignissen, dass er Mitglied des lokalen Komitees der kommunistischen Partei war. Damals verbündeten sich die Kommunisten mit der herrschenden Partei in einem Bündnis, das die »fortschrittliche, patriotische, nationale Front« genannt wurde, und begannen, öffentlich zu agieren. Paradoxerweise wurden die alte Praxis und das alte Haus Doktor Gabbays zu ihrem Parteibüro.

Ich hatte keinen Hehl aus meiner Ablehnung seines Vorschlags gemacht und ihm offen erklärt, dass ich keine Eins bräuchte. Stattdessen würde ich ihm auf Englisch einen Aufsatz über den letzten hingerichteten Juden schreiben! Ich erinnere mich, wie er mich zornig anstarrte und mit den Zähnen knirschte. »Machst du dich über mich lustig? Den Aufsatz über den letzten hingerichteten Juden kannst du verschieben. Es werden noch mehr hingerichtet werden, und du wirst mit Sicherheit einer von ihnen sein.« Er fragte mich zynisch, ob denn jüdisches Blut in meinen Adern fließe. Er tat mir genauso leid wie der Schüler, der im selben Augenblick rief: »Sein Großvater hat eigenhändig die Engländer begraben! Wahrscheinlich hat er deshalb die Kreuze auf ihre Gräber gesetzt!« 'Abdalilah starrte mich weiterhin wutentbrannt an und befahl mir, in Zukunft den Mund zu halten. »Und wenn nicht ...!«, rief er drohend. Als die Hinrichtungen wieder aufgenommen wurden, wiederholte auch unser Lehrer seinen Vorschlag. An jenem Tag stand ich während des Unterrichts auf und schlug ihm, ohne ihn anzuhören, vor, das Gegenteil mit mir zu machen und mir für jede Hinrichtung eine Eins wegzunehmen. Wieder starrte er mich an und rief dann: »Wärst du nicht so jung und wäre dein Großvater nicht stadtbekannt, dann würde ich dich wie diese Verräter an den Galgen bringen! Du weißt sehr gut, welches Ende diesen Spionen blüht. Aber du bist nur ein eingebildeter Dummkopf.«

Drei Tage hingen die Leichen der Hingerichteten am Galgen auf dem Platz der Befreiung in Bagdad und am Umm-Brum-Platz in Basra. Zahllose Familien machten mit ihren Kindern Ausflüge dorthin, veranstalteten Picknicks, aßen und tranken und lauschten den Liedern von Umm Kulthum – unter dem Galgen. Es war ein surrealer Anblick – die Surrealisten mögen mir verzeihen. Jemand wie ich konnte die Szene kaum verarbeiten, und so wurde ich krank. Vierzig Tage konnte ich das Bett nicht verlassen. Selbst 'Asla erinnerte sich bei meinem letzten Besuch daran, dreißig Jahre nach unserem letzten Treffen. Vierzig Tage lang hatte das Fieber meinen Körper im Griff, Nacht für Nacht wurde ich von einem

Albtraum geschüttelt, von dem ich mich nicht lösen konnte: Ich meinte, meine Augen seien geschlossen ... Ein Fremder holte mich ab, stieß mich auf das Hinrichtungspodest und führte mich zum Galgenstrick ... Bevor man eine Decke über meinen Kopf breitete, hielt er mein Gesicht fest, auf dem jede Regung gefror ... Er zwang mich, nach vorn zu blicken und sie alle zu sehen, all diese Familien, die gekommen waren, die der fette Englischlehrer 'Abdalilah angeschleppt hatte ... Standen da und verspotteten mich, sangen laut die Hymnen von den Falangisten der Futuwa und Baath: »Die Bajonettspitzen flimmern hoch auf den Hügeln, rufen uns Jungs auf zum Kampf«, bis zu den letzten Worten des Gesangs, die Tod und Rassismus verherrlichten. Derselbe Traum wiederholte sich täglich zehnmal. Und 'Asla? Sie sagte zu meiner Mutter, sie würde ein Stück Stoff einweichen, das sie für mich mitgebracht hatte. Sie weichte es ein und legte es auf meine Stirn, ein samtiges Stück, fein anzufassen; ich fühle es jetzt noch auf meiner Stirn. »Wer außer dir sollte diese Geschichten erzählen?« 'Asla, die diesen Satz bei unserer letzten Begegnung wiederholte, erinnerte mich auf einmal an die drei Säulen der Weisheit, auf denen mein Leben aufbaut. Welche Aufgabe würde mir wohl zufallen?

Doktor Gabbay, der Arzt, der von der Heilung seiner Patienten träumte, Doktor Gabbay war es, der mir das Leben wiedergab – der mir zu verstehen gab, was das Leben wert ist. 'Asla, die fliegende Stoffhändlerin, vertrieb mein Fieber und erteilte mir die zweite Lektion, die jeder Künstler zu lernen hat: die Empfindung der Schönheit. Die Toten aber, die dort Tage und Nächte lang hingen, die Toten, die immer noch an unsere Türen klopfen, diese Toten lehrten mich die dritte Lektion, die jeder Künstler erlernen muss: zu lernen, was es heißt, anders zu sein, nicht immer »ja« zu sagen, zu rebellieren. Ja, lieber Leser, ohne diese drei Säulen der Weisheit hätte ich diese unvermeidlich politische Reise in das »Herz des Feindes« nicht unternehmen können, und du hättest dieses Buch nicht zu Gesicht bekommen!

Glossar

Abaja langärmliges, hochgeschlossenes, mantelartiges Gewand, das bis zu den Füßen reicht.

Aflaq, Michel (1910–1989); syrischer Politiker christlicher Herkunft, Mitbegründer der Baath-Partei.

Alewiten Glaubensgemeinschaft, die im 13. Jahrhundert im Nahen Osten entstand, hat Ähnlichkeiten mit dem schiitischen Islam.

Amal-Bewegung »Hoffnung«; schiitische Partei im Libanon, hervorgegangen aus einer ehemaligen Bürgerkriegsmiliz.

Arafat, Jassir (1929–2004); palästinensischer Politiker, 1957 Mitbegründer und seit 1968 Vorsitzender der Fatah-Bewegung, ab 1969 Vorsitzender der PLO. Erhielt 1994 zusammen mit Schimon Peres und Jitzchak Rabin den Friedensnobelpreis.

al-Assad, Hafiz (1929–2000); von 1971 bis 2000 syrischer Staatspräsident und Chefsekretär der regierenden Baath-Partei.

Baath-Partei »Sozialistische Partei der arabischen Wiedergeburt«; gegr. 1940, tritt für eine panarabische föderale Einheit aller arabischen Staaten ein. Bis 2003 im Irak und bis heute in Syrien Regierungspartei.

Baha'i »Anhänger der Herrlichkeit Gottes«; Religion mit islamischen und mystischen Elementen, entstand im 19. Jahrhundert in Persien, hat heute weltweit ca. 7,7 Mio Anhänger.

Bell, Gertrude (1861–1926); englische Orientalistin und Forschungsreisende, während des Ersten Weltkriegs politisch im Irak und in Arabien tätig; sie wirkte bei dem Gestaltung des ersten irakischen Staates 1921 mit.

Ben Gurion, David (1886–1973); israelischer Politiker, 1930–65 Führer der sozialistischen Partei Mapai, Leiter der Jewish Agency for Palestine 1935–48. 1948–53 und 1955–63 israelischer Ministerpräsident und Verteidigungsminister.

Bischara, Azmi (geb. 1956); arabischer Abgeordneter der Knesset (1976); engagierte sich gegen die Enteignung von arabischem Landbesitz.

Drusen »Religion der göttlichen Einheit«; im 11. Jahrhundert in Syrien entstandene Religionsgemeinschaft, die auf islamische sowie vorislamische Traditionen zurückgeht. Die Drusen sind heute vor allem im Libanon, in Syrien und in Israel um Haifa und im Golan ansässig.

Farhud Pogrom gegen die Juden Bagdads, das 1941 stattfand.

Fatah »Eroberung«; »Sieg«; palästinensische Partei und stärkste Fraktion innerhalb der PLO, deren Vorsitz Arafat hatte; sie grenzt sich von der islamitischen Hamas ab, mit der sie in Konflikt steht (u.a. im Gazastreifen).

Fedayin palästinensische Milizen.